管理会计实操从新手到高手

刘洋◎著

中国铁道出版社有限公司
CHINA RAILWAY PUBLISHING HOUSE CO., LTD.

图书在版编目（CIP）数据

管理会计实操从新手到高手 / 刘洋著 .—北京：中国铁道出版社有限公司，2019.10（2022.10重印）

ISBN 978-7-113-26081-1

Ⅰ．①管… Ⅱ．①刘… Ⅲ．①管理会计 Ⅳ．① F234.3

中国版本图书馆 CIP 数据核字（2019）第 164133 号

书　　名：管理会计实操从新手到高手
GuanLi KuaiJi ShiCao Cong XinShou Dao GaoShou

作　　者：刘　洋

责任编辑：王　佩　　编辑部电话：(010)51873022　　邮箱：505733396@qq.com

封面设计：MXK DESIGN STUDIO

责任印制：赵星辰

出版发行：中国铁道出版社有限公司（100054，北京市西城区右安门西街 8 号）

印　　刷：北京铭成印刷有限公司

版　　次：2019 年 10 月第 1 版　2022 年 10 月第 7 次印刷

开　　本：700 mm×1 000 mm 1/16　印张：17.25　字数：223 千

书　　号：ISBN 978-7-113-26081-1

定　　价：55.00 元

前言

一、本书摘要

近年来，在财务领域，管理会计、全面预算、业财融合、绩效提升，决策分析等备受关注，可谓耳熟能详。但是，纵观市面上的书籍，还没有一本书能够通俗易懂的把管理会计这个事情说明白，管理会计究竟是干什么的？究竟能够解决哪些问题？企业如何建立管理会计体系？管理会计中的“高大上”的概念怎样在管理实践中落地？这些就是这本书要回答的内容。

本书通过主人公苏莹莹的职场经历随着企业从小型企业、中型企业再到大型企业的5年成长，攻破一个个管理会计难题，在实践中感受管理类会计应用之妙。

本书涵盖的知识架构如下图所示。

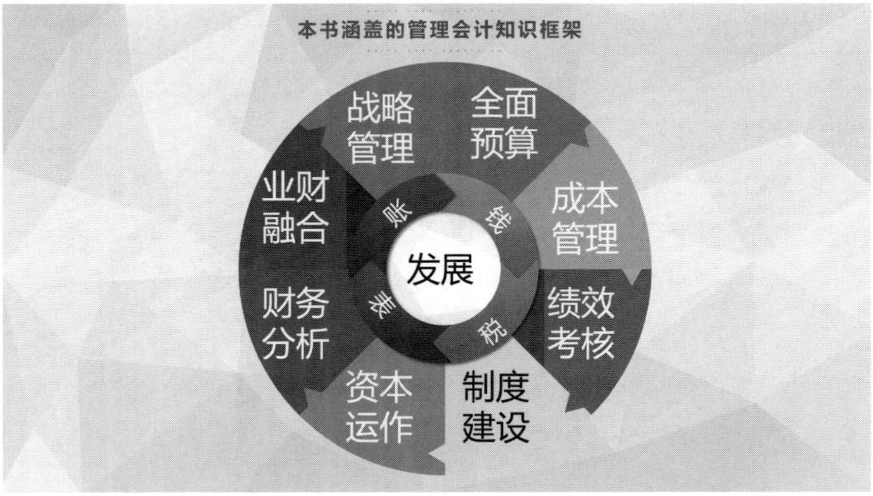

管理会计工具在公司经营发展的应用如下图所示。

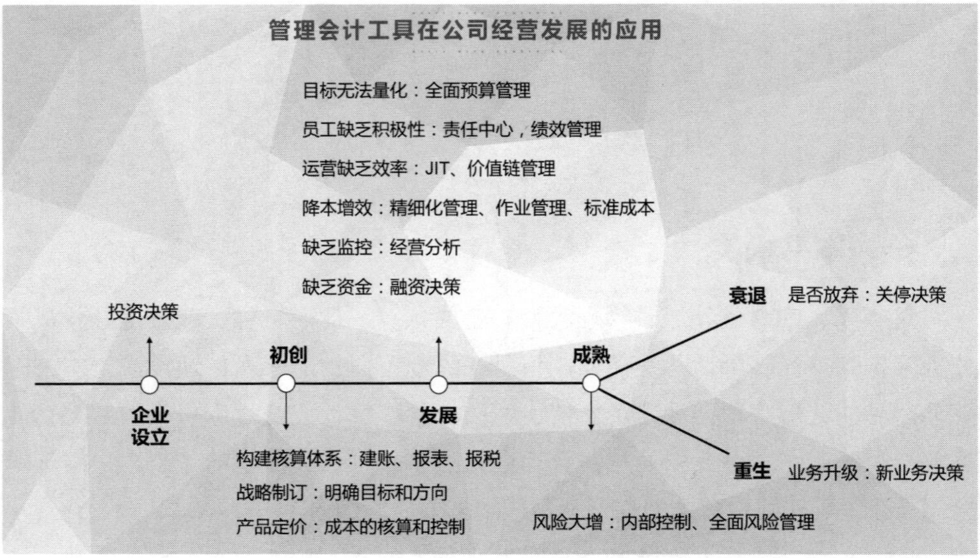

书中的案例均来自企业实操，其解决之道来自数千财务经理人的实践经验。

二、基础资料

1. 人物名称及关系

一号人物：苏莹莹（公司财务）、沈东君（咨询公司高级咨询师）、艾琳（沈东君的同事，财务高手）

其他人物：卢樊溪（董事长）、马远（总经理）、刘明儒（总经理助理）、魏明（研发部部长）、周其忠（采购部部长）、毕然（生产部部长）、曾庆杰（行政人事部部长）、陈希伦（运营部部长）、诸葛胜（经营策划部部长），金老师（会计学院院长）、武老师（全国十大CFO之一）

（本书人物纯属虚构，若有雷同，不负法律责任）。

主人公苏莹莹的职场历程如下图所示。

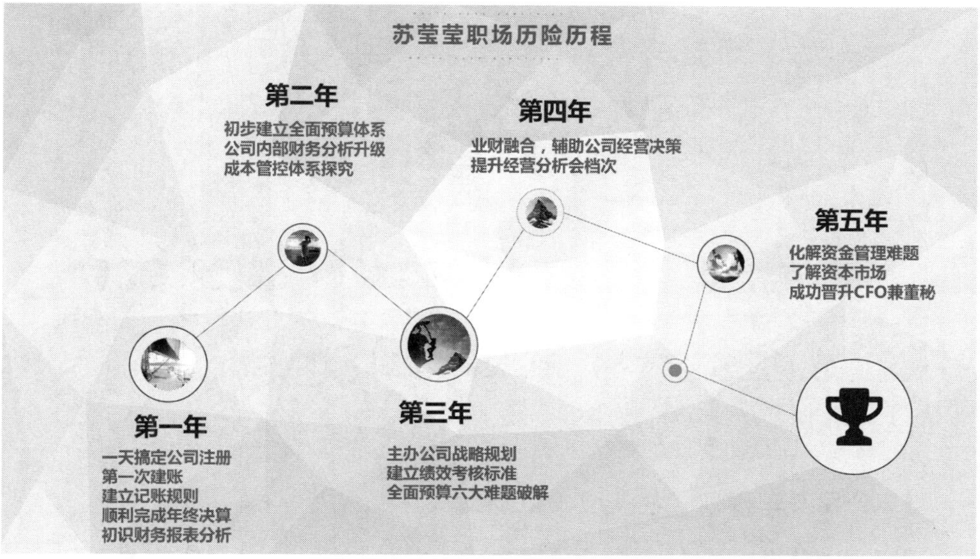

2. 公司组织架构及主要产品

主人公苏莹莹所在公司的组织架构及主要产品如下图所示。

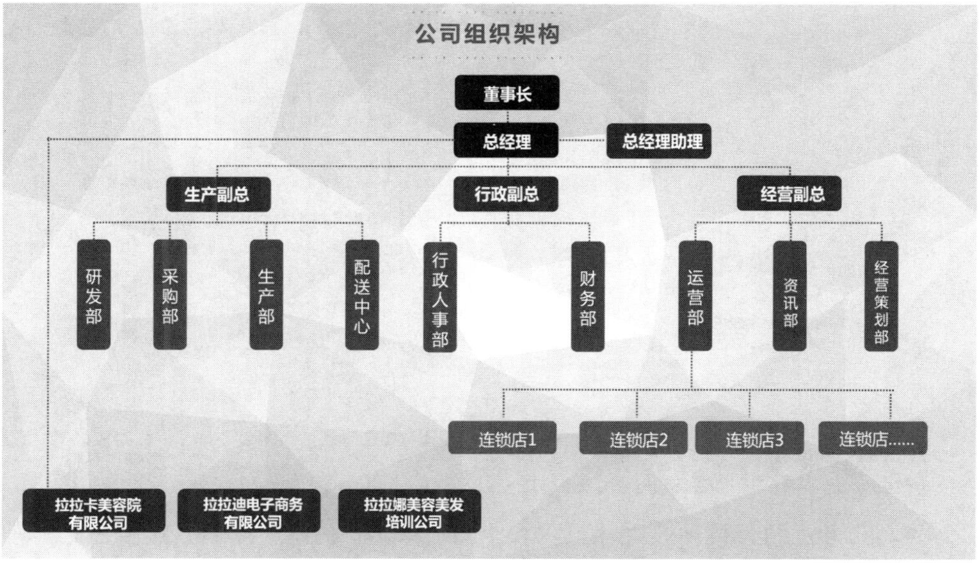

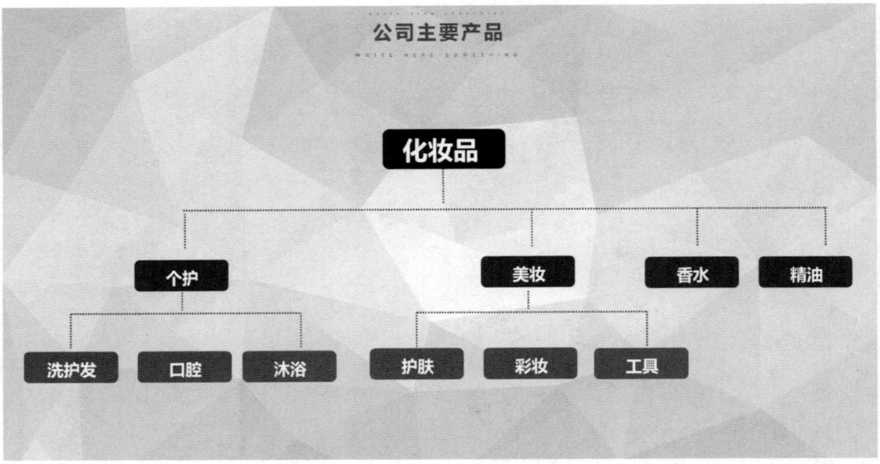

3．公司 5 年规划（收入增长 20 倍）

啦啦啦集团公司是一家多元投资集团，主要业务为化妆品店连锁经营，力争用5年的时间，实现从200～1 500人的人员扩充，收入增长20倍，力争成为行业领导者。5年规划如下图所示。

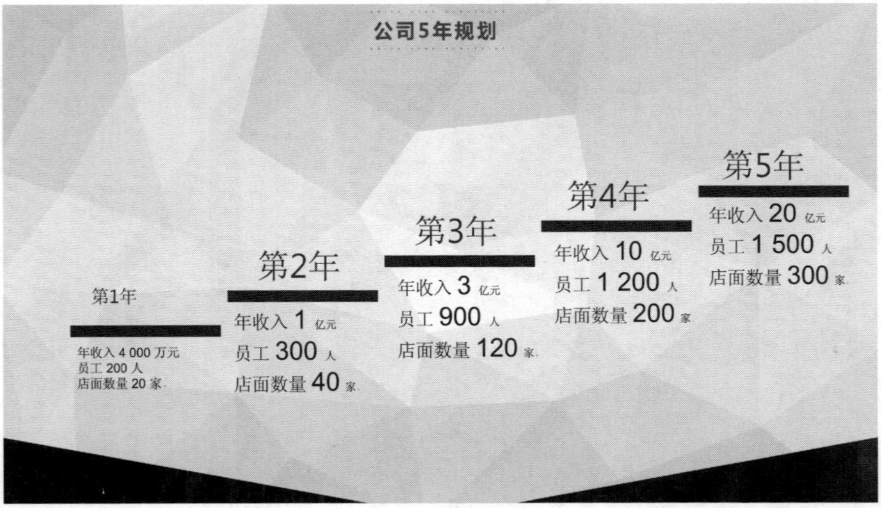

- **第1年　打基础阶段**。扎根深圳，精耕细作，打造精品店，逐步建立销售网络。实现年销售收入4 000万元，员工200人，店面数量20家。

- **第2年　初步提升阶段**。将网店扩张至其他城市，主要针对广州和东莞经济发达地区开设门店，扩大省内知名度，进一步提升品牌影响力。实现年销售收入1亿元，员工300人，店面数量40家。
- **第3年　扩张规模阶段**。向其他省份扩张，包括在华东、华北等经济发达地区中心城市形成连锁网络。实现年销售收入3亿元，员工900人，店面数量120家。
- **第4年　建立品牌阶段**。对品牌进行专业设计，形成自己的通路品牌，有一定的知名度和美誉，在行业内有一定地位。实现年销售收入10亿元，员工1 200人，店面数量200家。
- **第5年　全面扩张阶段**。形成全国知名品牌，有完善信息系统支撑，有独特的管理理念和成熟经验，成为行业的领跑者。实现年销售收入20亿元，员工1 500人，店面数量300家。

目录

第一章 公司成立，第 1 年起步开始

第二章 公司快速发展，第 2 年管理持续提升

3 第三章 公司多元化经营，第 3 年巩固提升

4 第四章 公司运营持续提升，第 4 年逐步成熟

5 第五章 公司准备上市，第 5 年决战资本市场

第一章

公司成立，第 1 年起步开始

1.1　一切从零开始

苏莹莹毕业于一所综合大学，学的是会计专业。大学四年的时光一晃而过，这四年除了留了一头长发，考了一个大学英语四级证书以外，她好像什么也没收获。只是记住了大学老师对会计工作的一个形象描述：垂死病前惊坐起，今天还没做报表……。

现在毕业了，她忽然发现，到了人才市场，连做报表的机会都没有……她没心思考公务员，银行和大型国企对学历要求较高，只能选择民企或者外企作为工作的开端。可是，找第一份工作真的很难，没有好的大学背景，再加上工作经验为零。现在连房子都租不起的她，一定不会想到，5 年后，会成为一家快速成长企业的财务总监。

让我们看看她是如何一步步进行管理会计的实践，鲤鱼翻身，小白逆袭的吧。

1.1.1　简单的七步注册公司法

这天，风和日丽，苏莹莹掐指一算，正是良辰吉日！刚要穿衣打扮，准备出门，突然接到一个电话，通知她已经通过面试，获得了一个民营集团公司的财务会计工作，真是喜从天降！

第二天，她直奔公司，公司总经理马远叫她到办公室谈话。马远今年 40 多岁，寸头方脸，小短腿，肚子可以直接顶在方向盘上的那种。只见他品了一口桌上放的铁观音，缓缓交代说："小苏啊，我们是一家化妆品连锁公司，年销售收入 4 000 万，员工 200 人，店面数量 20 家。找你来呢，是因为这几年公司发展得很快，我们有信心，未来是要上市的。那所以呢，我们要培养一批人才，你就是其中之一……”

苏莹莹被马远一番鼓励，感觉飘飘然，心里想起一句话：趁腿脚好的时候去爬山，趁身体好的时候去谈恋爱，趁有选择机会的时候多闯荡！嗯嗯，彪悍的人生不需要解释！呦，走神了，赶紧继续听马总说话。

马总：小苏，公司现在的店面受网络销售平台的冲击比较大，所以公司目前也要成立一家电商公司，你这一周就去办这个事情吧，把公司注册了，税务、建账这些事情也都一起办了。这就算是试用期的一次考核吧，让我们看看你的综合能力。

与马总谈完话后，又去公司人力资源部门办理了入职手续。她开始犯愁了，刚来就给我交代这么个活，从来也没干过啊……苏莹莹坐在电脑前，仔细把她认识的人想了一遍。哎？正好想到她原来暗恋的一个师兄在会计师事务所工作，叫沈东君。她马上拨通了电话！电话另一头的声音在她看来还是那样富有磁性，简单寒暄了一下，就直奔主题。

沈东君思路非常清晰，他说：“嗯，你还是跟上学的时候那样，毫无建树，跟我预判的一样。”

苏莹莹：哎，他还是那样高高在上，一副很高高在上的模样……。

沈东君调侃完苏莹莹后，介绍了注册公司的步骤。

注册公司基本的流程主要有 **7 个步骤，如下图所示：1. 名称核准；2. 在线填报并电子签名；3. 工商审核（签名文档提交审核）；4. 领取营业执照；5. 刻章；6. 开立基本户；7. 领取发票。**

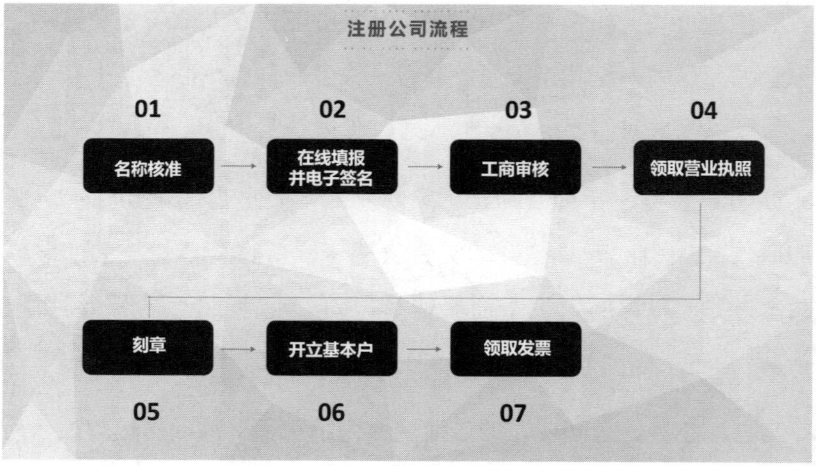

苏莹莹：就这么简单？

沈东君：就这么简单！

苏莹莹：我记得之前不是得办理组织结构代码证还有税务登记证吗？好像还得验资什么的，现在不用了吗？

沈东君：现在不用了，2018年1月1日起全国开始“五证合一、一照一码，注册公司只要去工商局跑一趟，登记部门直接核发加载统一社会信用代码的营业执照，相关信息在全国企业信用信息公示系统公示，并归集至全国信用信息共享平台。之前的组织机构代码证、税务登记证社会保险登记证、统计登记证不用再办了，五个证书统一成一个，很方便。另外2014年3月1日新《公司法》实施后，注册公司也不再需要提交验资报告了，原来的注册资本实缴登记制改为认缴登记制，在进行公司登记时，也无需提交验资报告。股东认缴出资额、出资方式、出资期限等，记载于公司章程即可，如下图所示。

注册资本门槛取消后，原来的有限责任公司和一人有限公司注册资本3万元和10万最低限额就不用了，现在1元钱设立有限责任公司也成为可能。

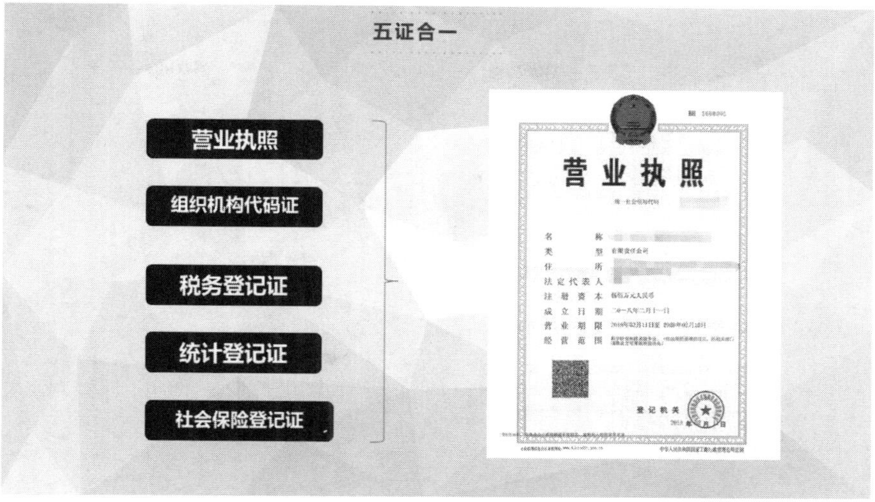

1.1.2 注册什么类型的公司合适

苏莹莹：那应该申请什么类型的公司呢？

沈东君：我建议你们中小企业，刚开始起步，又有经营风险，可以设立有限责任公司，有限责任公司承担有限责任，设立程序简单，不用发布公告和账目，报表不用公开，内部机构设置比较灵活，但是不能公开发行股票，没法适应大规模生产、经营需要。对外承担民事责任的范围是其公司所有的全部财产，不会涉及牵连到股东个人的财产。假如说，有一天，公司破产资不抵债，公司可以出资额承担债务责任，3 万就 3 万的责任，不用自己的资产承担。

合伙企业与个人独资企业实际上还不是公司，主要可以从税务上看出，公司交公司所得税，而合伙和个人独资企业是交个人所得税。另外，该类型企业也没有公司名称，一般是叫服务中心，创业中心之类的。当企业的资产不足以清偿其债务时，以其个人财产偿付企业债务，风险较大。

股份有限公司是有限公司的特殊形式，成立过程更加繁琐，主要是为上市做准备。区别：注册资本以及股东上下限的区别，股份只有下线人数；公司信用建立在资本上，设立程序非常严格。

一人有限公司是有限责任公司的特殊形式，股东承担有限责任，缴纳企业所得税，唯一的不同就是投资者人数。

苏莹莹听完去向领导申请。

领导让她注册有限责任公司。原因是形式灵活，风险小，而且现在还没有出资额限制。

1.1.3　一天搞定公司注册

苏莹莹：那每个步骤具体怎么操作呢？

沈东君：以深圳注册有限责任公司举例。深圳现在注册公司已经全部实现了全流程电子化。所以，所有环节都可以在网上进行。

申请人首先得先去银行办理一个个人UKEY，用作数字签名用的，然后登录深圳市市场监督管理局网站：www.szscjg.gov.cn/（工商局与质监等局合并后的名称），之前不是说过了吗，五证合一，这就是五证合一后，不需要跑那么多地方了，简政放权。

然后按照刚才说的**7个步骤**，首先名称核准，填报资料，工商审核，领取电子版营业执照、刻章这一套服务都可以在网上按照步骤办理了。其他细节就不说了，政府的网站操作说明指引做得很详细，一步一步做就行了。

领取营业执照后，要到公安指定印章刻制单位刻制发票专用章，然后去银行，开立基本户，取银行签署银行划款三方协议，开设税款划款对公账户，这样公司报完税后，税款可从银行直接划转。注意这个户头是基本户也可以是一般户。

首次到税务机关办理如申领发票、申报应税收入等业务时，需要携带已取得的加载统一社会信用代码的营业执照、经办人身份证、发票专用章和公司公章。在税务局补充登记相关信息，如房产、土地、车船等财产信息，银行账号、财务负责人信息等。纳税人首次办理申报纳税事项时，要采集核算方式、从业人数、会计制度、代扣代缴、代收代缴税款业务情况等其他补充信息。因为虽然五证合一了，但是由于各个监管局需要采集的信息不同，所以还要在税务局补充以上信息。以后就要记得定期按时申报纳税情况。

苏莹莹：好的，谢谢师哥。

沈东君：有几点需要注意：1. 公司必须建立健全的会计制度，需要购买账册等等进行登记。目前公司规模小，不用电子账务了，可以先用手工账，我明天陪你去买账簿。2. 企业一有利润就得缴纳企业所得税。所以，平常的购买设备都要开发票，你平时吃饭、坐车的票都要保留起来，可以作为你的企业运作成本。

一起去买账簿？苏莹莹马上答应了下来，这下就可以跟师兄单独相处了……。放下电话，她心里开始憧憬起来……

1.2 第一次建账

1.2.1 半天时间搞定建账用品

公司虽然是成立了，可是麻烦事情也特别多。忙完注册的事情，就得赶紧建账了，今天的任务是去买建账用品。

天气还不错，苏莹莹约了师兄沈东君到文具市场汇合，一起购买做账的办公用品。离老远儿就看见沈东君高大的身影过来了，好帅！但是离近一看，哎呀，怎么头发理成了一个葫芦？

沈东君看着苏莹莹惊讶的眼神，咳了两声说："哎，得罪了发型师，没理好！"

基本上对自己发型不满意的人，都有一个共同点，那就是不肯承认这是脸型的问题。

苏莹莹晃了一下神，赶紧回应说："没事，没事，你这样挺神经的！哦，不是！是挺精神的！我们去买吧。"说罢，两个人就朝文具市场走去。

文具店挺热闹，他们走进了一家稍微大一点的财会用品店，里面应有尽有。苏莹莹看着摊位上琳琅满目的财会账簿，头都大了。这么多账簿，都要买吗？

沈东君看出了她的疑惑，赶紧对她说："你们是初创企业，不用面面俱到，刚开始只需要满足基本需求就行，之后再逐步做细，现在我们只需要以下用品（如下表）：

一、会计凭证
报销审批单（10 本）
报销单据粘贴单（10 本）
通用记账凭证（10 本）　　（通用记账凭证就行了，简单实用）
二、会计账簿
总分类账（1 本）
现金日记账、银行日记账（各 1 本）
数量金额式明细账 （2 本）
三栏式明细账（2 本）
多栏式明细账（6 本）

续上表

三、财务报表
资产负债表、利润表、现金流量表（各 1 本）
四、档案归集用品
档案盒 5 个，文件夹 10 个，回形针 2 盒，订书器 1 个，鱼尾夹 10 盒，半手动凭证装订机 1 个，凭证装订封皮 1 本明细账封皮 10 套。

其实，企业做账主要是记录企业的经营行为。年终，根据企业的经营情况，列出企业的资产清单、负债清单、投资者权益清单还有损益及资金周转情况。

企业发生业务了，一般要有发票，没有发票也要有企业内部自制的表单或者其他依据（如工资、折旧等）作为原始凭证，然后会计根据原始凭证登记记账凭证。这个记账凭证后面要附上原始凭证（发票之类的）作为附件，然后再依据记账凭证上的内容登记明细账，之后再依据明细账把总账登记一遍，最后就可以依据总账出报表了。

日记账和明细账就是一笔一笔记录企业经营的活动，比如销售人员出差产生的费用，就得在明细账里面记录下产生的住宿费、飞机票费以及接待客户的餐费等其他费用。每个月，你把销售人员出差产生的费用，在明细账中计算出来一个总数，抄录在总分类账中，最后这个出差费用就体现在利润表的管理费用增加，还有资产负债表上的现金减少。另外，现金流量表中的经营活动产生的现金流量净额就会减少。明白了吗？

公司的日常记账流程如下图所示。

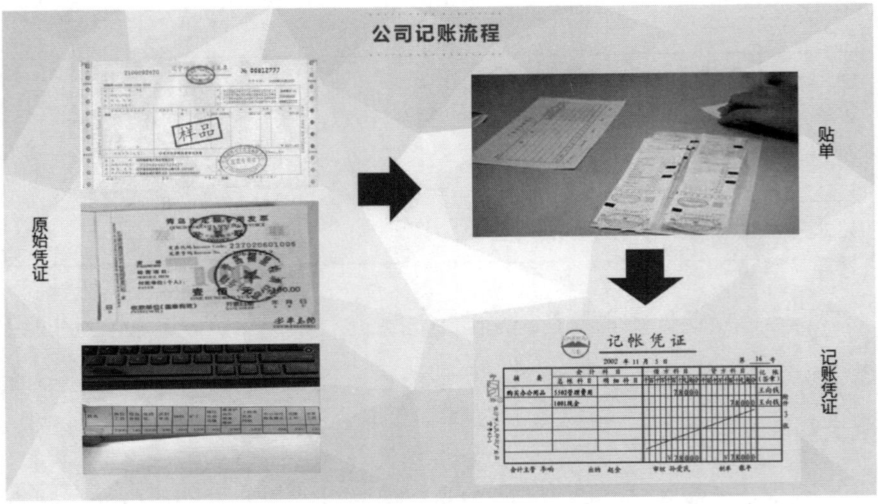

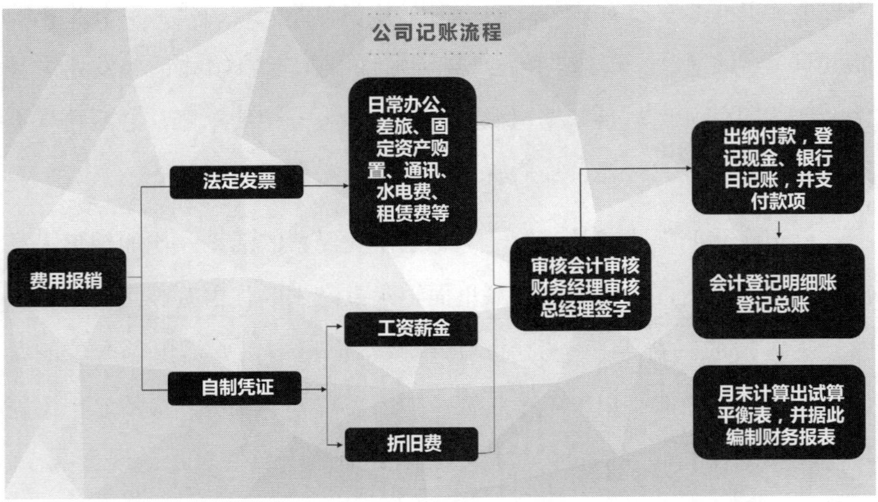

1.2.2 账务处理：数据收集的基础工具

买好账簿，苏莹莹心情大好！于是请沈东君大吃了一顿。吃饭的时候，苏莹莹发现沈东君的眼睛是那么的清澈，与他对视的时候，心里真是小鹿乱撞啊。

于是，心里闪过一句话，“我的意中人是盖世英雄，有一天他会踩着七色云彩娶别人。”不对，不对，我不能这么悲观，得加把劲，虽然现在是个小会计，但是以我死猪不怕开水烫的精神状态，以后肯定会是个有为青年！苏莹莹下意识的为自己的鸿鹄之志拍了一下桌子，为自己鼓劲。结果一下把沈东君吓到了……

沈东君：师妹！冷静，你是不武侠小说看多了？着迷了还，给我吓一跳……

苏莹莹：师兄，你别怕啊，刚才走神了。咱们刚才聊到哪了？哦，对了，我让你帮我梳理一下大概的账务处理思路，就得做账了，昨天领导已经给我一堆发票了，催着我赶紧给报销了。

沈东君：你上学的时候都学什么了？你不是会计专业的吗？还问我……

苏莹莹：会计太难学了，而且上大学的时候还要考英语，我这只顾着学习大学英语六级，都没顾上看会计。

沈东君：那你六级过了？

苏莹莹：没过……六级太难了，我就改学琴了。

沈东君：我真想把你塞进我咖啡杯里……你真是我上辈子的克星，听你讲话我有吐血的冲动……好吧，我给你讲讲，我们做账的所有依据，其实国家都有明确法规的。这个法规，我留着以后给你讲，今天你回去就要干活。我给你说下这些账簿都是干什么的，会计科目怎么设置和应用。

苏莹莹马上切换到小鸡吃米模式……

“**三栏式明细账**的三栏就是借方、贷方、余额；**多栏式明细账**就是借方有很多栏或者贷方有很多栏。

现金和银行日记账格式类似三栏式明细账，是登记钱的往来收支的。

总分类账格式类似三栏式明细账，是登记各个会计科目的借方发生额、贷方发生额、余额。

三栏式明细账用来登记只记录金额的债权债务，比如应收账款，应付账款等等。说白了就是记录我们欠别人多少钱，别人欠我们多少钱。

数量金额明细账用来登记原材料、库存商品等，因为实物管理，不止要记录金额，还要记录数量。

多栏式明细账分为借方多栏、贷方多栏、借贷方多栏，借方多栏意思是借方有很多栏，主要用于成本费用明细账，如主营业务成本、销售费用、管理费用、财务费用等；贷方多栏就是贷方有很多栏，主要用于收入明细账，如主营业务收入、其他业务收入；借方贷方多栏主要用于应交税费、本年利润等。”

不同类型的账如下图所示。

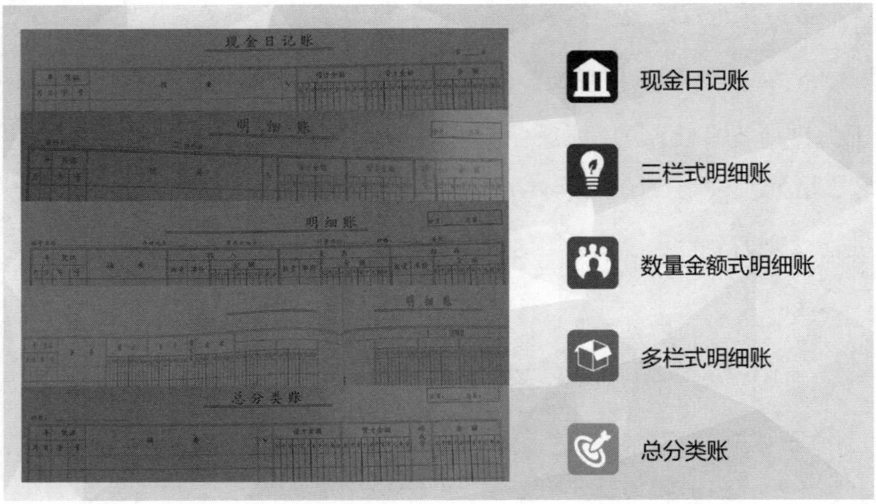

沈东君：工作中你还要设置会计科目。《企业会计准则》有156个科目，但是好多科目企业可能一辈子都不会用到。所以，我们只选择常用的科目建账，一般普通的企业选择30个科目，就足够用了。

1.2.3 30个科目牢牢控制住公司财务

苏莹莹：这么多科目，该怎么选呢？

沈东君：真是英雄不问出处，败家不分岁数！我直接告诉你吧，你们企业现在工厂还没有建成，其实跟普通商贸企业差不多，一般商贸企业按照这个表格设置科目就行了，如下表。

序号	（一）资产类科目	序号	（二）负债类科目	序号	（四）损益类科目
1	现金	11	应付账款	20	主营业务收入
2	银行存款	12	预收账款	21	税金及附加
3	应收账款	13	其他应付款	22	主营业务成本
4	预付账款	14	短期借款	23	销售费用
5	其他应收款	15	应交税费	24	管理费用
6	原材料	序号	（三）所有者权益科目	25	财务费用
7	库存商品	16	实收资本	26	营业外收入
8	固定资产	17	资本公积	27	营业外支出
9	累计折旧	18	盈余公积	—	—
10	无形资产	19	未分配利润	—	—

喂喂！醒醒……真服你了，我就画个表格，你还睡着了？

苏莹莹擦干嘴角的口水，赶紧喝了一口咖啡，“呦呦，实在不好意思！昨天晚上看《猎场》睡得太晚了，哈哈，你继续，继续，我精神了！”

沈东君：我们只有一个地球，所以你要爱护地球；地球上只有一个我，所以你也要爱护我！我都快累死了，你好好听啊。

苏莹莹：好滴，好滴。

沈东君：刚才设置的是一级科目，然后还要根据需要设置二级明细科目，比如银行存款这个科目，你们公司肯定不止有一个银行账户，所以要根据实际情况设置，假如在中国交通银行开的是基本户，在中国工商银行是一般户，那你就要设置成：银行存款—交通银行（基本户）8888，工商银行（一般户）9999，后面的四位数字就是账号的最后四个号，避免入错账。比如应收账款、预收账款，要按照客户分明细，应付账款、其他应付款要按照供应商分明细，其他应收款可以明细为备用金、保证金、个人借款等，然后这些后面还要设置三级明细。比如隔壁老王借款了，要记录为“其他应收款—个人借款—隔壁老王”；其他应付款可以设置明细为社保、公积金等。其他也是类似，我给你再列个表格做参考。

于是，沈东君又认真的在星巴克的餐巾纸上开始了他的讲解……

1.2.4　延伸科目控制公司业务

还好是在咖啡厅，要是吃饭的时候聊，苏莹莹估计要进入休克阶段了。沈东君很快，就画好了（如下表）。

沈东君：你看，就是这样，拿去做参考，好好做账，祝你第一次顺利！

一级科目	二级科目	三级科目	一级科目	二级科目	三级科目
银行存款	交通银行（基本户）8888		主营业务收入	商品销售	面膜
	工商银行（一般户）9999				保湿乳液
应收账款	客户 1				化妆水
	客户 2				精华液
	客户 3			咨询服务	
预付账款	客户 1			房屋租赁	
	客户 2			广告	
	客户 3		营业成本	工资薪金	生产部
其他应收款	备用金	勾丽丽			研发部
		王大财			配送中心
		李富贵			
	保证金			社保	生产部
	个人借款	隔壁老王			研发部
		街头老李			配送中心
应付账款	供应商 1			折旧费	房屋及建筑物
	供应商 2				机器设备
	供应商 3				运输工具
预收账款	供应商 1				电子设备
	供应商 2				办公设备
	供应商 3				办公家具
其他应付款	社保			商品销售成本	面膜
	公积金				保湿乳液
固定资产	房屋及建筑物				化妆水
	机器设备				精华液
	运输工具			维修费	
	电子设备			水电费	
	办公设备			运输费	
	办公家具		管理费用	工资薪金	财务部
累计折旧	房屋及建筑物			社保	财务部
	机器设备			物料消耗	
	运输工具			通讯费	
	电子设备			通讯费	
	办公设备			差旅费	

续上表

一级科目	二级科目	三级科目	一级科目	二级科目	三级科目
	办公家具		销售费用	工资薪金	运营部
无形资产	土地使用权			社保	运营部
	专利权			广告费	
	商标权			业务招待费	
	特许权			物料消耗	
应交税费	应交增值税	进项税额		通讯费	
		销项税额抵减		会议费	
		已交税金		差旅费	
		转出未交增值税	财务费用	手续费	
		销项税额		利息收入	
		出口退税		利息支出	
		进项税额转出	营业税金及附加	-	-
		转出多交增值税	营业外收入	-	-
	城建税		营业外支出	-	-
	教育费附加		-	-	-
实收资本	马远		-	-	-

苏莹莹：那我再问下，记得你说过，科目设置得好，可以有效反馈公司业务状态，将触角延伸到最底层，是什么意思？

沈东君：现在我给你的三级科目是最基本的，适合中小企业，如果是规模更大的企业，科目比这个还要多，有些甚至可以达到 10 多级的科目，我给你看一个公司的 7 级科目。

说着，他拿出手机给苏莹莹看了一个 ORACLE 系统的截图，如下图所示。

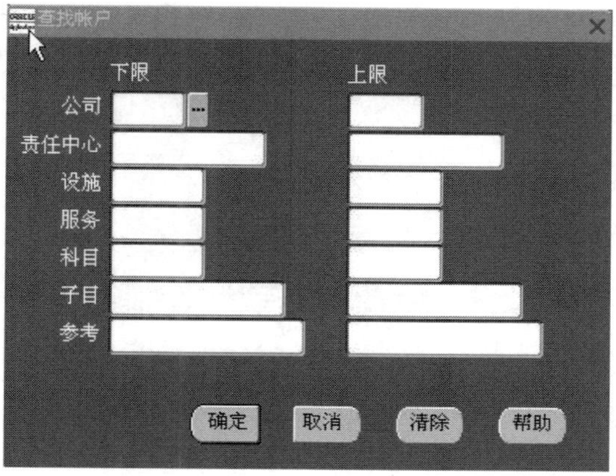

看到没，这个公司设置了 7 级科目，有公司段、职责中心段、设施段、服务段、科目段、子目段以及参考段，后三个跟我们之前说的没有区别，公司段按照不同公司核算，职责中心段核算部门，设施段核算应该归集到这个设施的收入或成本，服务段核算是公司你提供的商品或者服务内容。例如，你是一个集团，想统计下属一个酒店公司的会议室出租进行培训的收入情况，那么在公司段中，你可以输入这家酒店公司的代码，在职责中心段可以输入酒店会议管理部的代码，设施段输入会议室的代码，服务段输入进行培训出租的代码，这样就可以将以上想要查询的信息提取出来了，是不是可以非常好的跟具体业务对接了，还有利于查询具体业务数据，也方便统计和监控。

苏莹莹：好吧，师兄，你辛苦了，7 段式科目确实不错，但是我这家小公司 3 段科目已经够用了，等我回去先把账簿填好，不懂的还要再问你，今天有点累了，哈哈。

沈东君撇撇嘴，似乎是对苏莹莹的态度有些不满，“行吧，体谅你，赶紧回去休息吧，不懂的随时 CALL ME，我也赶紧回去工作了。”

注：根据财会【2016】22号文件精神，原“主营业务税金及附加”科目调整为“税金及附加”，该科目核算企业经营活动发生的消费税、城市维护建设税、资源税、教育费附加、房产税、土地使用税、车船使用税、印花税。原已作为管理费用下的税金要进行相应的账务调整。

1.2.5 手工账、线上免费财务软件、服务器软件如何选择

目前，国家已经进入了金税三期实施阶段，税务信息化的发展推动着企业财务信息化的进程，很多原来的手工记账，慢慢的转移到EXCEL记账，再转移到普通记账软件，发展好一点的企业实施了ERP（Enterprise Rosource Planning的简称），将供应、生产、采购与财务信息环节打通，并加入了内部控制理念，使得企业信息管理更加科学，有助于企业运营水平的提升。

实际上，财务信息化的程度，正在以远超我们想象的速度发展着，自2005年开始国内的中兴和华为就开始进行财务共享中心的建设，将基础的记账、发票管理、资金收付等传统会计业务统一管理，大大的缩减了人力、物力，有的企业在设立了共享中心后，将普通记账会计岗位人员缩减了2/3。这样看来，传统的记账会计岗位是慢慢要被信息化取代的。随着德勤机器人的诞生，有专家甚至预言，基础会计岗位将在2025年彻底消失，而这些基础会计岗位怎么办？如何生存？答案是向管理会计转型。在后面的章节，我们会慢慢把管理会计应该做什么讲明白。

言归正传，中小企业如果选择记账软件，手工账或者EXCEL记账，建议不再使用了，毕竟税务局都金税三期，国地税都合并了，如果再用这种传统的方式，真的是费力不讨好了。如果说，企业没钱怎么办？没

钱的话，建议使用免费记账软件！比如，柠檬云财税，这就是一款非常好的免费在线记账软件，手机、IPad、电脑同时记账和查看，分分钟生成报表，很方便！另外，有些企业资金充裕，表示他们不爱用免费的，那么国内的金蝶和用友等软件也是不错的选择，使用这些系统，除了要交给软件公司使用费以外，还要自己购买服务器储存系统产生的信息，此外，还要每年交付一定的软件服务费用，当然，这个要看企业的承担能力和使用意愿。

总之，如果想免费，可以选择线上免费软件，如果想功能更强大，可以花钱上收费 ERP 软件，总之，手工账不建议再用了。

第二天一上班，苏莹莹想大展身手，这毕竟是她第一次建账，感觉有点小兴奋……但是，该依据什么记账呢？她记得上学的时候，老师讲的法规、制度以及准则，但和工作有点对不上号的感觉。

她翻开了当时注册公司时候填写过的“公司设立登记一照一码申请书”，里面“适用的会计规定”里面可以选择 5 项：企业会计准则、企业会计制度、小企业会计准则、事业单位会计准则以及其他如下图所示。

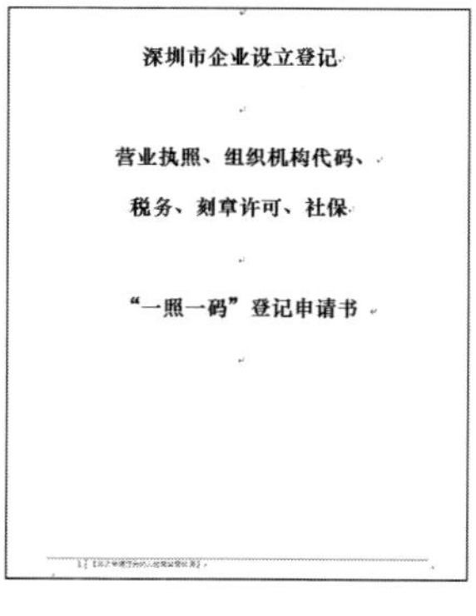
深圳市企业设立登记

营业执照、组织机构代码、税务、刻章许可、社保

“一照一码”登记申请书

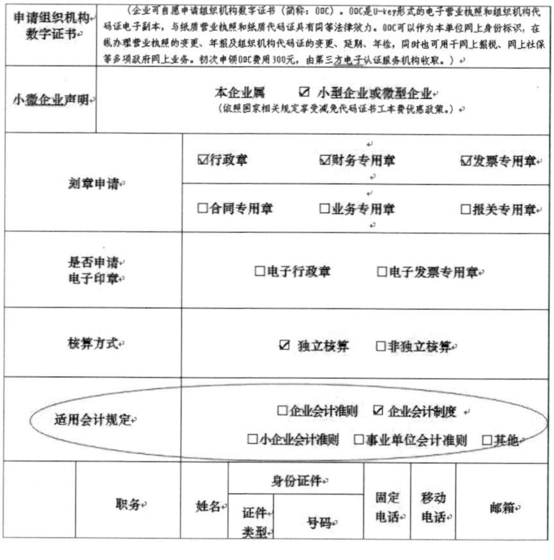

申请组织机构数字证书	（企业可自愿申请组织机构数字证书（简称：ODC）。ODC是U-key形式的电子营业执照和组织机构代码证电子副本，与纸质营业执照和纸质代码证具有同等法律效力。ODC可以作为本单位网上身份标识，在线办理营业执照的变更、年报及组织机构代码证的变更、延期、年检，同时也可用于网上报税、网上社保等多项政府网上业务。初次申领ODC费用300元，由第三方电子认证服务机构收取。）						
小微企业声明	本企业属 ☑ 小型企业或微型企业（依照国家相关规定享受减免代码证书工本费优惠政策。）						
刻章申请	☑行政章 ☑财务专用章 ☑发票专用章 ☐合同专用章 ☐业务专用章 ☐报关专用章						
是否申请电子印章	☐电子行政章 ☐电子发票专用章						
核算方式	☑ 独立核算 ☐非独立核算						
适用会计规定	☐企业会计准则 ☑ 企业会计制度 ☐小企业会计准则 ☐事业单位会计准则 ☐其他						
	职务	姓名	身份证件：证件类型	身份证件：号码	固定电话	移动电话	邮箱

苏莹莹想记账的规则可以自己选择吗？哪个比较容易操作呢？她想起了学识渊博的院长老师，当初大学的会计学院院长是她的导师。姓金，讲课特别棒，有亲和力，苏莹莹上学的时候最喜欢听他讲课了。要讨论这些基础的知识，找他肯定没有问题。

于是，她拨通了金老师的电话，电话那头传来带有磁性的男中音。

金老师：喂，苏莹莹啊？是不是又惹祸了？怎么有空给我打电话？

苏莹莹连忙解释：金老师，我这次没有挂科！我现在在一家初创企业上班，有点问题想咨询您。

金老师：那我就放心了，最近心脏不好，别老吓我。说吧，什么问题？

苏莹莹：我要建账了，但是搞不清按照准则还是制度记账。要是用准则的话，像我们这种公司，应该选择哪个准则呢？

金老师：一看你上学的时候就没好好听课，我给你讲讲吧！

理解和把握政策的能力在企业会计实务中特别重要，尤其是对法律法规的解读。

首先，了解一套规则，我们要先从层次着手。根据会计法律法规权威性和内容的不同，其层次关系为：

第一层次：会计法；

第二层次：财务会计报告条例；

第三层次：会计准则；

第四层次：会计制度和财政部制定的补充规定或暂行规定；

其次，我们要大概了解一下会计法规的历史沿革，这样你就比较清楚来龙去脉，不知道该怎么办的时候，心里有大的原则就好判断应该遵照什么了。

《**中华人民共和国会计法**》是1999年制订，2000年7月1日开始实施的，《**企业财务会计报告条例**》是2001年1月1日开始实施的，两个法规的层次是最高的，也就是说，准则还有制度等与其不一致的话，优先参照两个法规。

另外，我国的会计制度和准则不是一直就这样的，而是经过漫长的实践积累和探索逐步形成的体系。

我国的企业会计准则和制度建设主要是分成几个阶段：

第一阶段：初步探索

财政部1993年进行了重要改革，借鉴西方国家会计制度，制定并发布了两则《企业会计准则》及《企业财务通则》，财政部以两则为基础，开始陆续与各个行业主管部门联合制定并发布了13个行业的企业会计制度和企业财务制度。

这样的制度和准则同时存在造成不同的企业会计制度和会计核算理念同时执行，会计核算出现了一定程度的混乱，因为普通会计人员掌握法规水平有限。

第二阶段：逐步改善

财政部总结了13个行业企业会计制度中的经验，结合我国历史传统会计制度，试图统一各个行业企业会计制度，在**2000年完成了《企业会计制度**》的制定工作，其主要目的是使全国会计人员结束了混乱的会计核算理念，为过渡到国际会计准则做好理论基础准备。

2000年版《企业会计制度》也是为了提高全国会计人员的会计核算基础水平量身定做的一个**普及性企业会计制度**，由于过分强调当时我国企业现状和迁就会计职业水平，因此**2000年版《企业会计制度》制定成一个偏重于具体核算操作而忽视企业会计管理功能的企业会计制度**。

2001年1月1日我国企业开始施行财政部2000年12月29日发布的《企业会计制度》(财会〔2000〕25号)，2002年1月1日开始施行的《金融企业会计制度》(财政部令2011年第62号规定，自2011年2月21日失效)、2005年1月1日开始施行的《小企业会计制度》(财会〔2011〕17号，自2013年1月1日起废止)。

这个阶段是我国企业会计制度发展的黄金时期，不仅仅统一了全国会计人员的会计核算理念，还使我国会计人员职业水平有了长足发展和普遍提高，而且为我国会计界在国际上取得了应有的地位和良好的声誉。

第三阶段：科学体系

为了使我国企业尽快融入国际贸易体系中，开始制定与国际会计准则趋同的纲要及路线图，2006年在以国际企业会计准则为范本，结合我国企业发展的特点，制定完成了2006年版《企业会计准则》，同时按企业会计准则要求修订了《企业财务通则》。自2007年1月1日起开始施行的《企业会计准则—基本准则》和38项具体准则以及应用指南。

2006年版《企业会计准则》摆脱了2000年版《企业会计制度》作为一个具体操作制度的局限性，上升为会计准则层次。此次修订只是从企业会计理念和原则的高度来规范企业会计核算行为，而具体操作则充分发挥企业会计人员的职业判断能力。

2006年版《企业会计准则》自2007年1月1日起先在上市公司范围内施行，鼓励其他企业执行。也就是说上市公司必须执行2006年版《企业会计准则》，其他企业按发展程度逐步选择执行。

根据《中华人民共和国会计法》及其他有关法律和法规制定的《小企业会计准则》（财会〔2011〕17号），自2013年1月1日起在小企业范围内施行，鼓励小企业提前执行。

按照趋同路线图的要求，2006年版《企业会计准则》经过循序渐进的2008年、2010年及2014年三次修订和补充，相关具体准则印发到第41号，也完成了基本准则和5个具体准则新修订工作。

这个阶段是我国企业会计制度发展的全盛时期，不仅仅改造了我国的整个企业会计制度体系，也为我国会计界在国际上取得了决定性主导发言权的地位。”

苏莹莹：老师，您等等，我这边已经懵了……

金老师：跟你简单点说吧，现在有效的正在执行的会计制度有《企业会计准则》（2007年1月1日开始执行）、《企业会计制度》（2001年1月1日开始执行）此外还有《小企业会计准则》（2013年1月1日开始执行）三部法规都是有效的。

但是，《小企业会计制度》适用于“不对外筹集资金、经营规模较小的企业，具体的可以参照国家统计局等发布的《中小企业标准暂行规定》，也就是说，必须得足够小才可以用《小企业会计准则》，比如你现在的企业是零售业，那企业从业人数300人以下或者营业收入2亿元以下的中小微企业就可以执行这个准则。要不就得执行《企业会计制度》或者《企业会计准则》。”

苏莹莹：那我到底是执行制度还是准则啊？

金老师：现在你的公司刚刚成立，我建议你直接执行《企业会计准则》，因为从2007年开始，很多原来执行《企业会计制度》的企业都已经执行《企业会计准则》了。因为《企业会计制度》淘汰是早晚的事情，而且在实践中，现在所有管理机关，包括证监、税务局、统计局、工商局等要求提供会计准则的会计报表，按企业会计制度核算的企业需要转换成会计准则口径填报，也就是2000年版《企业会计制度》形式上早就废止了。

例如，从2014年开始，企业所得税年度申报表要求执行企业会计制度核算的企业需要转换成会计准则口径填报。

另外，如果你感觉水平有限，就按照《小企业会计准则》做账，科目设置会少一点，处理也简单一点。

苏莹莹：您这么说，我就明白了，我就先执行《企业会计准则》吧，早点跟国际接轨，省得以后麻烦，哈哈。

金老师：作为会计人员，对政策一定要有一个预判。祝你成功！

苏莹莹：对了，金老师，还有几个制度，我也弄不明白，比如企业财务通则，财务报表条例什么的，都是干什么的？

金老师：我一会给你发个表格，其实都是对会计处理的某个环节做出的规定。

金老师发给苏莹莹的会计处理法规表如下所示。

序号	名称	执行日期	内容
1	《中华人民共和国会计法》	2000年7月1日起施行	规范会计行为总纲性的文件，会计的最高法规
2	《企业会计制度》	2001年1月1日起施行	对会计要素的确认、计量、披露或报告等作出规定
3	《企业会计准则》	2007年1月1日起施行	
4	《小企业会计准则》	2013年1月1日起施行	
5	《会计基础工作规范》	1996年7月1日起执行	对记账、登记账簿、编制报表、会计岗位设置等都做出的要求

续上表

序号	名称	执行日期	内容
6	《企业财务通则》	2007年1月1日起施行	针对国有企业财务管理方面的，民营企业完善财务管理
7	《企业财务会计报告条例》	2001年1月1日起施行	规范企业财务会计报告，保证财务会计报告的真实、完整；上市公司，还要遵循议证监会的有关规定
8	《会计档案管理办法》	2016年1月1日起施行	档案管理

挂了电话，苏莹莹心里越来越踏实了，作为财务人员一定要对政策有个预判，为今后的工作打下基础。哈哈，没错……。现在苏莹莹已经通盘掌握了大概的法规架构，接下来就是制订自己公司的会计制度管理规定了……

1.3 顺利完成公司年度财务决算

很快，大半年的时间过去了，到了12月份，马上要到做年度决算的时候了。苏莹莹将这半年学过的东西梳理了一下，发现自己虽然在小公司工作，但是确实学到了很多东西。是金子总会发光的，一闪一闪亮晶晶的那种，她发誓要成为他们这个街道最有名的CFO！

于是，约师兄沈东君晚上过来公司附近的韩式烤肉店聚聚。到了晚上6点多，沈东君英姿飒爽的来了，他们找了一个比较安静的角落坐了下来，他利落的点好了菜，然后把手一摆。说道："说吧！无事不登三宝殿，找我吃饭肯定是有什么事。"

苏莹莹含情脉脉地点点头说：是啊，师兄。最近要做年度决算工作了，但是我发现，我不知道从何入手啊，快给我传授点神功。

沈东君神秘的一笑，从公文包中拿出一个笔记本说道：现在我就把20年老会计决算秘密传授给你！

1.3.1 老会计三招搞定年度财务决算

老会计做年度决算主要把握三个方面，第一是梳理结账关键环节，第二是制订结账流程和时间表，第三是预结账和做最后的报表评估。

首先，说下梳理结账关键环节。

1．需要确保收入、成本费用等账目都记录完成。

2．现金和银行存款、存货、固定资产等重要资产都盘点对账完成。

3．债权债务要核对完成，并作出账龄分析表。

4．期末的各项调账业务是否完成。

5．大额凭证、异常项目、关联方往来再做一次重点检查。

接着，再说下制订结账流程和时间表。废话不多说，直接如下表所示。

表　某公司2019年年度财务决算工作计划

主要环节	序号	工作内容	完成时间	责任部门	部门负责人	责任人
实物盘点及清查工作	1	现金盘点及清查，形成报告	2019年12月31日	财务部	XXX	XXX
	2	仓库存货盘点及清查，形成报告	2020年1月20日	后勤保障部	XXX	XXX
	3	固定资产盘点及清查，形成报告	2020年1月20日	后勤保障部	XXX	XXX
	4	职工薪酬清理	2020年1月10日	人力资源部	XXX	XXX
	5	接待费台账登记情况	2020年1月20日	总经理办公室	XXX	XXX
	6	培训费台账登记情况	2020年1月20日	人力资源部	XXX	XXX
	7	业务招投标情况	2020年1月20日	企业策划部	XXX	XXX
预算进度统计及推进工作	8	审核预算执行情况，发挥预算的监控推进功能，对没有按照要求时间节点完成的各项收入及成本费用结算工作及时督促推进，确保当年发生的事项及时准确入账，做好全年数据预测工作。	2019年12月31日	财务部	XXX	XXX
账务处理工作	9	所有凭证财务审核，并移交出纳付款	2019年12月31日	财务部	XXX	XXX
	10	成本费用审核及账务处理（包括税费、财务费用及营业外收支，坏账准备计提等）	2020年1月8日	财务部	XXX	XXX
	11	收入账务处理	2020年1月8日	财务部	XXX	XXX

续上表

主要环节	序号	工作内容	完成时间	责任部门	部门负责人	责任人
账务处理工作	12	人工成本汇总数与人力资源部核对，清理全年人工成本项目	2020 年 1 月 10 日	财务部	XXX	XXX
	13	应付职工薪酬各明细科目与相应成本费用核对	2020 年 1 月 12 日	财务部	XXX	XXX
	14	全年应付账款、预付账款，其他应付款清理	2020 年 1 月 12 日	财务部	XXX	XXX
	15	全年应收账款、预收账款，其他应收款清理	2020 年 1 月 12 日	财务部	XXX	XXX
	16	全年收入合同清理，收入确认情况复核	2020 年 1 月 10 日	财务部	XXX	XXX
	17	全年应交税费及已交税费清理，列出差异分析列表	2020 年 1 月 11 日	财务部	XXX	XXX
	18	总账与现金及银行存款日记账的对账	2020 年 1 月 11 日	财务部	XXX	XXX
	19	编制银行存款余额调节表	2020 年 1 月 11 日	财务部	XXX	XXX
	20	GL 与 AP 对账	2020 年 1 月 11 日	财务部	XXX	XXX
	21	GL 与 AR 对账	2020 年 1 月 11 日	财务部	XXX	XXX
	22	GL 与 FA 对账，全年固定资产及在建工程情况清理	2020 年 1 月 11 日	财务部	XXX	XXX
	23	全年票证管理情况复核、票证核销及票证结算检查	2020 年 1 月 9 日	财务部	XXX	XXX
	24	全年付款合同清理，确认成本费用有无多记漏记	2020 年 1 月 10 日	财务部	XXX	XXX
	25	与事务所确定坏账计提金额并进行账务处理和审核	2020 年 1 月 13 日	财务部	XXX	XXX
	26	营业外收支明细清理	2020 年 1 月 14 日	财务部	XXX	XXX

续上表

主要环节	序号	工作内容	完成时间	责任部门	部门负责人	责任人
凭证审核工作	27	审核所有凭证	2020 年 1 月 10 日	财务部	XXX	XXX
快报工作	28	快报编制工作	2019 年 12 月 30 日	财务部	XXX	XXX
	29	快报分析	2019 年 12 月 31 日	财务部	XXX	XXX
月报编制工作	30	2019 年 12 月月度财务报表编制	2020 年 1 月 15 日	财务部	XXX	XXX
	31	NC 及 IUFO 用友报表系统数据录入，生成报表及上报	2020 年 1 月 15 日	财务部	XXX	XXX
决算报表编制	32	完成各公司单户报表	2020 年 1 月 22 日	财务部	XXX	XXX
	33	上报集团 2019 年财务决算数据初稿	2020 年 1 月 25 日	财务部	XXX	XXX
	34	年度决算审计协助工作	2020 年 3 月 10 日	财务部	XXX	XXX
	35	完成决算软件决算报表定稿	2020 年 3 月 15 日	财务部	XXX	XXX
	36	完成三个账套的会计报表附注、财务决算专项说明、财务情况说明书、审计报告和管理建议书等	2020 年 3 月 15 日	财务部	XXX	XXX
	37	完成决算软件报表终稿	2020 年 3 月 15 日	财务部	XXX	XXX
	38	将所有资料打印纸质版，装订，盖章，上报至集团	2020 年 3 月 20 日	财务部	XXX	XXX
	39	完成 2019 年度凭证，账簿，报表，试算平衡表，财务决算资料等的归档工作	2020 年 3 月 25 日	财务部	XXX	XXX

注：1．此案例中，公司所用的是 ORACEL 系统，另外还上线了用友报表系统。

2．GL 是 ORACLE 系统中的总账模块、AR 是应收模块、AP 是应付模块、FA 是固定资产模块。

最后，是预结账和做最后的报表评估。这个步骤一般是在 12 月 15 日前进行。如果公司有年度预算，要看下，实际完成进度是否已经达标，各项收入和费用有没有漏项的。预计的实际利润是不是符合公司要求，也好让公司领导心里有个数。当然，盈余管理要在第三季度就开始进行了，这个只是最后的数字通报，以后有机会，我再慢慢给你讲盈余管理的知识。

苏莹莹马上做出痴迷状，听完，伸手抢过笔记本，将沈东君展示的表单模板拷贝了下来，然后开始自顾自的吃起了烤肉。

沈东君一脸的茫然……，“你就不能淑女一点？为师我还没动筷呢，你怎么就先吃上了？”

苏莹莹：因为我想实时好运呀，没听过吗，爱吃的女孩运气不会太差！

沈东君：那是爱笑的女孩运气不会太差！

沈东君无奈的摇了摇头，也开始狼吞虎咽起来，因为再不快点，肉就快被吃光了……

1.3.2 制订公司年度财务决算计划

第二天，回到公司，苏莹莹参照昨天从沈东君那拷贝的年度财务决算分工表，开始起草年度财务决算通知。

关于做好公司2019年度财务决算
工作的通知

公司各部门：

为做好公司 2019 年度财务决算管理和报表编制工作，持续提高财务管理水平和会计信息质量，现将有关事项通知如下：

一、高度重视，落实责任，加强决算工作组织管理

年度财务决算是对公司年度财务收支、经营成果和管理绩效的综合反映，也是考核经营业绩、评价财务绩效的基本依据。公司相关部门要高度重视，切实加强组织领导，落实责任分工，严格按照时间节点完成好本次年度财务决算工作。

二、防控风险，强化自查，不断夯实决算工作基础

保证会计信息真实、准确、完整，是财务决算管理的基本目标。本年决算工作要继续将会计信息质量作为财务决算管理的重中之重，严格自查《企业会计准则》和有关财务管理规定的执行情况，确保会计信息真实可靠，基础工作科学规范。重点做好以下工作：

（一）认真开展资产清查，通过决算盘活资产存量。通过年度资产清查对库存现金、存货、固定资产、无形资产等重要资产进行清查，确保账实相符、账证相符。

（二）高度重视应收款项的清理，严格控制应收账款增长，应收账款原值及净值增长率均不得高于营业收入增长率。要按照应收款项性质、账龄和债务人情况，分类管理、强化催收，加快资金回笼；对客户信用不佳、超过信用额度、已逾期的应收款项，要全面揭示回收风险，规范计提坏账准备。

（三）加强税务风险防控，“五证合一”、“金税三期”等政策实施后，税务稽查的力度将会持续加强，公司应严格按照税法规定对各税种的计提和申报工作进行检查核对，确保不多缴漏缴。

（四）加强台账建设，持续提升管理规范。重点对接待费、

员工培训、合同、资源管理等台账进行严格自查，确保满足集团外部审计和经营效益审计要求。

（五）落实整改责任，持续提升规范管理。对以前年度审计发现的问题进行“回头看”，确保整改落实到位，不留死角。

三、规范编制，紧抓时点，保证决算资料完整

年度财务决算工作时间紧、范围广、难度大。公司各部门要严格按照规定时间节点完成，形成协同高效的工作机制。本次决算关键事项如下：

（一）决算范围：A、B、C公司。

（二）关键时间节点：

公司对本次年度财务工作的时间节点提出了更细致的要求，具体如下：

1. 审计结束后5个工作日内报送三套软件数据。

2. 审计结束后10个工作日内报送决算终稿。

3. 审计结束后15个工作日报送决算相关材料的正式纸质版。资料包括决算数据、会计报表附注、财务决算专项说明、财务情况说明书、审计报告和管理建议书的正式纸质版。

公司年度财务决算重要时间节点如下：

1. 2020年1月10日，完成经营分析资料汇总工作；

2. 2020年1月12日，完成所有凭证审核及账务清理工作；

3. 2020年1月20日，完成实物清查盘点报告及台账整理工作；

4. 2020年1月25日，决算数据初审完成并上报；

5. 2020年3月10日，完成年终决算审计及经营效益审计工作；

6. 2020年3月15日，完成决算数据终稿及相关电子文档，并上报集团；

7. 2020年3月25日，报送决算相关材料的正式纸质版。

（三）报送资料：

1. 2019年度决算软件报表。

2. 2019年度会计报表附注、财务决算专项说明、财务情况说明书、管理建议书和年度审计报告。

四、具体职责分工

公司领导对年度财务决算工作提出了更高的要求，决算工作的及时性、准确性、全面性都较以往有了更高的工作标准，请各部门相关人员严格按照时间节点完成各自工作（详见附件），确保年度决算按时保质完成。

此通知。

附件：2019年决算工作职责分工表

财务部

2019年12月15日

注：1. 久其软件是市面上一种比较流行的报表编制和管理软件。

2. 决算工作职责分工表可参考上文提到的某公司2019年年度财务决算工作计划。

年度决算通知发布后，公司领导对苏莹莹赞赏有加，苏莹莹在心里又巩固了一下自己的目标：要做这个街道上最好的 CFO!

1.4 初识财务报表分析（财务分析第一阶段）

年度决算结束后，公司领导安排苏莹莹做一份公司的年度财务分析，把公司的财务状况梳理一下。

苏莹莹又开始进入犯愁模式，看来一顿饭又少不了了。从领导办公室出来，拿出手机给沈东君打了一个电话，约他在公司附近的韩式烧烤店再吃一顿。

这次，沈东君带来了一个美女同事，艾琳。她落落大方的跟苏莹莹打了招呼。苏莹莹看她一身职业装，身上散发着淡雅的香水味，看起来非常专业，颜值也高。苏莹莹再看看自己的打扮，一件发皱的 T 恤衫，一条掉了颜色的牛仔裤，还有一双匡威帆布鞋，怎么看都是要输的样子……

三个人坐下以后，沈东君首先打破了尴尬的气氛，“喂，师妹，这个是我朋友艾琳，她在券商工作，你们以后可以多交流。我们公司正好要挂牌新三板，就请她过来指导，今天正好赶上饭点，我就带她一起过来了，你不介意吧？”

苏莹莹：不介意，有高手在正好，我今天还真有事请教。

苏莹莹把要做财务分析的事情跟他们两个说了一下。

艾琳表示可以帮忙，因为她每天要看很多财务报表，财务分析完全是她的强项。

艾琳一边优雅地喝着茶，一边把财务分析秘籍传授给了苏莹莹。

1.4.1 财务传统三表：底子、面子和日子

在财务报表中，最重要的就是资产负债表、利润表、现金流量表。这三张表的来历是这样的。

话说，会计这门学问起源于15世纪的意大利，是随着意大利威尼斯的资本主义发展而兴起的学科。早年的意大利威尼斯有很多商人，他们积累财富的方式是出海经商，但是他们也会有老的那一天。在他们老了的时候，他们有了船，却没有了力气，长江后浪推前浪，任何时候都会有很多勇敢智慧的年轻人，于是这些老商人会雇佣很多年轻的水手，驾着他们的船，带着他们的手下去继续闯荡，类似现在的出资方雇佣职业经理人。

但是，水手出海后，在报告这趟出船效益的时候，往往会虚报状况，比如船触礁了，水手生病了，货物丢了等等。总之，他们会有很多赚不到钱的理由，而由于没有任何台账和监控，老商人们感到很头疼。于是他们请人设计了三张表：资产负债表、利润表和现金流量表。

资产负债表被称为底子，因为表内记录了这艘船值多少钱（固定资产），船上有多少存货（存货），应收欠款（应收账款），还有水手手头有多少现金（货币资金），另外，还记录了这些资产的来源，比如应给付给人家的食品钱（应付账款）、老商人们自己出了多少钱买这些东西（所有者权益）。之所以叫底子，就是因为船上的东西越值钱，说明身家越厚实。

利润表被称为面子，反映的是这艘船出海一趟卖出货物后

收到多少钱（营业收入）、这批货的进价是多少（营业成本）以及最后赚了多少钱（利润）。利润越丰厚，口袋的钱越多，老商人们自然越有面子。

现金流量表被称为日子，俗话说“吃不穷花不穷，算计不到就是个穷”，意思是说老百姓过日子要注意算好现金流，收支平衡就不会欠债。这张表记录了日常经营收到和支付的资金以及结余情况，这叫做经营互动现金流。另外，如果要买第二艘船，那就是投资活动现金流。如果发现前两项资金的无法自己承担，那就要去借钱，这个是筹资活动现金流。

三张表的关系如下图所示。

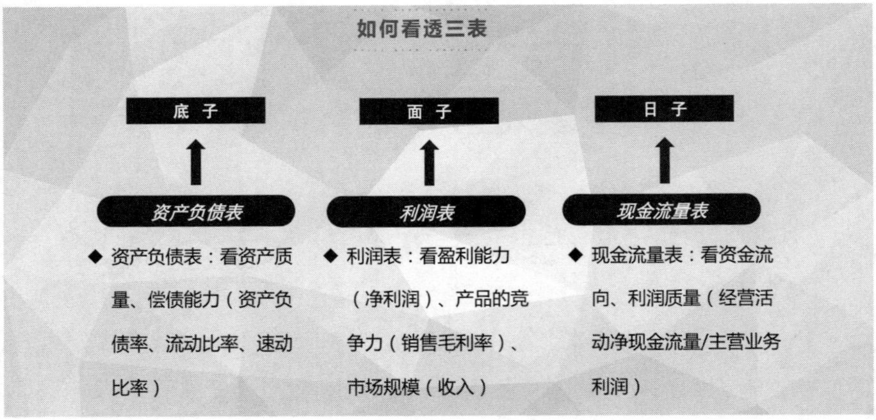

企业运营会消耗资源（资产），产生利润，利润的积累也反应在资产负债表的所有者权益中，现金流量表经营活动、筹资活动和投资活动的总和就是资产负债表中货币资金的变动情况。

从资产负债表中，左边说明了企业的钱都花到了哪里，右边说明了钱的来源，负债就是占用银行、供应商、客户或职工等的钱，所有者权益是老板自己掏出来的钱或者是历年的经营积累等，如下图所示。

资产负债表

资金占用=资金来源

	负债：欠别人的钱
资产：资金的占用	**短/长期借款：欠别人的钱**
货币资金：企业的钱	**应付账款：欠供应商的钱**
交易性金融资产：资金被短期投资占用	**预收账款：欠客户的钱**
应收账款：资金被客户占用	**应付职工薪酬：欠员工的钱**
预付账款：资金被供应商占用	**应交税费：欠税局的钱**
存货：资金被原材料、半成品、库存商品占用	**所有者权益：自用资金**
	实收资本：企业投入的资金
长期股权投资：资金被用来投资	**资本公积：股本溢价或资本增值**
固定资产：资金被厂房、设备占用	**盈余公积：从净利润中积累的钱**
在建工程：资金被用到工程建设中	**未分配利润：经营利润积累下来的钱**

我们可以从这张表中看出企业资产的质量、短期偿债能力、长期偿债能力以及运营能力。

企业的资产质量主要看货币资金是否充足，应收账款占比是否合理，是否有大额或长期无法收回的应收款项，存货是否有巨大的减值风险，固定资产中的设备是否还能适应目前企业产品的生产等。总结起来，资产质量主要是看资产中是否存在坏账情况、减值风险、淘汰风险等。

短期和长期偿债能力，主要通过流动比率、速动比率、资产负债率等指标与同行业相比。一般来讲，如果一个企业的资产负债率低于30%，产权比率低于50%、流动比率大于2、速动比率大于1，说明这个企业偿债风险比较低。当然，这个还要具体行业具体分析。

与资产负债表相关的比率，如下表所示。

分析内容	主要指标	计算公式
短期偿债能力分析	流动比率	流动资产 / 流动负债 ×100%
	速动比率	速动资产 / 流动负债 ×100%
	现金比率	现金类资产 / 流动负债 ×100%

续上表

分析内容	主要指标	计算公式
长期偿债能力分析	资产负债率	负债总额 / 资产总额 ×100%
	股东权益比率	股东权益总额 / 资产总额 ×100%
	产权比率	负债总额 / 股东权益总额 ×100%
	权益乘数	资产总额 / 股东权益总额 ×100%
运营能力分析	应收账款周转率	营业收入 / 平均应收账款余额 ×100%
	存货周转率	营业成本 / 平均存货余额 ×100%
	固定资产周转率	营业收入 / 平均固定资产净值 ×100%
	总资产周转率	营业收入 / 平均资产余额 ×100%

部分比率值区间参考，如下表所示。

风险	资产负债率	产权比率	流动比率	速动比率
高风险	>50%	>100%	<1	<0.5
中等风险	>30%	>50%	>1	>0.5
低风险	<30%	<50%	>2	>1

利润表主要可以看出公司盈利能力、产品竞争力和市场规模。

盈利能力主要可以看净利润，如果一个企业的净利润为负数，除非盈利模式特别好，在未来一个时间段内可以实现盈利，而且有持续的外部投资介入，否则很难长期生存下去。如何看透利润表，如下图所示。

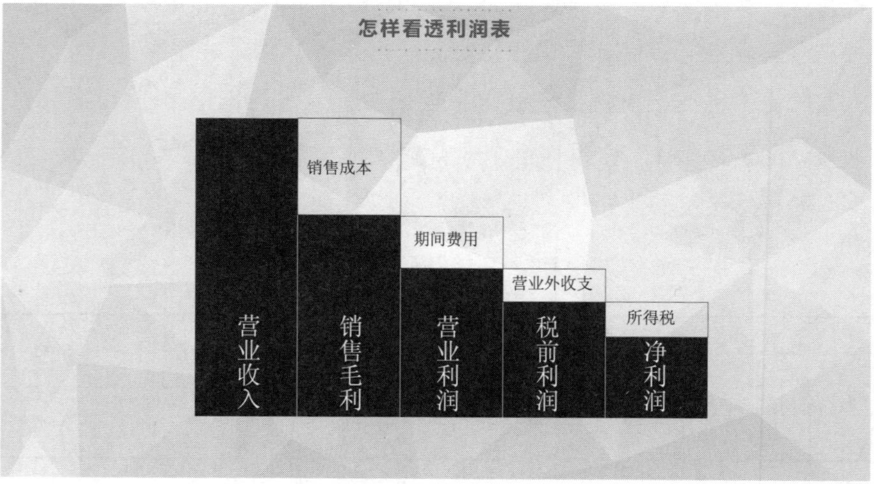

产品竞争力说明了产品议价能力和成本控制水平，比如茅台酒的毛利就很高，因为酒类产品成本很低，但是因为茅台酒的口碑好，市场需求大，所以单价可以设得很高。而一些没有科技含量或者市场竞争比较饱和的产品，毛利就很低，这样每卖出一个产品赚到的钱就比较少，只能走低价高量路线，维持企业的生存。

市场规模主要看收入水平，例如我们国家有些行业是垄断的，在石油方面，中国石油和中国石化在石油领域的收入肯定是占据了行业收入的绝大部分，而有些行业是不存在寡头企业的，比如我们的美容业就是竞争激烈的行业，每年都有企业退出，也都会有新的企业进入，由于没有某个企业一家独大，所以每家企业收入占据整个行业的份额也都不会太大。

那么问题来了，当企业利润下滑出现危机的时候，我们用什么逻辑来分析比较好呢？此时，你要一个科目一个科目的看，主要看绝对值。

如果利润下滑，我们可以从利润表结构（如下图所示）方面考虑是否存在以下问题：

1．营业收入方面：主要是销售数量和单价。销售数量下降有可能源于营销做得不够好，单价下降有可能是产品落后，市场需求不足或者竞争比较激烈，主动降价等等。

2．营业成本方面：有可能是原材料、人工成本或者制造费用的增加。原材料有可能是CPI指数增加，物价上涨，或者供应紧缺。人工成本上涨可能是工人难招，或者社会薪酬普遍提升。制造费用增加有可能是水电费涨价，附注材料或者人工增加等等。也有可能是企业建设了新厂房或投入了新设备，导致折旧费增加等造成营业成本增加。

3．期间费用方面：包括销售费用、管理费用、财务费用。销售费用增加主要是营销力度加大，比如前几年RIO（锐澳）鸡尾酒赞助了很多综艺节目，导致销售费用在当年大幅增加。管理费用增加主要是管理人员人工成本增加，或者是日常接待费、办公费等的增加，也有可能是企业土地摊销成本的增加。财务费用的增加主要是贷款利息等的增加。

4．投资收益方面：当期如果投资收益为负数，则表示企业投资失败，发生了损失。

5．营业外收支方面：通常是不可控的。营业外收入减少，有可能是同期没有了诉讼赔偿或者政府补助，营业外支出增加可能是发生了自然灾害、诉讼赔偿或罚款等。

6．所得税方面：如果大幅度且不成比例的减少，那有可能是享受的税收优惠政策取消导致的。

另外，更深入一个层次来讲，利润能否持续，是否健康，对企业生存发展至关重要。如果不去看具体科目，其实利润表包括两大项目：收入和支出。

收入方面，主要收入是否可以持续。这个主要是看企业执行的策略能否与自己所制订的战略匹配。企业竞争战略主要包括成本领先和差异化战略。成本领先就是要定价最低，性价比较好，从而以量取胜，典型的企业如小米，他们制造的小米手机在市场上就属于物美价廉的。而苹果手机走的就是差异化的战略，价格高，但是技术更好，赢得了一众“果粉”的跟随。

成本方面，主要是看成本是否可控。营业成本要与目前企业的发展状态匹配。不能超前，也不能太畏首畏尾。制造企业主要关注料、工、费的。服务型企业主要关注人工成本。期间费用中的销售费用主要关注营销力度是否合适，管理费用主要关注投入的管理资源是否合适，财务费用主要关注融资规模是否恰当。

我们可以从三个方面分析以上的收支情况是否与战略匹配，如下图所示。

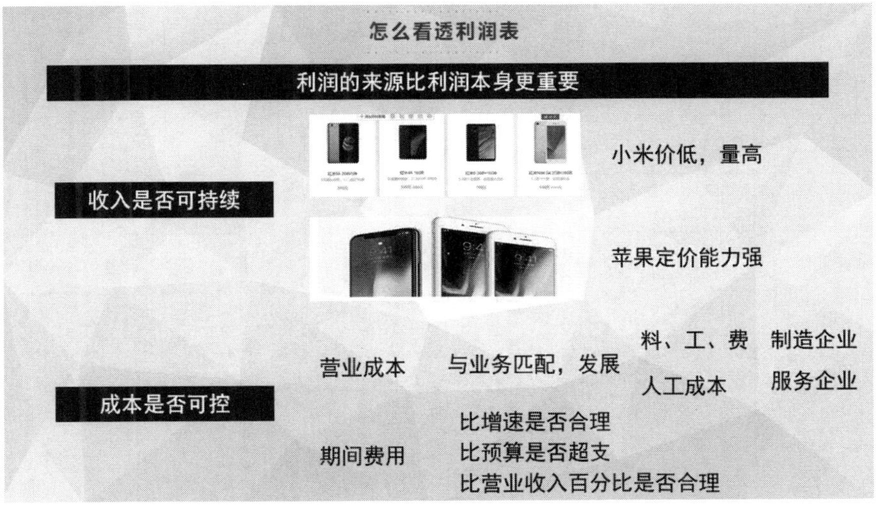

第一，比增速是否合理。即看看收支同比增幅是否与我们期望的相一致。是否有失控或者不符合预期。

第二，比预算是否超支。如果企业制订了预算，那我们就要分析各个收支项目是否与我们的预算有较大偏离，如果偏移较大，有可能是我们对市场的判断有问题，或者内部管理不当，也有可能是当时预算编制的不准确。这个要具体问题，具体分析。

第三，比营业收入的占比。以上两种方法是对比分析，我们也可以用结构分析，即让利润表的每个项目都计算处占收入的比重，然后比两年或者三年的，看看结构发生了什么样的变化。如果某项成本的结构变大了，那就有可能是内部管理对成本没有管控好。

从综合角度看，利润表中不同项目的不同状态形成了不同的企业经营情况，具体见下图。

利润表的不同状态如下表所示。

项目	正常情况	暂时亏损状态	盈利能力不稳定状态	偶然性盈利状态	较危险状态	极度危险状态
经营性利润	+	+	+	-	-	-
投资收益	+	+	-	+	-	-
营业外业务	+ 或 -	-	-	+	+	-
净利润	+	-	-	+	+	-
说明	盈利能力稳定，状况好	由于营业外导致，不影响盈利能力，亏损是暂时	盈利情况比较差，投资业务失利导致企业经营性利润差，不稳定	依赖投资和营业外业务，投资项目好坏直接关系到企业盈利能力，需关注项目收益稳定性	盈利状况差，虽然当年盈利，但依赖于营业外收支，持续下去会导致企业破产	盈利状态非常差，财务状况担忧

此外，通过利润表与资产负债表和现金流量表的结合，进行各种比率分析，还可以看出企业的盈利能力、偿债能力和企

业发展能力。利润表比率分析如下表所示。

分析内容	主要指标	计算公式
盈利能力分析	销售净利率	净利润 / 销售收入 ×100%
	主营业务净利润率	净利润 / 主营业务收入净额 ×100%
	净资产收益率	净利润 / 所有者权益平均余额 ×100%
	普通股每股收益	(净利润 - 优先股股利）/ 普通股股数
	市盈率	流通股每股市场价格 / 普通股每股收益 ×100%
长期偿债能力分析	利息保障倍数	(净利润 + 利息费用 + 所得税费用 > / 利息费用
企业发展能力分析	营业收入增长率	本年营业收入增长额 / 上年营业收入总额 ×100%
	营业利润增长率	本年营业利润增长额 / 上年营业利润总额 ×100%
	营业收入三年平均增长率	$\left[\sqrt[a]{\left(\frac{\text{当年营业收入总额}}{\text{三年前营业收入总额}}-1\right)}\right]\times 100\%$

现金流量表主要看资金流向、利润质量。

资金流向主要看资金收入和支付到哪里去了。现金流量表主要有三个资金流方向，分别是：经营活动、投资活动和筹资活动。

另外，从现金流量表还可以看到利润质量，即利润中包含的现金流量大小。以格力电器为例，2018 年 1 月 ~ 6 月经营活动现金净流量是 89 亿元，利润总额是 97 亿元，经营活动现金净流量 / 主营业务利润基本上快 1 ：1 了，说明这个企业的现金流非常充裕，而有的企业就不行，甚至经营活动现金净流量是负数，说明资金链很脆弱。

从综合角度看，现金流量表中不同项目的不同状态形成了不同的企业经营情况，如下表所示。

经营活动	投资活动	筹资活动	企业状态判别	重点关注
正	正	正	发展期，主营业务稳定且占主要地位，没有可供投资的项目	筹集资金的目的和用途
正	正	负	产品成熟期，没有可供投资的项目，抗风险能力弱	行业前景和企业产品后续发展潜力
正	负	正	高速发展期，仅靠经营活动的现金流入净额无法满足所需的投资，须通过筹资外部资金作为补充	投资决策的正确与否和投资前景
正	负	负	经营状况良好，一方面偿还以前的债务，另一方面正在为未来发展新的盈利模式	经营活动应对意外事件的能力
负	正	正	衰退期，经营活动出现困难，靠借款来维持生产经营的需要	投资活动正现金流量的来源（投资收益还是处理经营资产）
负	正	负	加速衰退期，市场萎缩，为应付债务不得不收回投资，已处于破产边缘，需高度警惕	经营业绩和债务情况
负	负	正	如为初创企业，则说明在投入大量资金开拓市场；如为长期稳定企业，则财务状况具有较大的不确定性	企业的发展阶段
负	负	负	陷于严重财务危机，可能破产	该状况的持续时间

财务上的这三张表很重要，概括一下，我们可以从财务三表上看出企业的五种能力水平（如下图所示）：发展能力、控制能力、运营能力、偿债能力、盈利能力。另外，也可以看出企业产品、效率以及财力的状态。

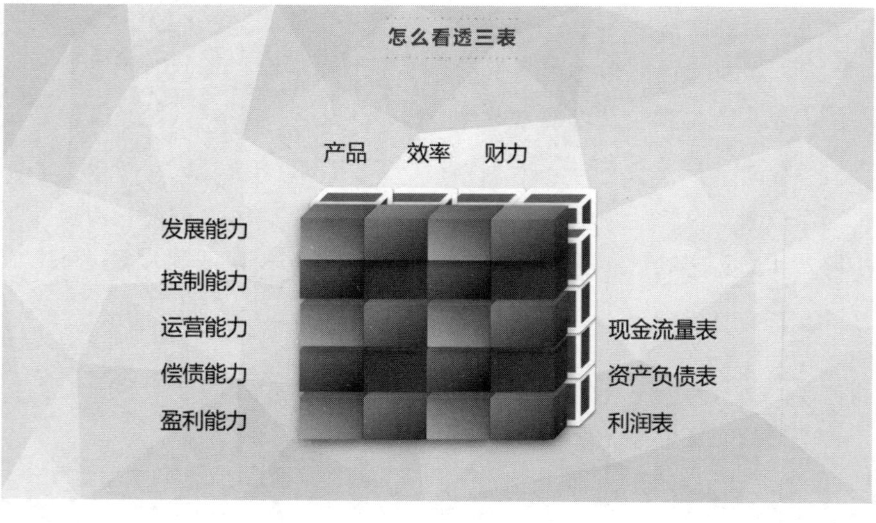

苏莹莹非常惊讶地看着艾琳，原来世界上还有这种集长得漂亮，说话专业，知识渊博，才华横溢于一身的女人，真是自惭形秽啊。不过话说回来，如果没有非常强的自我安慰的本事，苏莹莹也不会活到今天。

于是，苏莹莹厚着脸皮继续问道："三张表是怎么回事我听懂了，那对于财务报表分析，有什么快速入门的技巧吗？"

1.4.2 五分钟快速看透财务报表

艾琳夹了一块青菜，优雅地吃了以后，告诉苏莹莹如何在5分钟内看懂财务报表：**横着看，竖着看，翻过来看**。

> **横着看**的意思是将本期与往期进行对比，将本年数据与去年比或者将近三年相比都可以，数据的维度可以是多样的。例如，分析2020年收入的时候，可以将2020年与2019年做同比分析，如果上升了，那么要分析上升的原因，继续向下做分解分析，比如按照产品类型分析，按照区域分析，按照销售人员分析等等。
>
> **竖着看**的意思是做结构分析，比如分析2020年收入的时候，我们可以分析一下我们的5大产品结构比重，6大地区销售情况结构比重，前十大销售员销售比重，从结构上，我们可以看出，哪些产品卖得好，需要我们继续投入资源，哪些产品销售出现问题，我们要找到问题，并且解决。
>
> **翻过来看**的意思是做原因分析，比如，2020年上半年的水电费比2019年明显上升了30%，而我们的生产量只增加了10%，这是什么原因呢？是水电费单价提升了？机器老化耗电量增加？还是出现跑冒滴漏现象？
>
> 三句口诀看透报表，如下图所示。

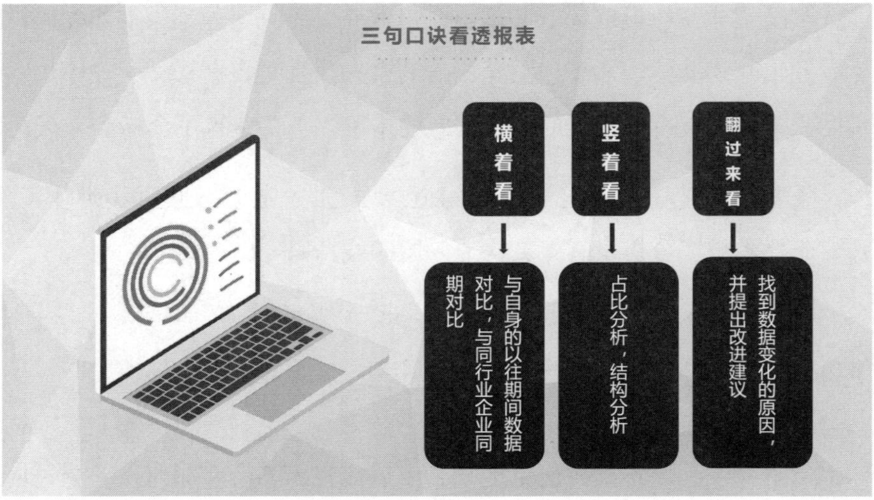

其实，总体的思路都离不开管理学原理：PDCA，即计划（Plan）、执行（Do）、检查（Check）、调整（Adjust）。按照年初的计划执行战略，然后用财务分析检查计划的执行情况，找到问题，并解决问题。

苏莹莹听到这里，嘴巴张得大大的，已经没有心思吃饭了。仿佛武侠小说中的小咖遇到大侠，崇拜之情溢于言表，马上从包里拿出笔记本，仔细地记录了下来。

1.4.3 四大财务分析方法实战

“下面，我把四大财务分析方法也给你说说”，艾琳喝了口茶，继续说道。

这四大财务分析方法分别是**比较分析**、**比率分析**、**趋势分析和因素分析**，如下图所示。

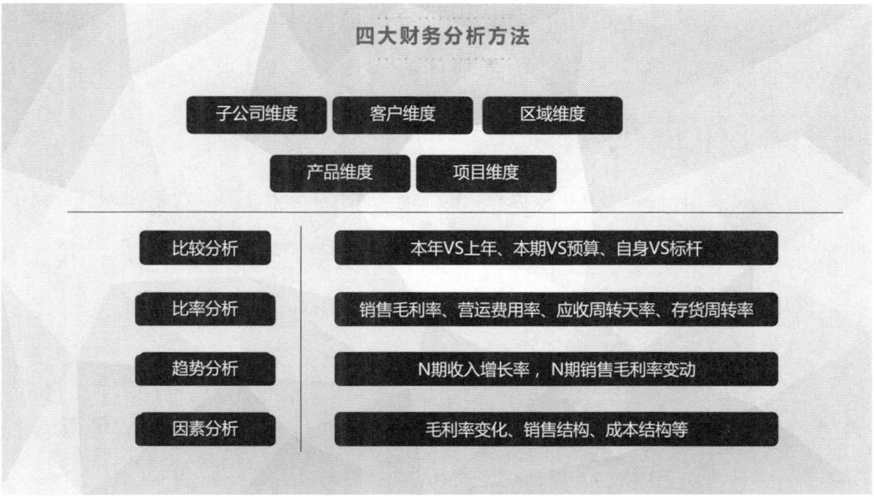

比较分析的意思是把今年的数字进行对比，对比的对象可以是：上年数，预算数，标杆数。通过与上年数对比可以发现今年同比增加了还是减少了，与预算数对比可以发现预算的完成情况，与标杆数对比可以发现自己在管理上是不是有进步，跟管理先进的企业相比，差距在哪里，提升空间有多大。

比率分析的意思是用计算财务指标，比如你可以计算销售毛利率分析产品获利能力，计算营运费用比率分析费用是否对收入的提升起到效果，计算应收账款周转率和存货周转率分析流动资金的运营效率。

趋势分析的意思是对 N 期的收入或者成本费用进行分析，以提示我们的产品哪个季节是销售旺季，哪个季节是销售淡季，哪个时间某项成本费用是主要投入期等。

因素分析的意思是对某个汇总指标进行变动原因的分析。例如毛利率发生了重大变化，可以向下进行收入的分析，成本费用的分析。然后对收入再进行因素分析，分析是哪些产品的单价或者销量变化导致的收入变化，对成本费用进行因素分析，分析可变成本、固定成本，专项成本等哪些因素的变化，导致成本费用的变化。这样一层层的将毛利率的变化因素进行深度分析。

苏莹莹听完后，瞬间感觉醍醐灌顶，财务分析中涉及的主要报表的构成，如何快速看透报表以及财务分析的主要方法都掌握了。这下回去，工作就好办多了。

艾琳用手机打开一个网址，叫金融界（如下图所示），搜索了同是做化妆的企业—拉芳家化。她对苏莹莹说：“你看，这个网站可以查到所有国内上市公司的各项财务资料以及所有历年的数据。”

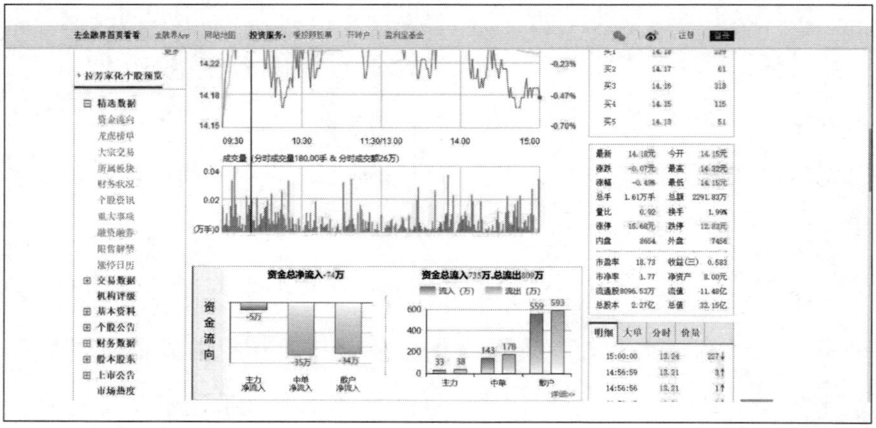

苏莹莹：看起来很厉害的样子。原来还有这么专业的网站，那我以后查询同行业数据就没有问题了，还可以借鉴网站上的财务分析指标以及图表样式。

艾琳：嗯，对！就是这个意思！我先给你展示一个比较分析。

说着，艾琳点击了拉芳家化财务数据中的营业总收入分析。很快，页面右侧就出现了如下图所示的柱形图和折线图，柱形图展现了近几年的总收入对比，折线代表行业平均收入指标。这样我们就可以看到拉芳家化的收入同比和与行业平均水平的对比情况。

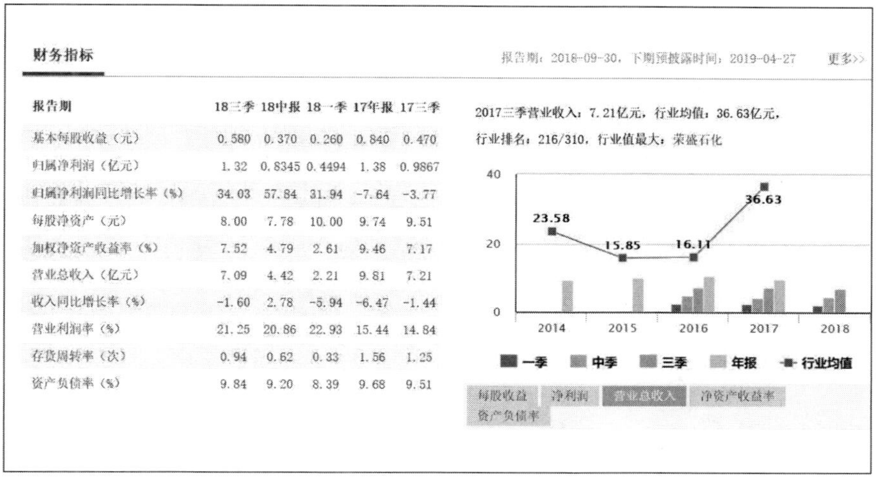

财务指标　　报告期：2018-09-30，下期预披露时间：2019-04-27　更多>>

报告期	18三季	18中报	18一季	17年报	17三季
基本每股收益（元）	0.580	0.370	0.260	0.840	0.470
归属净利润（亿元）	1.32	0.8345	0.4494	1.38	0.9867
归属净利润同比增长率（%）	34.03	57.84	31.94	-7.64	-3.77
每股净资产（元）	8.00	7.78	10.00	9.74	9.51
加权净资产收益率（%）	7.52	4.79	2.61	9.46	7.17
营业总收入（亿元）	7.09	4.42	2.21	9.81	7.21
收入同比增长率（%）	-1.60	2.78	-5.94	-6.47	-1.44
营业利润率（%）	21.25	20.86	22.93	15.44	14.84
存货周转率（次）	0.94	0.62	0.33	1.56	1.25
资产负债率（%）	9.84	9.20	8.39	9.68	9.51

艾琳又点击了一下按照净资产收益率分析（如下图所示），这个指标是一个比率指标，净资产收益率等于净利润除以净资产，从柱形图中可以看出，拉芳化工的净资产收益率是远超过行业均值的。另外，从左侧的财务指标列表中，我们还可以看到自动计算出的几个主要比率指标，包括营业利润率、存货周转率、资产负债率等。

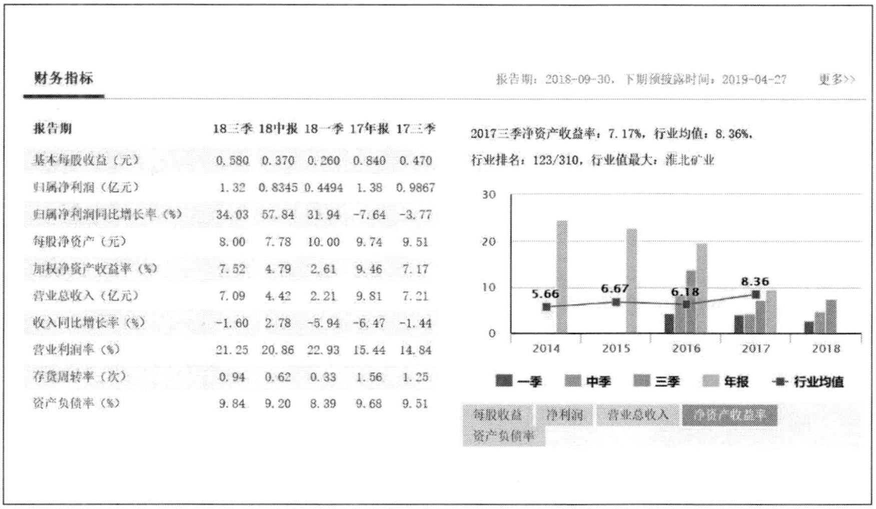

财务指标　　报告期：2018-09-30，下期预披露时间：2019-04-27　更多>>

报告期	18三季	18中报	18一季	17年报	17三季
基本每股收益（元）	0.580	0.370	0.260	0.840	0.470
归属净利润（亿元）	1.32	0.8345	0.4494	1.38	0.9867
归属净利润同比增长率（%）	34.03	57.84	31.94	-7.64	-3.77
每股净资产（元）	8.00	7.78	10.00	9.74	9.51
加权净资产收益率（%）	7.52	4.79	2.61	9.46	7.17
营业总收入（亿元）	7.09	4.42	2.21	9.81	7.21
收入同比增长率（%）	-1.60	2.78	-5.94	-6.47	-1.44
营业利润率（%）	21.25	20.86	22.93	15.44	14.84
存货周转率（次）	0.94	0.62	0.33	1.56	1.25
资产负债率（%）	9.84	9.20	8.39	9.68	9.51

趋势分析也是一样，与比较分析不同的是，趋势分析需要两期以上的数据进行对比。如下图所示，我们可以看到拉芳化工从2016年～2018年收入水平以及四大方面的核心指标。

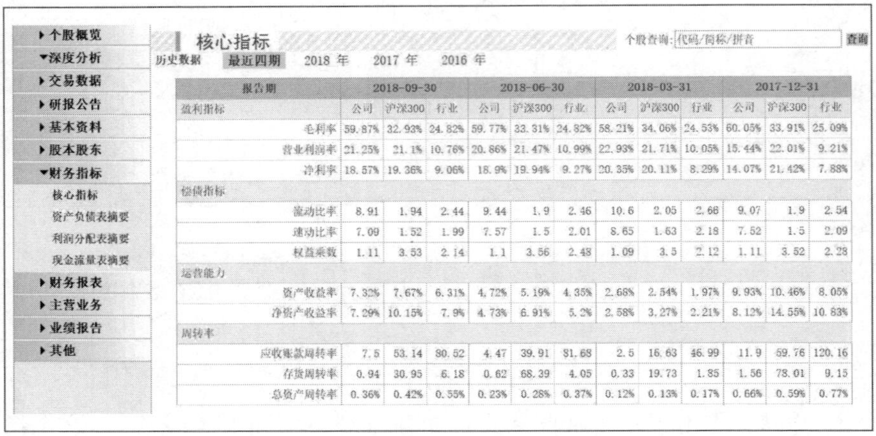

报告期	2018-09-30			2018-06-30			2018-03-31			2017-12-31		
盈利指标	公司	沪深300	行业	公司	沪深300	行业	公司	沪深300	行业	公司	沪深300	行业
毛利率	59.87%	32.93%	24.82%	59.77%	33.31%	24.82%	58.21%	34.06%	24.53%	60.05%	33.91%	25.09%
营业利润率	21.25%	21.1%	10.76%	20.86%	21.47%	10.99%	22.93%	21.71%	10.05%	15.44%	22.01%	9.21%
净利率	18.57%	19.36%	9.06%	18.9%	19.94%	9.27%	20.35%	20.11%	8.29%	14.07%	21.42%	7.88%
偿债指标												
流动比率	8.91	1.94	2.44	9.44	1.9	2.46	10.6	2.05	2.66	9.07	1.9	2.54
速动比率	7.09	1.52	1.99	7.57	1.5	2.01	8.65	1.63	2.18	7.52	1.5	2.09
权益乘数	1.11	3.53	2.14	1.1	3.56	2.48	1.09	3.5	2.12	1.11	3.52	2.28
运营能力												
资产收益率	7.32%	7.67%	6.31%	4.72%	5.19%	4.35%	2.68%	2.54%	1.97%	9.93%	10.46%	8.05%
净资产收益率	7.29%	10.15%	7.9%	4.73%	6.91%	5.2%	2.58%	3.27%	2.21%	8.12%	14.55%	10.83%
周转率												
应收账款周转率	7.5	53.14	80.52	4.47	39.91	81.68	2.5	16.63	46.99	11.9	59.76	120.16
存货周转率	0.94	30.95	6.18	0.62	68.39	4.05	0.33	19.73	1.85	1.56	78.01	9.15
总资产周转率	0.36%	0.42%	0.55%	0.23%	0.28%	0.37%	0.12%	0.13%	0.17%	0.66%	0.59%	0.77%

艾琳接着说：“因素分析方面，我给你另外举个例子，看我画的这个某公司的2019年和2018年两年利润的同比变化因素图。下图中，深灰色代表对2019年利润同比增加的贡献，浅灰色代表减少。那么2019年比2018年利润增加300万元的原因是什么呢？首先是产品1和产品2的收入分别增加了200万元和400万元，另外，产品1的成本同比减少了100万元，三项共计带来利润增加700万元。另一方面，产品2成本增加了250万元，其他成本增加150万元，导致利润同比减少400万元，700万元的利润增加减去400万元的利润减少，刚好是300万元的利润同比增加值。通过这个图表，我们可以很清楚地看出，利润同比增加或减少的原因是什么。

以上就是我想介绍的财务分析常见的四种方法。”

愉快的时间总是过得很快送走了艾琳，苏莹莹与沈东君肩并肩地走在人来人往的马路上，都不说话，彼此的心事都在脑海里盘算着。

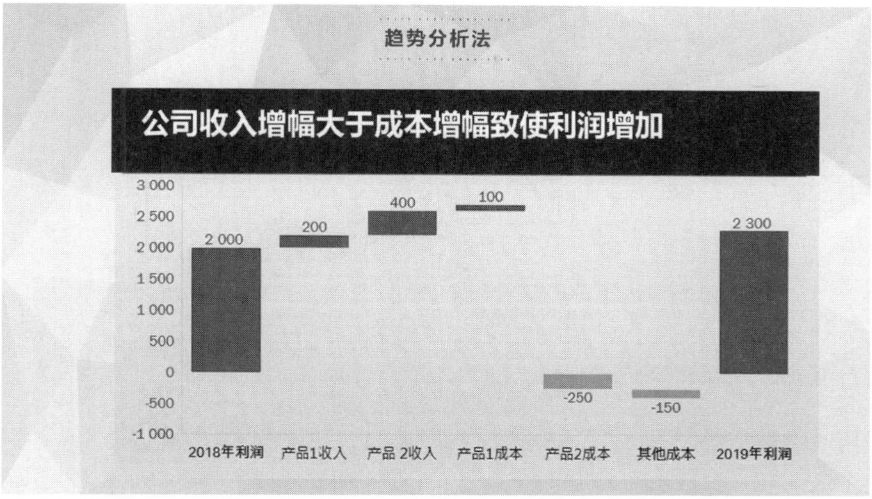

这个时候沈东君突然说：“你有没有想过，到一个更广阔的舞台发展？”

苏莹莹正想着艾琳专业的样子，忽然被这么一问，感觉不知道如何回答。沈东君接着说：“我这有一个公司招聘财务主管，你要不要试试？”苏莹莹想了想说：“我感觉我们公司挺器重我的，我还是选择坚守吧，继续锻炼一下，以后再说。”沈东君挠了挠头，就这样两人一路无话，各自回家了。

这个时候的苏莹莹，绝对不会想到，她选择的坚守，将给她带来比跳槽更大的发展空间。

第二章

公司快速发展，第 2 年管理持续提升

按照公司的发展蓝图，公司第 1 年打基础阶段。扎根深圳，精耕细作，打造深圳精品店，逐步建立销售网络。初步实现年销售收入 4 000 万，员工 200 人，店面数量 20 家。

公司第二年的目标是进入初步提升阶段。将网店扩张至广东省内其他城市，主要针对广州和东莞经济发达地区开设门店，扩大省内知名度，进一步提升品牌影响力。实现年销售收入 1 亿元，员工 300 人，店面数量 40 家。

苏莹莹没有选择跳槽，由于工作出色，她只工作 1 年就顺利的升任了财务主管。

转眼到了第二年的 8 月份，公司要开会了，马远召集各部门中层干部开会，马远（总经理）、刘明儒（总经理助理）、魏明（研发部部长）、周其忠（采购部部长）、毕然（生产部部长）、曾庆杰（行政人事部部长）、陈希伦（运营部部长）、诸葛胜（经营策划部部长）等都要求参加，财务部原部长因为身体不适请假，苏莹莹代表财务部参加了会议。

马远首先发言，“我们公司今年的销售收入，将从 4 000 万元增加到 1 亿元，员工也增加到了 300 人，门店将扩展到 40 家，现在的状况是，企业发展得很快，而我们的管理能力却没有跟上企业发展的速度，要实现我们的宏伟蓝图，必须有管理工具做支撑，这个工具就是全面预算。我读了北大的 MBA，学了很多东西，在跟其他企业老板交流的过程中，感觉全面预算这个工具对提升企业的绩效很有帮助，我们必须要用起来。大家感觉怎么样？”

经营策划部部长诸葛胜赶紧接着马远的话说，“这个全面预算我听说过，非常好，是战略落地的工具，企业可以通过全面预算来综合协调经营资源，我赞成实施。”

其他几个部长也纷纷点头。

苏莹莹注意到，这个时候，总经理助理刘明儒飞快的记着笔记。忽然，马远眼睛转向苏莹莹问道：“小胡主管，你感觉怎么样？对实施全面预算有什么看法？”

工作一年来，苏莹莹学了很多管理会计知识，还自费考了CMA（美国注册管理会计师）认证，对全面预算这个工具早就跃跃欲试了。

苏莹莹：我认为全面预算就重在“全”字，它是全员，全过程，全部门的管理活动，是一个从战略出发，连接规划、计划、预算、执行、绩效、奖惩等管理体系，形成的一个完整的控制系统。如果要实施全面预算，我认为应该一步步来，分三个阶段进行打造，分别是：实施探索阶段，管理改善阶段和持续提升阶段。我们先进行实施探索阶段，这个阶段的重点是建立全面预算管理机构，建立全面预算规则、制度，设计全面预算表格和全面预算文化；第二阶段的管理改善阶段，重在提高预算准确性和建立考核机制；第三阶段的持续提升阶段，再进行信息系统升级和深入业务融合。这样分三年，三步走，我感觉可以非常稳妥的将全面预算进行落地。不积跬步无以至千里，若要实施的话，我们今年应先进行第一步。

苏莹莹发言完毕后，全场的人都盯着她看，感觉她说话有条理、专业、不卑不亢！

马远面露喜色，满意地点点头，心想还真没有选错人。于是，继续说道：“好！那我们就让苏莹莹来代表财务部操办全面预算的第一阶段实施，其他部门来配合，怎么样？”

既然总经理都拍板了，其他部门的部长也纷纷表示同意，散会后，马远拍了拍苏莹莹的肩膀说，“好好干，出了成果，我重奖你！”苏莹莹娇羞地点点头，摆出了努力奋斗的手势。

2.1 初步建立全面预算体系（全面预算第一阶段）

上次的会议后，苏莹莹花了两个星期的时间，把全面预算实施的第一阶段梳理了一下。共整理出**4份文件和1张时间表**。四份文件包括**预算委员会组织说明、预算管理制度、预算编制手册、预算套表**。一个时间表是**全面预算编制包括各个时间节点和责任人的时间表**。

2.1.1 全面预算的组织机构

全面预算的关键是组织，这个组织必须由总经理亲自挂帅，成立公司的全面预算管理委员会。于是，苏莹莹起草文件了《关于成立公司全面预算管理委员会的通知》文件。

《关于成立公司全面预算管理委员会的通知》

公司各部门：

经研究决定，成立公司全面预算管理委员会，有关事项通知如下：

一、全面预算管理委员会成员

主　任：公司董事长

副主任：公司总经理

成　员：公司副总经理、研发部部长、采购部部长、生产部部长、配送中心部长、行政人事部部长、运营部部长、咨询部部长、经营策划部部长、财务部部长

委员会下设预算办公室和投资计划办公室，均设在财务部，负责公司全面预算管理和计划投资的日常工作。

主　任：财务部部长（兼）

成　员：各二级部门部长

二、全面预算管理委员职责

（一）组织制定公司全面预算管理和计划投资管理相关制度；

（二）审议批准公司全面预算管理方案和计划投资具体方案；

（三）审议批准公司全面预算和计划投资管理相关措施；

（四）协调解决公司全面预算管理和计划投资中的重大问题；

（五）根据各二级部门预算管理工作履行职责及考核情况，制订奖惩方案；

（六）听取和监督公司计划投资项目实施落实情况；

（七）审议批准公司预算执行方案。

三、办公室职责

（一）预算办公室职责

1．组织执行委员会的决议；

2．负责公司全面预算管理日常工作；

3．制订公司全面预算管理具体方案；

4．制订公司全面预算管理相关措施；

5．组织实施全面预算编制、分解、分析、执行和考核工作；

6．指导各部门全面预算管理工作；

7．检查监督各部门全面预算管理工作；

8．根据各部门每月20日前上报的季度和月资金预算明细表，制订公司年度、季度和月度资金使用计划；

9．负责公司资金使用计划差异分析工作；

10．完成委员会交办其他事项。

通知起草完毕后，苏莹莹松了口气。

2.1.2　全面预算管理制度

建立了全面预算管理委员会，接下来要制订规则了。苏莹莹整理了一下思路，把要点梳理如下：

（1）**明确主体权责利**。这些个体通常包括董事会、总经理、研发部部长、生产部部长、行政人事部部长、销售部部长、经营策划部部长、电子商务部部长、财务部部长等部门。制作预算流程图时要明确每个部门在预算管理流程中的权责利。

（2）**建立工作联系**。制作预算流程图时，要根据预算编制的逻辑关系，规定工作结果的发出和送达路线，以及前一工作结果的派生工作。

（3）**明确工作内容**。制作预算流程图时，要规定每个节点各个单位应该做什么。预算编制的内容包括今年企业发展状况的总体评价、企业长期规划的修改和明年企业发展的期望，以及人、财、物的资源配置等。

梳理完思路后，已经到了下班时间。苏莹莹一点也不饿，她拎着笔记电脑到了楼下的星巴克，一边喝着咖啡，一边在笔记本电脑里写下了公司的全面预算管理办法。

全面预算管理办法

第一章 总则

第一条 为了促进公司实现发展战略目标，建立现代企业管理制度，推动全面预算管理的实施，强化内部控制，提高经营管理水平和风险防范能力，结合公司实际情况，制定本办法。

第二条 本办法所称“全面预算”是指公司依据战略要求和发展规划，在预测、决策的基础上对一定期间的经营活动、投资活动、财务活动等做出的预算安排；“全面预算管理”是对全面预算的编制、审批、执行、控制、调整、考核及监督等管理方式的总称。

第三条 全面预算管理的基本任务

（一）根据公司战略目标，确定公司经营目标并组织实施预算计划；

（二）明确公司内部各个层次人员的管理责任和权限；

（三）对公司的经营活动进行控制、监督和分析；

（四）对预算执行情况进行考核和评价。

第四条 全面预算管理的基本原则

（一）量入为出、综合平衡；

（二）目标控制、分级实施；

（三）权责明确、严格管理；

（四）注重效益、防范风险。

第二章 预算管理组织机构

第五条 公司建立由全面预算管理委员会

第六条 公司董事会是预算管理的最高决策机构，负责确定公司年度经营目标和工作计划，审批公司年度预算草案及调整方案、部门费用预算方案及调整方案、预算外项目。

第七条 全面预算管理委员会主要职责包括：

（一）组织制定公司全面预算管理相关制度；

（二）审议公司全面预算管理方案具体方案；

（三）审议公司全面预算相关措施；

（四）协调解决公司全面预算管理的重大问题；

（五）根据各二级部门预算管理工作履行职责及考核情况，制订奖惩方案；

（六）听取和监督公司计划投资项目实施落实情况；

（七）审议公司预算执行方案。

第八条 全面预算管理委员会预算办公室设在财务部，主要负责公司预算管理和投资计划管理日常工作。

（一）预算办公室职责

1．组织执行委员会的决议；

2．负责公司全面预算管理日常工作；

3．制订公司全面预算管理具体方案；

4．制订公司全面预算管理相关措施；

5．组织实施全面预算编制、分解、分析、执行和考核工作；

6．指导各部门全面预算管理工作；

7．检查监督各部门全面预算管理工作；

8．根据各部门每月20日前上报的季度和月资金预算明细表，制订公司年度、季度和月度资金使用计划；

9．负责公司资金使用计划差异分析工作；

10．完成委员会交办其他事项。

第九条 财务部为实施预算责任部门，负责编制公司年度经营预算、资本预算、资金预算和财务预算等预算方案，并负责汇总年度预算资料。

第十条 经营策划部负责制订公司发展战略，编制公司年度经营资源、工作计划等预算方案。

第十一条 销售部和电子商务部负责市场指标预算。

第十二条 行政人事部负责制订公司人才发展战略，编制人力资源、用人需求计划及人工成本等预算方案。

第十三条 生产部负责料工费等预算。

第十四条 采购部负责采购等预算。

第十五条 研发部负责研发费用等预算。

第十六条 公司各部门均为预算责任部门，负责职责范围内及本部门预算的编制、执行、分析和控制等工作，接受公司的检查、考核，并配合预算办公室做好公司总预算的综合平衡。各部门负责人对本部门预算执行结果承担责任。

第三章　预算管理的范围与内容

第十七条　公司所涉及价值形式的经营管理活动都应纳入预算管理，明确预算目标，实现预算控制。

第十八条　全面预算包括工作计划、资源预算、业务预算、经营预算、资本预算、资金预算和财务预算。公司全面预算应当围绕公司的战略要求、发展规划和工作计划，以资源预算和业务预算为起点，以经营预算、资本预算为基础，以经营利润为目标，以现金流为核心进行编制，并主要以财务报表形式予以充分反映。

第十九条　公司编制全面预算应当依次按照资源预算、工作计划、业务预算、经营预算、资本预算、资金预算、财务预算的流程进行。各预算责任部门分别按照其所从事的经济业务类型及其责任权限编制相应的预算。

（一）资源预算内容

资源预算是反映拥有人、财、物、技术等重要生产要素数量情况的预算。资源预算包括三种：经营资源预算、管理资源预算、人力资源预算。

经营资源预算是反映与开展经营业务相关的重要设施、设备、场地、技术等资产数量及结构情况的预算。

管理资源预算是反映与开展管理活动相关的重要设施、设备、场地、技术等资产数量及结构的预算。

人力资源预算是反映拥有员工数量及结构情况的预算。

（二）工作计划内容

根据公司战略实施要求、经营态势分析及经营管理要求，分别制订经营计划、管理计划和投资计划。

（三）业务预算内容

业务预算是反映经营业务和管理活动指标的预算。业务预算包括两种：市场指标预算、管理指标预算。

市场指标包括业务量指标、市场份额指标。管理指标包括服务管理指标、安全管理指标、员工管理指标、财务管理指标、资产管理指标。

（四）经营预算内容

经营预算是反映日常生产经营活动的资金收支预算。经营预算包括三种：营业收入预算、主要成本费用预算、其他损益预算。

（五）资本预算内容

资本预算是反映投融资活动的资金收支预算。资本预算包括两种：投资预算、筹资预算。

（六）资金预算内容

资金预算是指公司在预算期内资金需求及还本付息的预算。

（七）财务预算内容

财务预算是反映财务总体情况的预算。财务预算包括四种：财务收支预算、现金预算、资产负债预算、财务指标预算。其中：财务指标预算包括财务效益指标预算、资金周转指标预算、发展能力指标预算。

第四章 预算编制

第二十条 公司预算编制的主要依据如下：

（一）国家有关政策法规和公司有关规章制度；

（二）公司经营发展战略和目标；

（三）公司年度工作计划；

（四）公司年度预算编制原则及要求；

（五）公司以前年度预算执行情况；

（六）预算期内经济政策、市场环境等因素。

第二十一条 公司预算编制工作按照“上下结合、分级编制、逐级汇总”的程序进行。

（一）确定经营目标

公司董事会根据公司发展战略，在对预算期内经济形势进行初步预测的基础上，确定公司下一年度预算编制原则和要求，提出预算年度的经营目标，包括业务发展目标、营业收入目标、成本费用目标、利润目标和现金流量目标，并确定预算编制的政策。

（二）编制上报

各预算责任部门根据预算年度经营目标和政策，结合本部门承担职责及预算的执行条件，按照规定格式编制相应预算方案，并报预算办公室。

（三）审核平衡

预算办公室对各预算责任部门上报的预算方案进行审核、汇总，提出综合平衡建议。并反馈预算责任部门给予修正。

（四）审议及上报

预算办公室在有关预算责任部门修正调整预算方案的基础上，编制公司预算草案，报全面预算管理委员会讨论，预算委员会讨论修订后，形成年度全面预算草案，提交董事会审议，审议通过后，预算办公室将全面预算草案报集团公司审核批准。

（五）下达执行

公司董事会批准公司年度预算方案后，预算办公室将预算方案进行层层分解，并将预算分解方案及部门费用预算方案下达各预算责任部门执行。

第二十二条 预算编制时间

（一）年度全面预算编制工作

公司各部门于每年10月31日前完成所负责编制工作；预算办公室20日前完成全面预算方案资料汇总及上报工作。

（二）月度资金预算编制工作

公司各部门于每月24日前完成下一个月度资金预算编制工作；预算办公室于每月25日前完成季度及月度资金预算方案汇总及上报工作。

第五章 预算执行与控制

第二十三条 预算方案一经下达，各预算责任部门必须认真组织实施，将预算指标层层分解，落实到各环节、各岗位，形成全方位的预算执行责任体系。

第二十四条 公司预算方案作为预算期内组织、协调各项经营活动的基本依据，各预算责任部门应将年度预算细分为月份和季度预算，按时报送月度和季度资金预算，以便分期控制预算，确保年度经营目标的实现。

第二十五条 公司应当强化现金流量的预算管理，做好应收账款管理，及时回收资金，严格控制预算资金的支付，保证资金收付平衡，控制财务风险。

第二十六条 公司建立预算执行情况分析报告制度。各预算责任部门应于每季度规定时间内将预算执行情况分析报告报送给预算办公室，作为预算分析和考核的基本依据。

第六章 预算调整

第二十七条 公司正式下达的预算，在预算期内一般不予调整。在预算执行过程中由于市场环境、国家政策或者不可抗力等客观因素，致使预算编制基础不成立，或者将导致执行结果产生重大偏差的，可以调整预算，同时应当履行严格的审批程序。

第二十八条 预算调整程序

各预算责任部门出现重大漏项，或者由于工作计划调整，临时新增项目的，可按以下程序调整预算：

（一）事项审批

预算责任部门提交书面申请报告及相关资料，预算管理委员会审核签署意见后，报董事会审批，审批通过后方可申请年度预算调整。

（二）预算系统申请预算调整

事项审批通过后，预算责任部门需办理预算系统调整，调整后方可开支。

第二十九条 对于预算责任部门提出的预算调整事项，公司进行决策时应当遵循以下要求：

（一）预算调整事项不能偏离公司发展战略和年度预算目标；

（二）预算调整方案应当在经济上能够实现最优化；

（三）预算调整重点应当放在预算执行中出现的重要、非正常的、不符合常规的关键性差异方面。对于常规事项产生的预算执行差异，应当责成预算责任部门采取措施加以解决。

第七章 预算考评

第三十条 公司预算管理委员会定期组织全面预算管理考核，必要时可实行预算执行情况内部审计。

第三十一条 公司将从预算编制材料完整性、正确性、资料报送及时性，专项预算控制情况和月度预算执行准确率等方面进行考核，具体指标见全面预算考核表。

第八章 附则

第三十二条 本办法未尽事宜或与国家有关法律、法规及集团公司相关规定相抵触的，按国家有关法律、法规及集团公司相关规定执行。

第三十三条 本办法由公司全面预算管理委员会负责解释。

第三十四条 本办法自印发之日起实施。

附件：预算考核指标表

预算考核指标表

序号	考核指标	指标定义及公式
1	预算资料完整性（20%）	以20分为基础，年度预算材料每缺少一项，扣2分，扣到0分为止
2	预算资料正确性（10%）	以10分为基础，年度预算材料每错误一处或返工一次，扣2分，扣到0分为止
3	预算资料报送及时性（20%）	以20分为基础，年度及月度预算材料每迟报一天，扣1分，扣到0分为止
4	部门月度预算执行准确率（50%）	以50分为基础，∑权重×（各月度实际数/各月度预算数）×基础分

2.1.3 全面预算编制时间表

接下来是预算编制时间表。这个时候，苏莹莹又续了一杯咖啡，提提神，她忽然注意到，旁边桌子的一个人，他穿得西装笔挺，既不玩手机，也不聊天，更没有苹果笔记本电脑在桌上摆着，他就只喝咖啡，感觉看起来很别扭，特别想上去送他台笔记本电脑。可能是我们把星巴克的定位给搞错了吧，这本来就应该是喝咖啡的地方，结果变成了小资聚会的场所，变成了白领工作的场所，什么时候我们也能够做成这样。行了，别乱想了，继续写预算编制时间表。

苏莹莹认为，这个时间表，应该分成两个层次，第一个是公司的时间表，第二个是部门的时间表，两个时间表都需要明确时间、责任人以及各个部门都需要确定一个预算编制员，这样方案才能得到落实。

公司层面的编制时间表：

（一）预算编制布置：每年 9 月 30 日前，公司向各部门下达预算编制通知；

（二）编制预算预案：每年 10 月 31 日前，各部门完成预算年度工作计划制订，编写本年预算执行报告，完成预算预案编制，向公司预算办公室报送；

（三）审核预算预案：每年 11 月 15 日前，公司预算办公室审核预算预案，下发审核意见；

（四）编制预算草案：每年 11 月 30 日前，各部门根据公司预算办公室的审核意见，完成预算草案编制并上报公司。12 月 5 日前，公司预算办公室编制总体预算草案并上报预算委员会审议；

（五）下发预算方案：预算委员会在 12 月 10 日前完成年度预算草案审议，并提交董事会审批。次年 1 月底前，公司董事会审批后，正式下发各部门预算方案。

各部门的预算编制时间表，如下表所示：

部门	编制内容	责任人	预算预案上报时间	预算草案上报时间
经营策划部	制订公司发展战略，编制公司年度经营资源、工作计划等预算方案	诸葛胜	10 月 31 日前	11 月 30 日前
财务部	编制公司年度经营预算、资本预算、资金预算和财务预算等预算方案，并负责汇总年度预算资料	苏莹莹	10 月 31 日前	11 月 30 日前
行政人事部	制订公司人才发展战略，编制人力资源、用人需求计划及人工成本等预算方案	曾庆杰	10 月 31 日前	11 月 30 日前
运营部	负责市场指标预算	陈希伦	10 月 31 日前	11 月 30 日前
生产部	负责料工费等预算	毕然	10 月 31 日前	11 月 30 日前
采购部	负责采购预算	周其忠	10 月 31 日前	11 月 30 日前
研发部	负责研发费用等预算	魏明	10 月 31 日前	11 月 30 日前

2.1.4 设计全面预算表格体系

接下来，要设计一个全面预算的表格体系了，市面上有很多书籍和网络资料可以参考。苏莹莹想着，先设计一个表格框架，具体的表格就简单了，在一些专业书中参考一些细致的表格样式即可。

于是，她按照之前梳理的思路，继续把公司的全面预算表格体系写了下来：

公司全面预算表体系，如下表所示：

表格大类	具体表格
一、经营预算	1. 销售数量预算表
	2. 销售金额预算表
	3. 单位销售成本预算表
	4. 存货预算表
	5. 营业费用预算表
	6. 管理费用预算表
	7. 制造费用预算表
	8. 财务费用预算表
	9. 人力预算表
二、资本性支出预算	10. 固定资产投资预算表
	11. 未完工项目投资进度预算表
	12. 未完工项目投资进度预算表
三、财务预算	13. 资产负债预算表
	14. 损益预算表
	15. 现金流量预算表
	16. 现金需求预算表
	17. 关键营运预算表

好了，这下 4 份文件和 1 个时间表都整理好了，接下来就是将全部文档整理好，下发通知，然后启动全面预算布置会了。

2.1.5 第一次开全面预算布置会

马远拿到苏莹莹的全套文档后，看完非常高兴，马上跟董事长汇报，通知各部门举行了公司第一次全面预算布置会。

卢樊溪董事长主持了这次会议，马远（总经理）、刘明儒（总经理助理）、魏明（研发部部长）、周其忠（采购部部长）、毕然（生产部部长）、曾庆杰（行政人事部部长）、陈希伦（销售部部长）、支付宝（电子商务部部长）、诸葛胜（经营策划部部长）还有苏莹莹依次落座。

卢樊溪董事长发表讲话："早上好！很高兴有机会参加公司的全面预算管理工作布置会，这次公司财务部做了非常充足的准备工作，大家要高度重视全面预算管理工作，从企业来讲，推动全面预算管理主要是实现战略目标的需要，因为全面预算是以企业发展战略为导向，在对未来环境预测的基础上，确定预算期内经营管理目标，逐层分解、下达于企业内部各个经济单位，并以价值形式反映企业生产经营和财务活动的计划安排。而战略是企业可持续发展的基础，全面预算管理作为一种全方位、全过程、全员参与编制与实施的预算管理模式，凭借其计划、协调、控制、激励、评价等综合功能全面贯彻企业的经营战略，所以，企业全面预算管理过程就是企业战略目标分解、实施、控制和实现的过程，因此，全面预算工作也是企业实现发展战略的一种有效方法和工具，实现战略的方法。

另外，推进全面预算管理工作是提升企业经营管理水平的需要。全面预算管理的本质是企业内部管理控制的一项工具，是为实现企业目标所采取的管理控制手段，其制定和实施过程就是企业不断用量化的工具使自身所处的经营环境与拥有的资源和企业的发展目标保持动态平衡的过程，达到对投资、筹资、经营、财务等各项活动全方位的管控，实现对企业生产经营活动事前、事中、事后的全过程管理，因此全面预算能够确保企业管理职能的实现，推动企业各项内控机制和内部管理制度的完善，控制企业日常经营风险，推进企业经营管理水平的提升。

公司目前已经进入快速发展期，外部市场环境不是很稳定，这就要求我们不但要从市场取得效益，更要从内部管理中取得效益。而这个工具就是全面预算，我们打算利用三年的时间逐步深化，以期取得好的效果，各部门要按照公司全面预算管理委员会的布置，按时保质完成工作。

另外，问一下，谁是苏莹莹？”

苏莹莹连忙起身举手示意，卢樊溪董事长微笑地点点头，继续说道“因为我们是第一次编制预算，肯定有很多不明白的地方，苏莹莹是财务专家，苏莹莹准备一下，过几天给各部门进行一下全面预算的培训，包括表格怎么填写，收入和成本费用怎么预测等等。好了，我这边没事了，大家还有什么意见和建议吗？”

总经理马远和各部门部长纷纷表示愿意积极配合，方董事长宣布散会。

开完会，苏莹莹是一身的汗，紧张的够呛。这又是闹哪样？还要给各个部门做培训，哎，真是一波未平，一波又起。

2.1.6　举行全面预算培训会

苏莹莹精心准备了预算培训会的PPT，但是，她总感觉差点什么，难道就告诉人家怎么填报预算表格，这样就够了吗？预算不是要上接战略，下接业务吗？战略是啥？怎么接？是不是应该让公司专业人士帮忙讲解一下公司目前所在行业的发展现状，这样不是更加有利于预算填报的准确性吗？化妆品行业做得最成功的莫过于屈臣氏，如果把行业领军的企业分析透彻了，那么公司的战略也就自然明晰了。

于是，她想到了一个人，公司总经理助理刘明儒，刘总助可不简单，海归留学回来的，在日化行业工作多年，从普通职员到总经理助理（相当于副总经理级别）只用了5年时间，真是青年才俊，长得又帅，又有才华，世界上怎么会有这么完美的男人！

收起花痴微笑，她主动给总经理助理刘明儒打了电话，想让刘明儒帮忙讲讲行业趋势和公司目前战略等定位。刘明儒非常爽快的答应了，表示愿意帮这个忙。

于是，苏莹莹给各部门发了举行全面预算培训会的通知，要求各部门部长和部门预算员一起参加，并特别注明，总经理和总经理助理都要参加，请各部门给予充分的重视。

2.1.7 总经理助理分析行业趋势

会议当天，马远坐在会议室主位上，总经理助理刘明儒自备了笔记本电脑，并且做了 PPT。

马远首先强调了这次会议的重要性，要求大家认真听讲，确保顺利完成本次预算。说完，把话筒给了刘明儒。

刘明儒拿起话筒开始讲解："各位同事，大家好！现在由我来抛砖引玉，讲讲行业发展趋势和分析行业标杆，明白行业发展趋势，有利于我们确立自身的定位，分析行业标杆，可以让我们有明确的目标。现在开始。"

一、我国日化行业市场现状及发展前景

（1）日化行业整体状况

化妆品包括 11 大细分子品类：护肤品、护发产品、口腔护理品类、沐 浴用品、彩妆、男士护理用品、婴幼儿与儿童专用产品、香水、防晒用品、除臭剂、脱毛 产品、防晒。

2017 年我国化妆品行业总规模 3 616 亿元，同比增加 9.6%。2018 年 1 月～ 11 月全国化妆品零售额为达 2 375 亿元，同比增加 10.5%。2003 年～ 2017 年，化妆品销售额占零售总额的比重从 0.4% 提升至 0.7%。我国化妆品市场及增速的情况如下图所示。

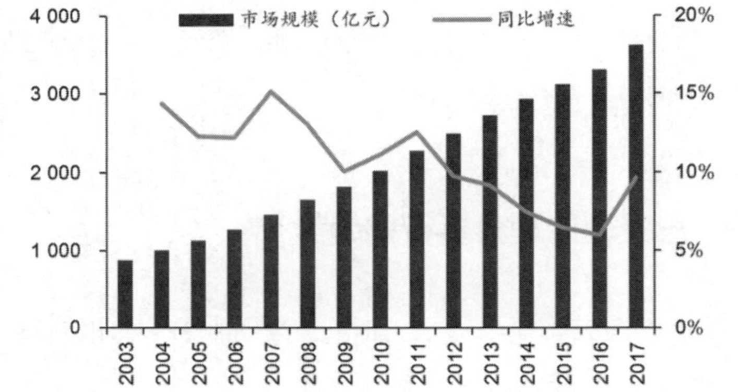

资料来源：Euromonitor，华泰证券研究所

（2）日化行业竞争状况

目前，我国的化妆品企业数量超过 3 000 家，主要分布在东南沿海地区。

当前我国化妆品市场中国际品牌占据主导地位，2017 年前十大化妆品公司 基本为欧美、日韩等国家品牌。国际化妆品企业依托强势的品牌地位及强大 的资金实力主要占据我国一二线城市的市场。2017 年我国化妆品中国际 公司及本土公司市占率分别为 77.5%、22.5%，其中在大众化妆品领域国际公司、本土公司市占率分别为 70.9%、29.1%，在高端领域两者市占率分别为 96.7%、3.3%，说明国际品牌在高端领域占据垄断优势。 国内自主品牌企业依托性价比优势及对中国消费者的深入理解，主要在大众领域参与竞争、尤其在大众护肤领域表现突出。

2017 年我国大众护肤品行业中，前十大品牌中有 5 个为本土品牌，其中本土品牌百雀羚排名第一。2017 年我国化妆品行业前十大公司及其市占率如下图所示。

市场排名	总体		大众		高端	
	公司名称	市占率	公司名称	市占率	公司名称	市占率
1	宝洁	10.1	宝洁	11.6	欧莱雅	15.2
2	欧莱雅	8.5	欧莱雅	7.5	雅诗兰黛	10.8
3	资生堂	3.1	上海上美	4.0	LVMH	7.1
4	联合利华	2.8	百雀羚	3.5	安利	5.3
5	高露洁	2.8	联合利华	3.4	资生堂	5.3
6	上海上美	2.6	伽蓝集团	3.3	Lee Kum Kee	4.6
7	雅诗兰黛	2.5	玫琳凯	3.3	爱茉莉太平洋	4.0
8	爱茉莉太平洋	2.5	上海家化	2.8	香奈儿	2.8
9	百雀羚	2.3	资生堂	2.8	宝洁	2.4
10	玫琳凯	2.2	Beiersdorf	2.5	LG 生活与健康	2.2
国际公司市占率（前十大公司中国际公司）	34.5		31.1		59.7	
本土公司市占率（前十大公司中本土公司）	4.9		13.6		0.0	

资料来源：Euromonitor、光大证券研究所；注：标记底色的为本土品牌，其中上海上美为韩束、一叶子等品牌的母公司。

根据日本知名化妆品集团资生堂的研究，2011 年中国使用化妆品的人数已经达到 1.3 亿人，超过了日本的 5 600 万人，而到 2020 年中国 核心化妆品消费人数有望增加到 3.3 亿人，年复合增速 11%。而从人均 消费水平看，根据欧睿咨询数据，中国护肤品人均消费额仅 18 美元 / 年，远低于日韩 100+ 美元 / 年的水平，也低于欧美 40 美元 / 年左右的消费水平，对比发达国家人均消费水平仍有 1.5-5 倍的提升空间。

（3）日化行业细分市场状况

我国化妆品市场中，护肤品为主要构成，彩妆品类发展较快。2017 年护肤品、护发、口腔护理及彩妆占比分别在 51.6%、14.1%、9.7% 和 9.5%，合计占比在 85%，护肤品为行业主要构成。我国化妆品市场结构如下图所示。+

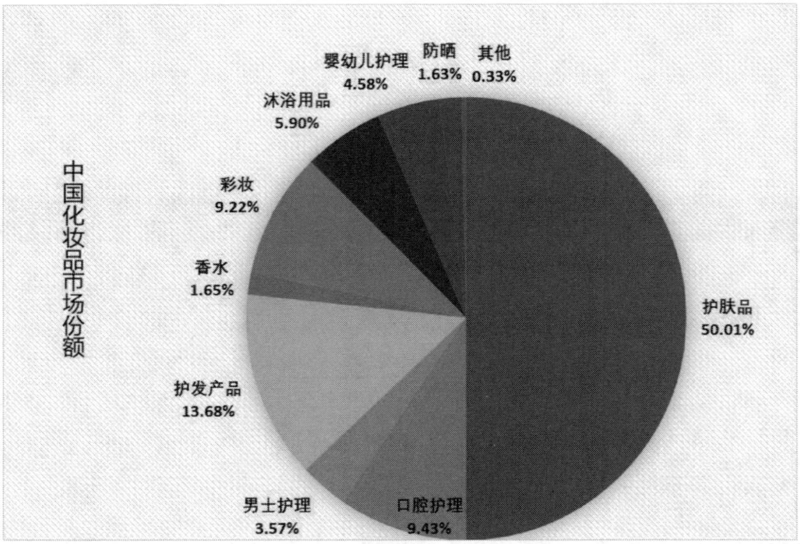

二、化妆品销售渠道分析

化妆品的零售渠道大致可以分为：商场、超市、专营店、专业店、美容院、网购、直销、药店和医疗渠道。其中，网购和专业连锁店是最近几年来成长最为迅速的渠道。

化妆品零售渠道包括百货商店、化妆品专营店、单品牌门店、超市及大卖场、电商等渠道，其中线下渠道中超市及商超、百货、专营店等为前三大渠道。2017 年在化妆品行业中的市场份额为分别为 27.20%、18.70%、9.90%，电商渠道渗透率持续提升，2017 年市场份额为 23.20%。不同渠道销售不同定位的品牌，超市及大卖场定位较低、主要销售中低端化妆品品牌，百货渠道销售的品牌定位较高、多为中高端定位，专营店多为中 端品牌。线上销售品牌定位较为丰富，从中低端至高端等。我国化妆品销售主要渠道如下表所示。

项目	线下渠道				线上渠道
	超市及大卖场	百货商店	日化专营店/美妆专卖店（CS）	单品牌门店	B2C、C2C 等
品牌数量	10~60 个	20~30 个	小于 10 个	1 个	几乎所有品牌
产品定位	中低端	中高端	中端	中档、高档	高中低
产品价格区间	40~300 元	200~2 000 元	40~300 元	300 元及以上	通常有较大折扣
服务	简单的产品咨询	商场品牌专柜的美容导购提供美容咨询服务	简单的产品咨询	美容导购及产品体验	产品以文字介绍为主
终端设计装修	品牌陈列无明显分隔	品牌分隔较为明显，每个柜台代表一个品牌	品牌分隔较为明显	品牌陈列有序	-
终端特点	中低端产品的重要销售渠道，众多高端国际化妆品品牌逐渐进入该渠道；进入门槛逐年上升，一些低档本土品牌面临巨大挑战	通过设立专柜树立品牌形象，竞争激烈，知名度、销量较低品牌易被淘汰	二三线城市及乡镇日化专营店数量众多，本土品牌占据主导	独立门店品牌形象更加突出；同时门店还可以搭配皮肤测试等服务，客户体验好	B2C 平台：天猫、草莓网、乐蜂网、京东等；C2C 平台：淘宝、Panli 等；品牌直营网店：兰蔻、碧欧泉等；特卖、团购网站：聚美优品、高朋等；海淘等
主要品牌	妮维雅、旁氏、卡尼尔等外资品牌，相宜本草、丁家宜、大宝等本土品牌	欧莱雅、资生堂、娇韵诗、雅诗兰黛、迪奥等外资品牌，本土品牌如佰草集等	珀莱雅、自然堂、丸美、美肤宝等本土品牌	欧舒丹、科颜氏、悦诗风吟、老中医、林清轩、美体小铺	几乎覆盖所有外资和本土品牌
2017 年市场份额	27.20%	18.70%	9.90%	-	23.20%

资料来源：珀莱雅招股书、Euromonitor、光大证券研究所

注：1）专营店市占率不包含药店等；

2）上述渠道以外，还有销售员直接销售化妆品于消费者形式，2017 年该种模式市场份额占比 9.70%。

在化妆品的零售渠道中，普通消费者认知最高的，同时也是销量最大的渠道是商场和超市。这两个渠道合计实现的销量接近化妆品行业零售额的 2/3。绝大部分化妆品都要选择这两个渠道中的至少一个。

三、行业未来展望

1. 消费升级下的护肤品和彩妆品类渗透率有望持续提升

护肤品是化妆品行业的一大重要子品类，未来消费升级仍是其成长的重要引擎。据欧睿咨询报告显 示，2014 年中国护肤品市场规模突破 1 500 亿元，2017 年达到 1 867 亿元，预计 2018 年护肤品 市场规模将突破 1 800 亿元。护肤品已成为中国女性的常用消费品，尤其是近十年来欧美大牌对于国内市场的持续投入和培育，加上国内消费升级，国内消费者护肤品消费理念已不断成熟。其中，高端的抗衰老护肤品增速有望持续加快，国内目前 25 岁～ 39 岁的青年女性成长于 80 年代后，消费观念和品牌意识已有了大幅提升，这部分女性群体有充分的消费能力

和消费需求，随着年龄的增长和收入的提高，抗衰老类高端护肤品将成为护肤品增长的领头羊。2013 年～ 2017 年中国护肤品市场规模情况如下图所示。

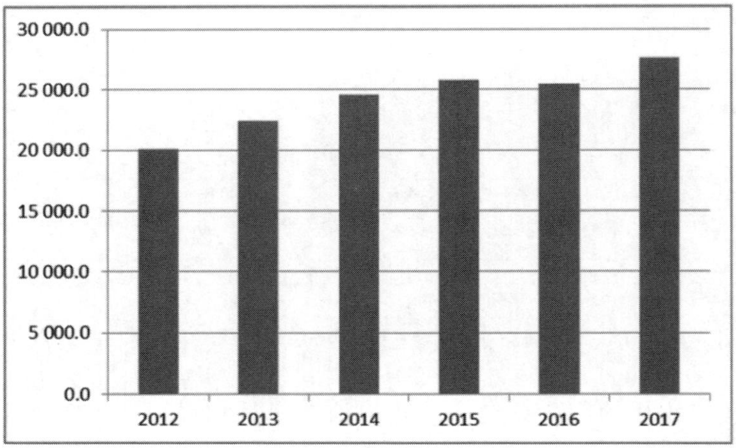

2．国内彩妆市场存在较大成长空间。

在日本和韩国，彩妆消费渗透率分别已经达到 80% 以上，接近 90%，而在中国彩妆的渗透率只有 30%。据前瞻产业研究院数据显示，2015 年中国彩妆市场规模达到 251.01 亿元，2015 年～ 2020 年将维持 10.85% 的年复合增长率，到 2020 年中国彩妆市场规模将达到 420.16 亿元。中高端化趋势在彩妆品类表现得尤为明显，是驱动彩妆品类 成长的关键。近两年，我国消费者彩妆产品平均单价已经从 75 元 / 件上升至 82.5 元 / 件，且价格在持续上升中，一方面，是由于消费升级下，高端化的品质商品更易于赢得消费者青睐，另一方面，新兴品类的推出以其细分的特色功能，赢得更高的品牌溢价，从而推动彩妆产品量价齐升。 2011 年～ 2020 年我国彩妆产品市场规模及增速如下图所示。

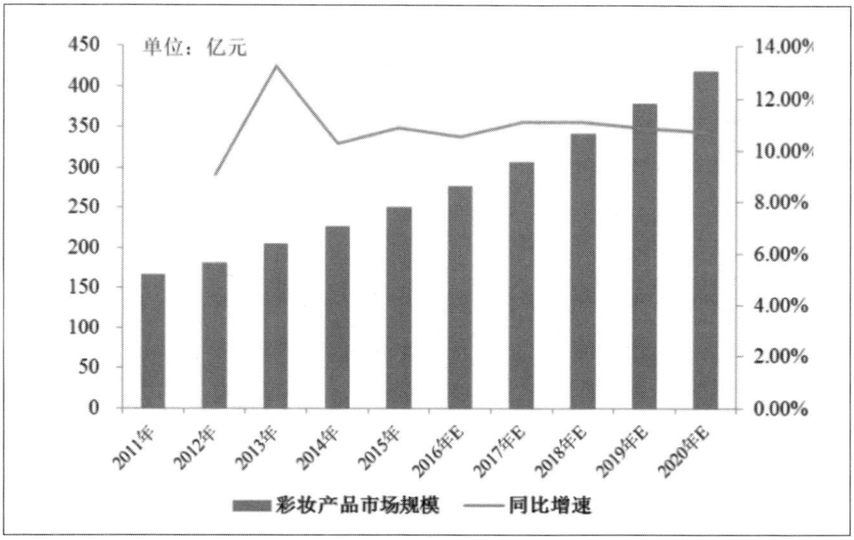

3. 化妆品相比其他品类在经济调整期具有更稳定的增长预期

经济学上有趣的“口红效应”便来自化妆品行业，“口红效应”也叫“低价产品偏爱趋势”，在经济疲软的情况下，人们仍较强的消费欲望，所以会转而购买廉价商品，口红作为一种“廉价的非必要之物”，对消费者起到了安慰作用。同时，在经济疲软下，面对无法负担的房价，人们反而会出 现一些“小闲钱”，正好去买一些“廉价的非必要之物”。据国家统计局网站统计，2018 年上半年我国国内生产总值 418 961 亿元，按可比价格计算，同比增长 6.8%。在此之前的 1978 年～ 2011 年，中国经济年均增长 9.9%，名义 GDP 总量增长 133 倍，此后的五年（2012 年～ 2016 年）回落至年均 7.3%，2017 年 GDP 增速跌破 7% ～ 6.9%。

化妆品与品牌服饰、箱包等其他可选消费品不同，从产品属性上更具日用品的性质，因此在消费上 更稳定、更具防御性。回顾历史，2011 年～ 2014 年在国内经济增速下降的背景下，珠宝首饰、服装、汽车等多数消费品需求受到了较为明显的影响，但在这一阶段护肤与化妆品市场需求保持了较为稳定的增长，2018 年再一次面对偏弱的宏观环境，国内化妆品市场有望在消费者高端化、多元化需求以及多个细分市场快速扩张驱动下，保持更具韧性的增速。2001 年～ 2017 年国内社会消费品零售总额增速及化妆品零售总额增速情况如下图所示。

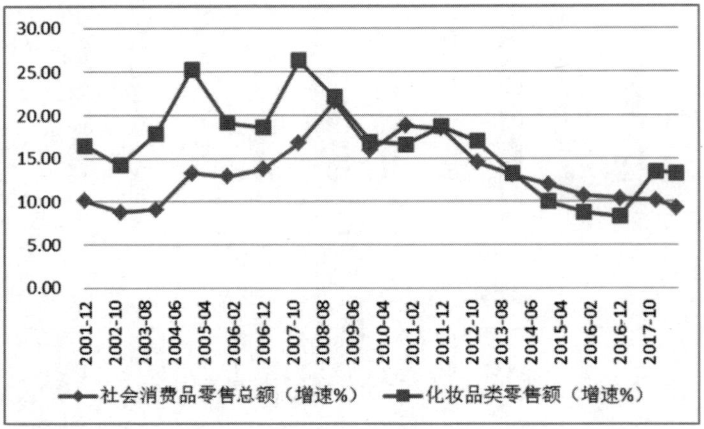

4．差异化策略下的本土品牌正迎来蓬勃发展期

（1）差异化的渠道策略

外资品牌在进入中国市场之初通常重视消费能力更强且标准化程度更高的一二线城市超市与商场渠道，对于现代渠道欠发达的三四线城市及农村地区，外资品牌的布局往往较为薄弱，这为本土品牌留下了足够的生存空间，许多成功的本土品牌在现代渠道快速发展之前已经在中小城市拥有了健全的销售网络，另外一个典型案例是化妆品专营店渠道的异军突起成就了大批本土品牌，自然堂、丸美、卡姿兰、珀莱雅等品牌都是通过专营店渠道迅速成长。另一方面中国电商渠道的兴起打破了过去只能依靠“重金打广告宣传＋线下渠道铺货”的营销模式，大众消费者所构成的长尾市场给许多中小品牌留下了巨大空间，众多淘品牌如阿芙、御泥坊、芳草集等都是通过互联网营销方式及线 上渠道顺利切割了部分主流品牌的市场份额。

（2）差异化的产品定位

由于传统中医药与中草药理念在中国的深厚历史积淀，本土品牌在开发汉方草本概念产品方面远远领先于外资品牌，上海家化旗下六神与佰草集、相宜本草、百雀羚、云南白药等本土品牌企业都是以中医草本为基本理念，在与外资品牌竞争中脱颖而出，创造并满足了市场对中草药定位产品的细 分需求，获得了为数众多消费者的推崇。

（3）研发投入开始加强

欧莱雅、宝洁等海外化妆品巨头，在中国化妆品市场一直处于品牌强势地位，原因之一就是对研发的重视。当前，本土化妆品企业在加强品牌营销和渠道建设的同时，对研发投入的重视程度也在不断加强。2017 年，拉芳家化以 3.5% 的研发投入占比领先于各大知名外资企业，如下图所示。上海家化、珀莱雅、御家汇等本土知名品牌研发投入占比也已达到 2.5%、2.3% 和 2.2%，较欧莱雅、资生堂 3.4%、2.4% 的投入占比已相差无几。但是，由于本土企业整体体量有限，在研发费用的绝对额上仍然差距较大，化妆品企业只有不断加大研发投入，才能在竞争中获得长期优势地位。

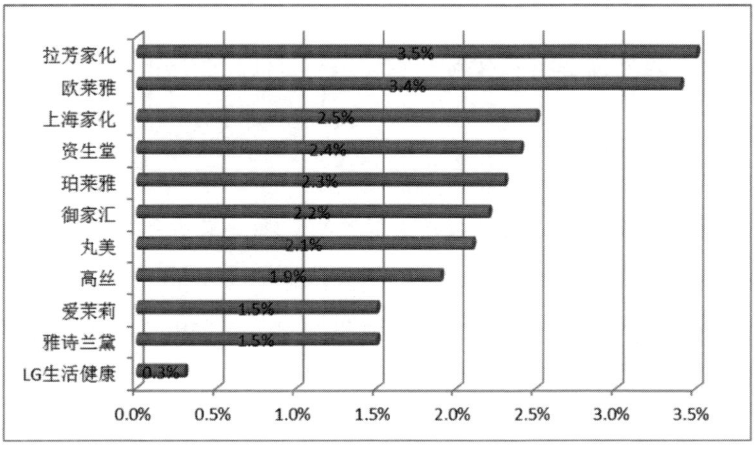

（4）本土品牌形象正在不断提升

随着化妆品市场的不断发展和消费者品牌意识的逐步提高，国内化妆品市场早已不是简单的产品买卖，而是进入了品牌营销的大时代。品牌形象塑造上相对落后于国际大牌的本土化妆品品牌逐步认识到了这一点，佰草集、自然堂、珀莱雅、相宜本草、丸美等是最早迈出营销时代步伐的本土化妆品品牌。佰草集打造的现代中草药护肤品牌形象，将中华传统医药文化与化妆品结合，在国内外知名度都在不断上升；珀莱雅通过近几年的推广，已在消费者心中刻画了深入的海洋护肤品牌形象；里美以其可爱公主的品牌形象在屈臣氏销量屡创新高，另外还有相宜本草的本草护肤品牌形象、丹姿的水密码品牌形象、自然堂的自然植物护肤品牌形象等等，都充分显示了本土化妆品品牌形象正 在不断提升。

（注：以上行业分析内容来自中国产业信息网及网络）

大家听完刘总助说的行业情况后，都感觉豁然开朗。面对 2019 年化妆品行业 2 400 亿元的市场份额，大家都感觉前途光明，公司如果好好做，说不定哪天真能上市。

总经理马远听完刘总助的行业分析后，也是满意地点点头，说道："看了这个分析，我感觉很惭愧啊，做了这么多年的日化销售，我们公司还没有什么清晰的战略规划，只有近期目标，没有远期目标，这次预算布置会后，大家都要帮忙出主意，梳理出公司的发展战略和规划，进行 3 年的路径梳理，这样公司才能够稳步前行，我们一步一步来，不要急于求成，管理的改善是有过程的。不过，有了行业的分析，我相信大家在做销售预测，产能预算，采购预测等这些预测的时候，能够对大概的态势有个清晰的认知。下面请苏莹莹讲解下预算表格的填报规则和填写思路。"

2.1.8 全面预算整体填报流程

苏莹莹定了定神，将自己的U盘插到笔记本电脑上，打开她做的PPT开始讲解。

“大家好！下面由我来给大家讲讲预算表格的填报规则和填报方式。首先，先说下预算编制的起点，通常来讲，预算编制的起点有以下四种：

1．以利润为起点。保证经营成果，给预算单位更大的自主权。可能引发短期行为或过高风险。

2．以销售为起点。以销定产，是预算编制的最基本模式。收入－成本＝利润。适用于处于成长期或者有长期市场的企业预算编制。

3．以生产为起点。以产定销，能够使得产能最大化。市场因素考虑不够，产品积压的风险比较高。

4．以战略为起点。着眼于各级战略，将公司的战略层层分解，将预算、运营规划/计划，连接起来。

由于我们打算明年开始实施战略规划，所以，今年，我们拟以销售为起点进行编制，如下图所示。

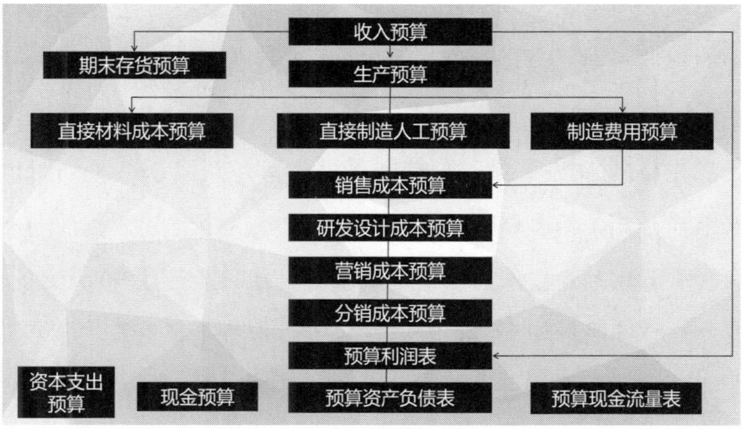

预算编制的逻辑是，首先确定销售数量和单价，然后计算出销售收入，这样，我们就知道了库存需要备多少以供给销售。接下来，期初的库存、本期需要销售多少以及期货的备货数量知道后，我们就可以知道，需要生产多少，这个过程也就是编制生产预算的过程。

再接下来，生产多少商品知道后，我们就可以计算出来我们需要多少原材料、生产人工成本以及制造费用了。这样就完成了我们基础毛利的一个测算。然后，各个职能部门，根据上述测算的结果，分别去预测销售费用、管理费用等，这样我们的整个利润表基本就出来了。另外，整个过程中，我们财务部也可以测算出，经营活动收到和支付资金的数量，从而可以计算出经营活动现金流量，再根据我们的投资计划，测算出我们的投资金额，这样，可以大概测算出我们的资金是否缺余。如果缺钱，我们要想办法去融资，如果有沉淀资金，我们会买货币型基金去理财，这样会额外给公司创造最少 5 个百分点的资金利润。大家对整个预算的流程有什么问题吗？”

大家纷纷表示还是有点发懵，尤其是利润表和现金流量表的关系。

苏莹莹继续解释道：“简单来讲，利润表就是收钱和付钱，收入就是收钱，成本就是付钱，如果赚钱了，说明收入大于支出，如果亏钱，就是支出大于收入。另外，有的时候，收入部分不一定能够马上收到钱，比如你要是赊销卖给大客户 10 000 瓶润肤露。大客户说，那我买这么多，让我晚点付款行不行，一瓶润肤露 100 元，10 000 瓶就是 100 万元，我先付款 30%，剩下的一个月以后再付款，那么我当月就确认了收入 100 万元，但是资金只收到 30 万元，这个时候，我们的利润表上就确认了 100 万元收入，但是现金流量表却只能确认 30 万元的资金，利润表是给税务局看的，要符合记账规定，也就是权责发生制，现金流量表大部分时候是企业自己看的，因此要看到真金白银，否则，光账面上有钱是不行的，有可能利润表盈利，但是我们没有钱，这样会导致公司有风险，所以两张表要一起编制才可以。”

运营部部长陈希伦：“我明白了，意思是说我们不仅仅要估计一下销售商品的数量还有单价，计算出来收入，同时也要预估一下，这个收入有多少比例是现金收款的，有多少比例是赊销的，然后把表格给你们，对吧？”

苏莹莹：“是的，就是这个意思。”

运营部部长陈希伦：“那我们明白了，大家时间都比较紧张，我们进入主题吧，我想大家应该都听懂了整个流程，下面给我们一些具体指导吧，比如怎么预测“销售”数量和单价等等，我们运营部第一次做这个事情，还真是没有太多经验。”

苏莹莹心想，真是个“老油条”，明明就是不想配合，运营部的销售数量和单价预测，运营部自己都做不出来，还干什么销售。但是，没有办法，领导是让我做培训来了，只好硬着头皮上了，还好早有准备。

2.1.9 销售预算填报方法

收入的预算分为销量预算和价格预算，销量预算主要的测算方法有市场增量法，竞争回报增量法以及客户增量法，价格预算方法主要有技术定价和市场定价法。

1. 市场增量法

我先说下销量预算的市场增量法。增量预算法体现的是企业追求不断增长的诉求。增量预算法，顾名思义就是不停地追求增量。我们在编制预算目标的时候，肯定不会期望明年比今年更差，后年比明年还差，我们的目标不可能是期望企业更差，肯定是想企业一年比一年好！所以，所有的企业都是考虑未来要怎么发展，怎么进步。

增量预算的方法是企业编制销售预算的最好选择。而销售预算正是企业的利润中心编制预算的起点。增量预算法有很多种，其中之一是市场增量法。

市场增量法 (Market Base Budgeting)，也叫宏观预算法，是指预算单位基于宏观经济带来的市场空间以及所处行业的竞争态势进行分析，进而设定。

这种方法避免了企业预算总是靠拍脑袋，而是根据市场规模，经济形式判断出一个相对科学的企业销售预算数。

一个企业如果要想持续稳定地发展，只有两个途径可选。其中一个途径就是宏观经济增长，“蛋糕”变大，企业保持已有的份额，随之而涨，这就是“市场成长增量”。

宏观经济是大河，企业是小河。有一句话叫做：大河有水，小河满。从近 20 年的中国经济可以看出，中国经济的 GPD 一直保持快速增长，在中国经济这块大蛋糕快速增长的带动下，很多中国的民营中小企业生存的很好，发展的很好，这都是得益于整个经济环境的欣欣向荣。

市场成长增量就是假设自己的企业在整个行业中的市场占比不变，然后对明年的宏观经济进行预计，进而计算出明年企业的市场增量的方法。

明年市场成长增量 = 本年区域 GDP 总量 ×（1+ 明年 GDP 增长率）× 行业关联系数 × 本企业市场份额

举个例子，今年本区域的年工业经济总量是 5 000 亿元，化妆品行业占 1%，本企业市场份额占比 6%，明年 GDP 预计增长 7%。

那么公司明年销售额预计 =5000 亿元 ×1%×6%=3 亿元

明年预计增量 =3 亿元 ×7%=0.21 亿元

另外，我们也可以直接利用化妆品行业的相关数据进行预测。例如，从中国产业信息网可以查到，2015 年我国化妆品零售额达 2 049 亿元，中国已经成为全球最大的化妆品市场之一。此外，Euromonitor 的统计数据估计，我国化妆品行业的市场容量为 3 156.8 亿元，2011 年～ 2015 年的年均复合增长率达到 8.2%，预计到 2020 年化妆品市场规模或达 4 352 亿元，则 2016 年～ 2020 年的年复合增长率将为 6.7%。

假设我们利用 2020 年的数据测算明年的销售额。

那么假设我们企业的销售额业绩占整个行业销售额 7‰，则公司明年的销售额预计 =4 352 亿元 ×7‰=3 亿元。

这种方法比较宏观，适合规模比较大的企业，并且在行业份额中有一定地位，不适合小企业。另外，行业数据的准确度也值得商榷，适合进行大概收入区间的测算。

另外还有一种宏观增量法，不是用整个地区的 GDP，也不是用行业预测数据，而是用本地人口和消费能力测算出我们这个地区总的化妆品销售市场份额，再用我们占这个地区的市场份额计算出我们明年的大概市场销售额。

例如，我们将本地区的人口分为男人和女人，并且分别统计出男人和女人每年的人均化妆品消费金额，这样就可以计算出整个地区的总体化妆品的市场量。表格的设计要按照年龄进行区分，因为不同年龄对化妆品的消费需求是不同的，这里，我们把消费者的年龄分为四个区间：15 岁～ 19 岁，20 岁～ 24 岁，25 岁～ 29 岁，30 岁～ 34 岁。然后将这四个表进行汇总，这个地区整体的化妆品消费市场量预计为 10 亿元左右，如果我们能够占比 30%，那我们就可以实现 3 亿元的销售目标不同年龄段的化妆品市场容量，如下表所示。

15 岁～ 19 岁化妆品市场容量表按年龄按男女计算

15 岁～ 19 岁	男人数	人均年消费	小计	女人数	人均年消费	小计	合计以万元计算	总计 6 209 万元
富裕市	28 740	250	7 185 000	28 220	500	14 110 000	21 295 000	2 129.5
铁东市	19 525	150	2 928 750	16 315	300	4 894 500	7 823 250	782.325
四平市	5 600	150	840 000	5 420	300	1 626 000	2 466 000	246.6
龙西市	6 760	150	1 014 000	6 080	300	1 824 000	2 838 000	283.8
朝东市	8 535	150	1 280 250	7 885	300	2 365 500	3 645 750	364.575
黑鸭市	3 995	150	599 250	3 970	300	1 191 000	1 790 250	179.025
孙氏市	6 160	150	924 000	5 320	300	1 596 000	2 520 000	252
八卦阵	3 075	150	461 250	2 925	300	877 500	1 338 750	133.875
六合市	10 900	150	1 635 000	9 505	300	2 851 500	4 486 500	448.65
七星市	4 625	150	693 750	3 970	300	1 191 000	1 884 750	188.475
五彩市	3 460	150	519 000	3 145	300	943 500	1 462 500	146.25
思明市	4 835	150	725 250	3 990	300	1 197 000	1 922 250	192.225
白云市	3 750	150	562 500	3 630	300	1 089 000	1 651 500	165.15
罗胡市	5 840	150	876 000	5 685	300	1 705 500	2 581 500	258.15
安包市	3 175	150	476 250	3 165	300	949 500	1 425 750	142.575
西西市	3 435	150	515 250	3 015	300	904 500	1 419 750	141.975
东东真	3 610	150	541 500	3 315	300	994 500	1 536 000	153.60

20 岁～ 24 岁化妆品市场容量表按年龄按男女计算

20-24 岁	男人数	人均年消费	小计	女人数	人均年消费	小计	合计以万元计算	总计 40 420 万元
富裕市	16 815	1 000	16 815 000	16 345	3 000	49 035 000	65 850 000	6 585
铁东市	35 115	500	17 557 500	38 125	1 500	57 187 500	74 745 000	7 474.5
四平市	9 445	500	4 722 500	9 370	1 500	14 055 000	18 777 500	1 877.75
龙西市	10 775	500	5 387 500	9 895	1 500	14 842 500	20 230 000	2 023

续上表

20-24 岁	男人数	人均年消费	小计	女人数	人均年消费	小计	合计以万元计算	总计 40 420 万元
朝东市	13 035	500	6 517 500	11 890	1 500	17 835 000	24 352 500	2 435.25
黑鸭市	5 980	500	2 990 000	5 250	1 500	7 875 000	10 865 000	1 086.5
孙氏市	11 080	500	5 540 000	10 555	1 500	15 832 500	21 372 500	2 137.25
八卦阵	6 510	500	3 255 000	6 295	1 500	9 442 500	12 697 500	1 269.75
六合市	25 085	500	12 542 500	18 730	1 500	28 095 000	40 637 500	4 063.75
七星市	7 440	500	3 720 000	6 875	1 500	10 312 500	14 032 500	1 403.25
五彩市	3 945	500	1 972 500	2 440	1 500	3 660 000	5 632 500	563.25
思明市	8 395	500	4 197 500	8 265	1 500	12 397 500	16 595 000	1 659.5
白云市	6 160	500	3 080 000	6 175	1 500	9 262 500	12 342 500	1 234.25
罗胡市	12 425	500	6 212 500	11 680	1 500	17 520 000	23 732 500	2 373.25
安包市	7 310	500	3 655 000	7 605	1 500	11 407 500	15 062 500	1 506.25
西西市	7 145	500	3 572 500	6 475	1 500	9 712 500	13 285 000	1 328.5
东东真	7 235	500	3 617 500	6 915	1 500	10 372 500	13 990 000	1 399

25 岁～ 29 岁化妆品市场容量表按年龄按男女计算

25—29 岁	男人数	人均年消费	小计	女人数	人均年消费	小计	合计以万元计算	总计 29 284 万元
富裕市	19 385	1 000	19 385 000	19 515	3 000	58 545 000	77 930 000	7 793
铁东市	22 715	500	11 357 500	24 735	1 500	37 102 500	48 460 000	4 846
四平市	4 865	500	2 432 500	4 905	1 500	7 357 500	9 790 000	979
龙西市	6 115	500	3 057 500	5 695	1 500	8 542 500	11 600 000	1 160
朝东市	8 255	500	4 127 500	8 045	1 500	12 067 500	16 195 000	1 619.5
黑鸭市	3 420	500	1 710 000	3 205	1 500	4 807 500	6 517 500	651.75
孙氏市	6 450	500	3 225 000	5 950	1 500	8 925 000	12 150 000	1 215
八卦阵	4 855	500	2 427 500	4 545	1 500	6 817 500	9 245 000	924.5
六合市	17 230	500	8 615 000	12 145	1 500	18 217 500	26 832 500	2 683.25
七星市	4 485	500	2 242 500	4 635	1 500	6 952 500	9 195 000	919.5
五彩市	2 900	500	1 450 000	3 675	1 500	5 512 500	6 962 500	696.25
思明市	5 685	500	2 842 500	5 315	1 500	7 972 500	10 815 000	1 081.5
白云市	4 330	500	2 165 000	4 635	1 500	6 952 500	9 117 500	911.75

续上表

25—29岁	男人数	人均年消费	小计	女人数	人均年消费	小计	合计以万元计算	总计 29 284 万元
罗胡市	7 085	500	3 542 500	6 920	1 500	10 380 000	13 922 500	1 392.25
安包市	3 830	500	1 915 000	3 870	1 500	5 805 000	7 720 000	772
西西市	4 045	500	2 022 500	3 625	1 500	5 437 500	7 460 000	746
东东真	4 685	500	2 342 500	4 390	1 500	6 585 000	8 927 500	892.75

30 岁～ 34 岁化妆品市场容量表按年龄按男女计算

30—34岁	男人数	人均年消费	小计	女人数	人均年消费	小计	合计以万元计算	总计 23 317 万元
富裕市	22 025	1 500	33 037 500	23 030	4 000	92 120 000	125 157 500	12 515.75
铁东市	19 135	250	4 783 750	19 650	1 000	19 650 000	24 433 750	2 443.375
四平市	4 125	250	1 031 250	4 080	1 000	4 080 000	5 111 250	511.125
龙西市	5 235	250	1 308 750	5 255	1 000	5 255 000	6 563 750	656.375
朝东市	6 330	250	1 582 500	6 085	1 000	6 085 000	7 667 500	766.75
黑鸭市	2 550	250	637 500	2 510	1 000	2 510 000	3 147 500	314.75
孙氏市	4 995	250	1 248 750	4 880	1 000	4 880 000	6 128 750	612.875
八卦阵	3 705	250	926 250	3 445	1 000	3 445 000	4 371 250	437.125
六合市	10 120	250	2 530 000	9 350	1 000	9 350 000	11 880 000	1 188
七星市	4 465	250	1 116 250	4 320	1 000	4 320 000	5 436 250	543.625
五彩市	3 330	250	832 500	3 495	1 000	3 495 000	4 327 500	432.75
思明市	4 915	250	1 228 750	3 920	1 000	3 920 000	5 148 750	514.875
白云市	4 265	250	1 066 250	3 905	1 000	3 905 000	4 971 250	497.125
罗胡市	5 795	250	1 448 750	5 195	1 000	5 195 000	6 643 750	664.375
安包市	2 825	250	706 250	2 935	1 000	2 935 000	3 641 250	364.125
西西市	3 435	250	858 750	3 210	1 000	3 210 000	4 068 750	406.875
东东真	3 740	250	935 000	3 535	1 000	3 535 000	4 470 000	447

2. 竞争回报增量法

竞争回报增量的预算方法，就是让企业直面竞争对手，以竞争的形式去检验自己的技能，让企业在竞争的海洋中学会与风暴搏击。当然，想竞争就需要投入，就需要花钱，而且一般来说，投入得越多竞争力度越强。所以，投入就必须要求回报，投入得越多，要求的回报也就越高。如果光投入不回报，那就是自杀式爆炸，炸死的不是别人而是自己。这种做法是市场经济不允许的。

竞争回报增量 = 竞争投入 / 边际贡献率

边际贡献率 =（销售收入 − 变动成本）/ 销售收入

原理：计算出需要多大的销售增量才可以将投入挣回来，达到盈亏平衡点。

有人会说，竞争不一定会有回报。有个别的竞争投入可能无法计算回报，但如果所有的竞争投入都看不到回报，甚至看到的只有感觉，那你愿意这种竞争投入在你的公司中长期存在吗？这肯定是找死！

竞争当然会引起消耗，但竞争推动发展的力量要远远大于其所消耗的成本，我国 30 多年的改革开放成果已经充分地证明了这一点。

从别人手里抢，就要与之竞争。那竞争都有哪些手段？降价！产品广告！推出新产品！扩大销售区域！改进售后服务！改进包装！回扣！贿赂……，这里面有哪一项可以不花钱就达到竞争目的的吗？没有！这些都需要花钱，而且投入越大，竞争力度就越强，影响的范围就越大，影响也越持久。

可以说，这些投入都是对净利润的舍弃。按照经济学的原则，有投入就必须要求回报，而且回报越快越好。

竞争回报增量的计算原则，就是计算我们舍弃的净利润需要多少新增销售量才能予以平衡。

以某化妆品公司为例。该公司本年销售A品牌润肤乳液40万瓶，经过市场研究，公司决定将A品牌润肤乳液的平均销价由原来的50元降价5%，同时，增加广告费200万元，如果该产品的边际贡献率为40%，请计算竞争回报增量。

竞争投入=40万瓶×50元/瓶×5%+200万元=300万元

竞争回报增额=300万元/40%=750万元

也就是说，我们降价5%，投入广告200万元，需要得到750万的新增销售额才能回本。

竞争回报增量=750万元/47.5元/瓶=16万瓶（47.5元为50元×0.95，即降价后的单价）这意味着，我们想明年做的这个促销，需要多卖16万瓶的产品才能支撑我们的促销手段。

当然了，我们公司肯定不止一种产品，我们假设公司有5种产品，如下图所示，分别结算出竞争投入方案的降价，广告和促销等费用后，就可以分别利用其边际贡献率和降价后的单价，计算出应该增加多少销售额来支撑我们的促销手段，以及增加的销售量。这种方法是将收入与成本挂钩的方法，即我们必须要卖出足够的量，才能实施我们的促销方案，如下表所示。

产品名称	竞争投入方案（万元）				边际贡献率	降价后价格（元）	竞争回报增加销售额（万元）	竞争回报增加销售量（万件）
	降价	广告	促销	合计				
产品A	595	640	258	1 493	40%	45	3 732.5	83
产品B	478	655	116	1 249	40%	60	3 122.5	52

续上表

产品名称	竞争投入方案（万元）				边际贡献率	降价后价格（元）	竞争回报增加销售额（万元）	竞争回报增加销售量（万件）
	降价	广告	促销	合计				
产品C	756	792	385	1 933	40%	90	4 832.5	54
产品D	722	422	723	1 867	40%	100	4 667.5	47
产品E	776	342	122	1 240	40%	15	3 100	207
合计	3 327	2 851	1 604	7 782	40%	----	19 455	442

注：竞争回报增加销售额 = 竞争投入方案合计 / 边际贡献率
竞争回报增加销售量 = 竞争回报增加销售额 / 降价后价格

3. 客户增量法

以上两种方法还比较宏观，我们再介绍一个微观的方法，客户增量法，也叫微观增量法，是按照企业所面向的客户群体而设定增量期望值的一种预算方法。

“客户是衣食父母”，这是很多企业如雷贯耳的警言。客户为什么是上帝？因为只有它存在才意味着你存在。客户源源不断地增加，就意味着你的企业也会源源不断地发展壮大。而这种壮大的首要标志，就是销售规模的不断扩大。

销售量完全是客户规模的派生，所以，销售量和业务量的预算，实际上就是客户量的预算。客户增量法就是把销售量预算编制到客户的一种方法。

客户通常要经过三个阶段成为有效客户：市场客户、工作客户和购买客户。

市场客户是指企业某种产品或服务的潜在受众。市场客户的数量是由产品和服务的设计定位来决定的。任何产品都必须有特定的客户指向，那些老少皆宜、男女通用的产品是不可能成功的。对于市场客户，市场部门需要通过各种手段，让受众了解这些产品或服务。这个阶段是要花钱的，而且有些产品需要花大量的钱。所以，营销预算就是为搭建这个平台而准备的。我们把这个时期的投入叫做**客户影响成本**，它可以用来考核竞争的有效性。

这个指标很好。我们过去花了很多竞争的钱，广告、降价、促销等，效果怎么样？不能光凭嘴说，现在可以用客户访问量除以竞争投入总量所得出的指标来衡量。如果这个指标达不到预算目标，那市场部门应该承担责任。

客户在了解了你的产品之后，就会在需要的时候，在你的工作平台上出现，我们把这些客户叫做工作客户。工作客户是指那些对企业某种产品和服务有所了解并有购买意向的人，他们是销售部门工作的指向。这个平台会花费你很多销售费用，我们把它称作“**客户开发成本**”，它可以用来考核销售的有效性。

客户开发成本=销售费用/工作客户总量

购买客户则是已经购买企业某项产品或服务的客户。这些客户是需要予以售后服务的群体，他们是服务和技术支持部门的工作指向。这个地方的花销，我们称它为“**客户维护成本**”。

它可以用来考核老客户的维护有效性。客户维护成本会因为销售量的增加而加大。

客户影响成本、客户开发成本、客户维护成本，这三个营销成本的划分很有意义，对于营销成本的预算控制非常重要。

过去，我们一谈成本控制，就会想到制造成本，其实制造成本只占企业整个成本的10%，而营销成本则占到40%。制造成本只占10%，我们却为了压缩这10%的1%而乐此不疲。

而面对占整个成本40%的营销成本，我们却下不了手。为什么？因为管理者一说控制营销费用，市场部就会说，东西卖不了，你卖去！这一吓管理者就不敢管了。所以说，有时候老板之所以被动，主要是因为没有思路，也没有方法。

要想销量增加，必然是交易量要增加，而交易量来自客户，直接地说，来自购买客户。购买客户减少或交易量下降，必然导致销售量下降。

因此，维持和不断壮大购买客户就成为销量预算的重点诉求。购买客户形成的交易增量有两个来源，一是购买客户反复交易次数增多，二是工作客户经过销售系统的有效工作，不断增加到购买客户群中，从而形成新的交易量。给这些新的交易量设定预算期望值的方法就是客户增量法。

在使用客户增量法编制预算之前，要对购买客户的交易历史进行分析，而从购买客户历史交易和市场空间上进行排序，同样会使用市场增量法对客户所在区域的宏观环境进行分析，逐户分析明年的发展空间和可能获得的新增交易量。

假设我们有7个区域的分店，然后有7名销售经理负责7个区域，每个销售经理都要统计他们的购买客户和工作客户，按照每个客户的购买金额和成交概率计算出销售金额和回款金额，然后预计一下市场自然成长带来的销售增量和通过降价，促销等竞争取得的销售增量，这样就可以得出明年的进取目标。当然，为了不至于让销售人员一分钱奖励绩效都拿不到，我们还设置了保守目标，以及为那些优秀销售人员准备的挑战目标。

以广州地区举例，广州地区的销售经理的购买客户是396个，工作客户是794个，他可以在另外一张表格上预计一下每种客户的购买量和成交概率，购买客户的成交概率肯定要大于工作客户。这样就可以计算出销售金额为3 924万元，然后我们再预计一下市场自然增长将带来6个百分点的增量，通过降价，广告，促销拟增加销量5个百分点，这样就可以计算出明年的进取目标为4 356万元（3 924万元×（100%+6%+5%），然后对进取目标乘以90%，计算出明年的保守目标为3 920万元，另外对进取目标乘以110%，计算出明年的挑战目标4 791万元，如下表所示。

客户增量法销售预测表 - 按照销售地区统计（单位：万元）

所在区域	责任人员	客户数量		今年		市场成长	竞争回报	明年进取目标	明年保守目标	明年挑战目标
		购买客户	工作客户	销售	回款					
广州	销售经理1	397	794	3 924	3 532	6%	5%	4 356	3 920	4 791
深圳	销售经理2	428	150	3 148	2 833	6%	5%	3 494	3 145	3 844
惠州	销售经理3	321	972	7 463	6 717	6%	5%	8 284	7 456	9 112
佛山	销售经理4	447	355	4 216	3 794	6%	5%	4 680	4 212	5 148
茂名	销售经理5	183	704	9 735	8 762	6%	5%	10 806	9 725	11 886
珠海	销售经理6	362	643	6 368	5 731	6%	5%	7 068	6 362	7 775
中山	销售经理7	347	537	3 842	3 458	6%	5%	4 265	3 838	4 691
合计		2 485	4 155	38 696	34 826			42 953	38 657	47 248

当然，我们主要是通过连锁店销售方式进行的，我们也可以把销售区域换成店铺维度进行统计，这样也是可以的，如下表所示。

客户增量法销售预测表 - 按照店铺统计（单位：万元）

所在区域	责任人员	客户数量		今年		市场成长	竞争回报	明年进取目标	明年保守目标	明年挑战目标
		购买客户	工作客户	销售	回款					
连锁店 1	销售经理 1	237	437	1 885	1 697	6%	5%	2 092	1 883	2 302
连锁店 2	销售经理 2	898	178	1 925	1 733	6%	5%	2 137	1 923	2 350
连锁店 3	销售经理 3	659	969	1 420	1 278	6%	5%	1 576	1 419	1 734
连锁店 4	销售经理 4	679	489	1 974	1 777	6%	5%	2 191	1 972	2 410
连锁店 5	销售经理 5	643	512	1 449	1 304	6%	5%	1 608	1 448	1 769
连锁店 6	销售经理 6	998	583	1 345	1 211	6%	5%	1 493	1 344	1 642
连锁店 7	销售经理 7	139	121	1 768	1 591	6%	5%	1 962	1 766	2 159
连锁店 8	销售经理 8	671	667	1 084	976	6%	5%	1 203	1 083	1 324
连锁店 9	销售经理 9	325	146	1 066	959	6%	5%	1 183	1 065	1 302
连锁店 10	销售经理 10	968	781	1 950	1 755	6%	5%	2 165	1 948	2 381
连锁店 11	销售经理 11	944	351	1 145	1 031	6%	5%	1 271	1 144	1 398
连锁店 12	销售经理 12	324	714	1 885	1 697	6%	5%	2 092	1 883	2 302
连锁店 13	销售经理 13	956	267	1 816	1 634	6%	5%	2 016	1 814	2 217
连锁店 14	销售经理 14	573	864	1 293	1 164	6%	5%	1 435	1 292	1 579
连锁店 15	销售经理 15	490	993	1 555	1 400	6%	5%	1 726	1 553	1 899
连锁店 16	销售经理 16	638	216	1 992	1 793	6%	5%	2 211	1 990	2 432
连锁店 17	销售经理 17	448	668	1 818	1 636	6%	5%	2 018	1 816	2 220
连锁店 18	销售经理 18	827	391	1 217	1 095	6%	5%	1 351	1 216	1 486
连锁店 19	销售经理 19	937	551	1 805	1 625	6%	5%	2 004	1 803	2 204
连锁店 20	销售经理 20	911	137	1 790	1 611	6%	5%	1 987	1 788	2 186
合计		13 265	10 035	32 182	28 964			35 722	32 150	39 294

运营部部长陈希伦听完苏莹莹所讲的内容后，突然感觉自己变成了门外汉，原来销售预测有这么多方法，自己却从来没有进行深入的研究过，真是有点汗颜，瞬间感觉苏莹莹在自己心中的形象变得更加专业了，忍不住给苏莹莹鼓了一下掌，其他人也跟着鼓掌。苏莹莹感觉有点不太好意思，站起来跟大家说："我这多少有点纸上谈兵的意思，大

家都是我的前辈，说得不对的地方，请批评指正。不过，尽管是纸上谈兵，我还是进行了大量的准备工作的，希望这次我们的预算，为明年打下良好的管理基础。定价的预算我就不说了，大家都比我熟悉，要么是成本加成，要么是市场定价，基本方法大家都比我熟悉。下面，我再说下生产成本的预算编制。”

2.1.10 生产成本预算填报方法

生产成本的编制，主要是依据销售的需求进行，确定好销售数量后，就可以以销定产，知道产量大概需要多少，以满足销售的需要，产品要分为大的系列和主要产品，然后分别预计单位直接材料、单位直接人工和单位制造费用，最后在汇总成生产成本预算表，这里，我随便设置了一些随机数来举例，主要是说明填报的逻辑，生产部门可以根据我的表格样式，再根据具体业务，重新设计表格，具体表格如下表所示。

材料成本预算表

系列	型号	产量	单位材料成本				总成本	备注
			材料 1	材料 2	材料 3	小计		
乳液	A001	37 218	2.00	4.00	3.00	9.00	334 962	
面霜	A002	28 732	1.00	4.00	5.00	10.00	287 320	
抗衰老	A003	13 861	2.00	2.00	4.00	8.00	110 888	
粉底	A004	16 975	1.00	2.00	5.00	8.00	135 800	
蜜粉	A005	26 590	2.00	4.00	2.00	8.00	212 720	
口红	A006	10 349	3.00	1.00	2.00	6.00	62 094	
眼影	A007	20 858	2.00	4.00	4.00	10.00	208 580	
合计		154 583					1 352 364	

直接人工成本预算表

系列	型号	产量	单位计件工资				总成本	备注
			工序 1	工序 2	工序 3	小计		
乳液	A001	37 218	2.00	2.00	2.00	6.00	223 308	
面霜	A002	28 732	4.00	1.00	3.00	8.00	229 856	
抗衰老	A003	13 861	5.00	3.00	3.00	11.00	152 471	
粉底	A004	16 975	2.00	4.00	4.00	10.00	169 750	
蜜粉	A005	26 590	5.00	4.00	2.00	11.00	292 490	
口红	A006	10 349	2.00	1.00	4.00	7.00	72 443	
眼影	A007	20 858	2.00	2.00	5.00	9.00	187 722	
合计							1 328 040	

制造费用预算表

分类	项目	明年预算			
		全年产量	单位平均耗用量	单位平均单价	全年费用
变动费用	水费	154 583	3	0.34	158 504.99
	电费	154 583	3	0.18	82 791.05
	蒸汽	154 583	1	0.09	13 151.56
	日常维修费	154 583	6	0.18	163 183.06
	机物料	154 583	2	0.41	127 249.47
	废损	154 583	8	0.48	598 619.01
	低耗	154 583	10	0.17	259 911.85
	小计				1 403 410.99
单位变动制造费用		154 583	5	1	9.08
固定费用	管理人员工资	-	-	-	59 525.00
	社保福利	-	-	-	88 067.00
	租赁费	-	-	-	55 219.00
	办公费	-	-	-	73 977.00
	通讯费	-	-	-	69 412.00
	劳保用品	-	-	-	95 571.00
	差旅费	-	-	-	55 147.00
	折旧	-	-	-	92 170.00
	保险费	-	-	-	65 095.00

续上表

分类	项目	明年预算			
		全年产量	单位平均耗用量	单位平均单价	全年费用
	小计				506 591.00
单位固定制造费用		154 583	-	-	4.23
制造费用合计		154 583	-	-	13.31

生产（销售）成本预算表

系列	型号	产量	单位直接材料	单位直接人工	单位制造费用	总成本	单位成本	备注
乳液	A001	37 218	10	7	11	1 042 104	28	
面霜	A002	28 732	19	11	16	1 321 672	46	
抗衰老	A003	13 861	13	10	8	429 691	31	
粉底	A004	16 975	15	18	19	882 700	52	
蜜粉	A005	26 590	20	5	5	797 700	30	
口红	A006	10 349	14	18	16	496 752	48	
眼影	A007	20 858	13	11	18	876 036	42	
合计						5 846 655		

生产（销售）成本预算表的填报需要注意以下问题：

1．直接材料、直接人工、制造费用均为单位值，依据历史数据、定额标准及公司改善目标确定；

2．总成本为各产品产量与单位材料、人工及制造费用的乘积；

3．各产品直接人工的合计与工资预算中的直接人工数额一致；

4．各产品制造费用合计与制造费用汇总预算中的数额一致。

因为是演示填报流程，我这里还没有生产部门上报的准确的数据，还需要生产部门配合对表格进行结构调整，并按照真实业务进行填报。

生产部部长毕然点头表示明白，然后又说："我想了解下标杆成本法。"

苏莹莹解释道："完工产品成本是由设计、采购和制造等多个环节的成本共同构成的。要想分清以上各部门的责任所在，就必须对完工产品成本做变动成本和固定成本区分，变动成本是直接成本，主要包括构成产品实体的直接材料、直接辅料、直接人工、直接能源等。变动成本通常在产品的工业设计阶段就已经基本确定了固定成本是不随产量变动而变动的成本，例如机器设备折旧，管理人员人工成本等。

成本系统中的第一责任中心就是研发设计系统，在预算中主要体现为材料消耗成本的预算，也就是 BOM（Bill of Materials）预算划分。在产品成本中通常有 80% - 90% 的份额是由研发设计系统固化而来的。因此，如果设计环节出现成本浪费，这些浪费是惊人与持久的，而且具有很强的隐蔽性。设计环节的杠杆预算就是要使研发部门成为推动成本节约的第一线。

BOM 预算是企业对单位产品的材料、人工和能源消耗量期望值的设定。通常来讲，产品单耗是由工业设计决定的，当然，工艺的改进、生产组织的改进同样会改变产品的单耗。所以，严格来讲，BOM 单耗预算是指企业依据工业设计要求，并考虑工艺改进、生产组织改进等降低单耗的可能性之后，来确定的明年预算指标。

预算时，首先要考虑某种产品的工业设计改进计划和工艺改进计划，然后根据这个计划测算出产品单耗的可能变化，从而修改 BOM 单耗预算。而生产部门在制定 BOM 预算时，要考虑生产线调整、作业组织优化等因素，同时要测算这些优化措施给产品单耗带来的可能变化，从而修改 BOM 单耗预算。

影响产品单耗预算的因素有很多，而在 BOM 预算中，并不需要将所有的因素都考虑进去，而主要是将那些已经列入改进计划，并且预计会对生产和消耗产生重大影响的因素进行期望效果预算，从而实现对技术改造项目效果的预算控制。”

生产部部长毕然：“你说的意思是不是类似流程再造？通过源头的成本结构设计，依次改变设计，生产的某些环节，然后降低成本，而不是控制生产环节的成本，这个有点像那个顶层设计的概念，是吧？”

苏莹莹：“对的！但是，我们想把这块留到以后再说，毕竟这个工作需要研发部，生产部，销售部等联手合作，而且还要成立一个项目小组，专门去做才行，目前我们的销售情况不错，产品盈利能力也OK，这块改进可以慢慢来，因为毕竟大家的精力有限，每年循序渐进的改变，公司的管理水平慢慢就进步了，急不来的。”

生产部部长毕然点头表示赞同，没有其他问题了。

2.1.11 期间费用预算填报方法

苏莹莹喝了一口水，看了一下表，时间还可以，还有1个小时才散会，再把期间费用表的填写方法讲完就“解放”了。

“期间费用表包括销售费用表，管理费用表和财务费用表，这里的财务费用表由我们财务部综合分析填列即可。销售费用表主要有销售部负责填写，管理费用表需要所有的职能部门都填写。

这里的费用预算编制需要遵循以下原则：

1. 要区分可控、不可控费用及专项费用进行编制。

2. 要根据业务发生量合理预测。

3. 要考虑长远发展。

可控费用就是部门可以控制的费用，比如各个部门都可以控制我们的办公耗材，行政管理部门可以控制接待用车的次数等，不可控费用就是公司层面才可以控制的费用，比如我们这幢楼的折旧，如果公司不打算改变使用方式，那么每年的办公楼折旧费用都是一样的。除非公司层面做一个大的决定，将办公楼出租，然后我们再租一个小一点的地方办公，我们的办公场地费用才可能发生改变。专项费用是公司布置的一些专项任务给部门，比如销售部要进行某个市场的集中营销，打下这个市场，那这个专项任务发生的费用就是专项费用。

费用的预计可以采用零基预算法，零基预算法就是既不考虑过去花了多少钱，也不考虑将来要完成什么任务，一切从零开始。比如，你今年出差花费的多少与你去年出差的频率没有什么因果关系，因为你去年去过的地方不代表今年还会去，而且你今年的销售任务多也不代表你出差就多，因为如果卖老产品、维护老客户的话，你可能一分钱的差旅费都不需要，客户照样给你下订单。

但是如果你卖新产品、拜访新客户的话，可能要出差无数次，一分钱的销售也没有产生。没有销售你就不出差了吗？恰恰相反，你要更多地出差，要花更多的差旅费。所以，找寻做事与花钱之间的因果关系是零基预算的要害，我们把这个叫动因关系（Cost Drivers），翻译过来叫成本动因。

那么，差旅费的成本动因是什么呢？如果直接问销售部门，你们出差的动因是什么？估计所有销售人员都会被问得一头雾水。但是如果问销售人员，你为什么需要差旅费？销售人员可能就会说，因为要拜访客户，而且外地客户越多，出差要求也就越多，外地客户越远，交通费也就越高，等等。

现在你发现了没有，销售人员可以跟你讨论他做事的量了。所以，零基预算的第一要件就是做“个体预算”，也就是“岗位预算”，因为不同的岗位有不同的客户，而且出差的要求差别很大。如果进行“群体预算”，也就是问销售部门的总体出差量，那么没有人能够回答你这个问题。

零基预算首先必须以岗位为“基”，以动作量（Activity）为“基”，而动作量只有具体到岗位才能有答案。

比如，现在我们需要做某个岗位的差旅费预算，那么我们必须考虑动作量、动作频率、消耗标准等因素。那么，差旅费的成本动因有哪些呢？我们来列举一下：

（1）外地客户量——外地客户越多，要求出差越多。

（2）出差时间——时间越长，差旅费越高。

（3）出差频率——出差次数越多，差旅费越高。

（4）出差距离——出差距离决定交通方式，远的要坐飞机去，近的可以坐火车。

我们可以看下这张出差费用预算表（如下表），销售人员分为销售经理，销售主管和销售员，每个岗位的交通费、差旅费、出差补贴的标准都是不同的。由此，可以估计出一个出差频率，然后用 360 天，乘以这个出差频率，计算出出差天数，这样分别计算出交通费，住宿费，出差补贴费，然后将这几项费用合计，计算出我们明年的差旅费预算金额为 51 万元。

出差费用预算表

岗位	人数	出差频率	出差天数	交通费		住宿费		出差补贴		明年预算
				标准	金额	标准	金额	标准	金额	
销售经理	1	20%	72	1 000	72 000	500	36 000	200	14 400	122 400
销售主管 A	1	20%	72	800	57 600	400	28 800	100	7 200	93 600

续上表

岗位	人数	出差频率	出差天数	交通费		住宿费		出差补贴		明年预算
				标准	金额	标准	金额	标准	金额	
销售员（广州）	3	35%	126	400	50 400	300	37 800	80	10 080	98 280
销售员（深圳）	8	35%	126	400	50 400	300	37 800	80	10 080	98 280
销售员（珠海）	2	35%	126	400	50 400	300	37 800	80	10 080	98 280
合计										510 840

其他的可控费用也都可以按照这个思路进行测算，第一是标准，第二是预计量，就可以把费用测算出来了。当然不用每项费用都这么做，像办公耗材等小的费用，我们可以按照上年的数据，适当增加五个百分点就差不多了。

然后，每项费用都测算出来后，按照财务部发的表格样式填报后，发给财务部，财务部进行汇总即可。销售费用和管理费用的表格形式（如下表）我也发给大家了，大家在使用过程中，有什么更好的调整建议，可以随时给我打电话，我们将不断进行完善。

销售费用预算表

分类	项目	明年预算	
		全年费用	全年销量
变动费用	运费		
	装卸费		
	包装费		
	销售提成		
	三包损失		
	差旅		
	招待		
	小计		

续上表

分类	项目	明年预算	
		全年费用	全年销量
单台变动销售费用			
固定费用	租赁		
	办公		
	通讯		
	低耗		
	展览费		
	广告费		
	折旧		
	其他		
	保险费		
	小计		
专项费用	专项 1		
	专项 2		
	专项 3		
	小计		
销售费用合计			

管理费用预算表

分类	费用项目 全年合计		明年预算						
			行政人事部	经营策划部	财务部	电子商务部	研发部	采购部	
不可控费用	员工福利类	工资							
		福利费							
		工会经费							
		职工教育经费							
	社保类	养老保险费							
		失业保险费							
		住房公积金							
		医疗保险费							
		工伤保险费							
		生育保险费							
	税费	土地使用税							
		印花税							
		房产税							
		残疾人保障金							
		水利建设基金							
	折旧及摊销	固定资产折旧							
		低值易耗品摊销							
		无形资产摊销							
		长期待摊费用摊销							
不可控费用小计									

续上表

分类	费用项目 全年合计		明年预算						
			行政人事部	经营策划部	财务部	电子商务部	研发部	采购部	
可控费用		董事会费							
		诉讼费							
		车队运输费							
		保险费							
		差旅费							
		办公费							
		运输费							
		修理费							
		水电费							
		业务招待费							
		广告费							
		叉车费							
		其他							
		排污费							
可控费用小计									

续上表

分类	费用项目	全年合计	明年预算						
			行政人事部	经营策划部	财务部	电子商务部	研发部	采购部	
专项费用	咨询费								
	改制费用								
	司庆费用								
	审计费								
	技术研发费								
	绿化费								
	检测、检定费、审核费								
	…								
专项费用合计									
管理费用合计									

今天的预算培训就到这里了，我们今天讲了销售收入、生产成本以及期间费用的填报方法，人力资源和采购部，还要分别做人力成本预算和采购预算，这个都比较简单，我就不在这耽误大家时间了，有什么不明白的地方，可以随时 CALL 我。”

会后，大家纷纷表示，这次培训学到了很多。

全面预算布置会后，各个部门基本按照时间节点上报了表格，苏莹莹进行了汇总，最后按照收入和成本费用合计编制了预算利润表和现金流量表如下所示。

预算利润表

项　　目	上年实际	本年预算	占销售收入比重
发货额（含税）			
销售额（含税）			
一、销售收入（不含税）			
二、变动成本合计			
其中：			
1. 材料费			
2. 委外加工费			
3. 生产能耗			
4. 计件工资			
5. 销售提成			
6. 佣金返点			
7. 运费			
8. 销售税金			
9. 其他			
三、边际利润			
四、固定成本			
其中：			
1. 生产基本工资社保			

续上表

项　目	上年实际	本年预算	占销售收入比重
2. 销售基本工资社保			
3. 管理人员工资社保			
4. 管理费用			
5. 研发费用			
6. 财务费用			
7. 折旧摊销			
8. 其他			
五、利润总额			
六、所得税			
七、净利润			

资金预算收支平衡表

项目名称	本年预算	备注	项目名称	本年预算	备注
一、期初资金余额			**四、本期资金支出总额**		
二、本期资金来源			1. 采购支出汇总		
1. 销售收入资金			2. 付现制造费用汇总		扣除工资
2. 其他业务收入资金			3. 工资支出		
3. 营业外收入资金			4. 管理费用（付现）汇总		扣除工资
4.			5. 销售费用（付现）汇总		
			6. 财务费用汇总		
			7. 技改投资支出		
			8. 税金及附加支出汇总		
			9. 其他业务支出		
			10. 营业外支出		
			11. 本期已确定还款总额		
三、本期可供使用资金总额（一加二）			**五、预算准备金**		按扣除工资和还款外支出的5%提取
六、本期资金结余【三减（四加五）】			**七、本期资金不足（四加五减三）**		
归还部分借款			新增融资		
财务理财					

续上表

项目名称	本年预算	备注	项目名称	本年预算	备注
八、期末资金余额	0.00		九、期末资金余额	0.00	

另外，为了方便统计，苏莹莹还依据上述的预算利润表和资金预算收支平衡表，另外制作了企业会计准则规定的利润表和现金流量表。

最后的预算委员会对苏莹莹汇总编制的表格一一审核。其实也就是大概审核了收入和利润指标，看看毛利率等指标是否合理。总经理马远也只是想初步完成对经营有个数的布局，所以基本上初稿也是终稿了。

经过这次的历练，苏莹莹在公司的名气越来越大了。

2.2 公司内部财务分析升级（财务分析第二阶段）

眼看着就到了苏莹莹入职公司的第二年的 11 月份，马上要开公司第四季度的经营分析会了。

马远把苏莹莹叫到了办公室，布置任务，让她完成第四季度的公司经营分析会材料准备工作。马远交待到："去年你写的年度分析我看了，写得挺专业，差不多有 50 页那么厚，是吧？然后各种财务指标都分析了，什么盈利能力，营运能力等等，但是吧，这个财务分析写得太专业了，经营分析会上这种材料肯定不行，我们要从公司内部角度来分析，结合企业的实际，给企业把把脉。当然，这个把脉需要时间，我会给你指导，不用着急，慢慢来，换一种大家能够看得懂的报告格式和内容，可以吗？"

从马总办公室出来，苏莹莹又是头大了一圈。内部分析跟我去年写的年度决算报告有啥不同，不都是财务分析吗？这块我还得请外援，苏莹莹感觉不明白的东西越来越多了。

2.2.1 公司内部财务分析秘籍

工作忙啊，生活苦啊，好久没有放松了，正好有问题请教，跟沈东君师兄吃个饭，嘿嘿嘿。

电话那头的沈东君还是以一如既往的热情，满口答应，并约苏莹莹去了一家高级西餐厅共进晚餐。

西餐厅富丽堂皇，出入客户的行头打扮，一看就都是经济基础还不错的。苏莹莹找了个安静的地方等沈东君，服务员上了菜单，苏莹莹打开一看，一块牛排最便宜的也要300多元。一般一块进口的牛排也就几十块钱吧，加上加工费也没有多少钱，毛利是相当的惊人，但是还得分摊房租和水电费等固定成本开支啊。对对对，要是想盈利还得看客流量能不能覆盖全部的成本，才能盈利，看看这家店的装修，估计不便宜……正在思绪飞扬，只听一个熟悉的声音叫了她一下，抬头一看，沈东君已经坐在对面了。

苏莹莹：你什么时候来的？

沈东君：来了一会了，看你自己拿个菜单，坐在那嘟嘟囔囔的，干什么呢？

苏莹莹：思考财务问题，帮这个西餐厅算账呢，看看要多少客流才能赚钱。

沈东君：服了你了，怪不得找不到男朋友，就你这样的，人家还以为你心理有问题，吃个饭还研究盈亏平衡点。赶紧的点菜吧。对了，你好久没联系我了，这次是不是又有事找我？

苏莹莹：嗯嗯，沈东君师兄真厉害！确实，老板让我做内部财务分析，他说不能像上次的外部财务分析一样，要结合公司业务，给公司把脉。你看我也不是学医的，怎么把脉啊。你给我指导一下呗。

沈东君：得了吧你！别学人家撒娇，人家撒娇要钱，你撒娇要命啊！你还是保持你的女汉子形象，挺好。为了防止你继续“要命”，我马上把我的经验倾囊相授。

2.2.2 财务分析的三个层次

沈东君：其实，财务分析也是分层次的，就像这个牛排一样，有国产的，进口的，还有极品限量的。

财务分析分为三个层次：财务报表分析、公司财务分析和经营决策支持，如下图所示。

财务分析的三个层次

	使用主体	目的	分析内容
 财务报表	外部投资者	按照以企业会计准则编制的财务报表进行面上的分析	利润表 资产负债表 现金流量表 ……
 财务分析	集团股东 内部经营管理者	按照内部管理报表，结合业务进行分析，发现问题并解决	深层次的三表原因解读 内部管理报表解读（利润中心、成本重分类报表、资金需求报表等） 主要KPI完成情况分析 经营中出现的问题及解决方式
 经营分析	内部经营管理者	业务伙伴，决策支持	定价决策 业务经营决策（自营还是外包） 投资决策 营销决策（团购、广告搞不搞） 专题问题：应收账款、存货高等

第一个层次：财务报表分析

使用主体是外部投资者，这个层次的分析主要是对以企业会计准则编制的财务报表进行面上的分析，分析的内容包括利润表、资产负债表、现金流量表等。

看没看过上市公司的年度财务报告？就是类似这样的分析。你看，我上网查了一家化妆品公司的部分财务报表分析给你看。

上海××联合股份有限公司

2017年年度报告

目 录

Contents

(一) 主营业务分析

利润表及现金流量表相关科目变动分析表

单位：元 币种：人民币

科目	本期数	上年同期数	变动比例（%）
营业收入	6,488,246,212.14	5,962,270,929.26	8.82
营业成本	2,275,570,034.30	2,377,808,344.98	-4.30
销售费用	2,778,065,991.11	2,504,428,292.51	10.93
管理费用	1,003,691,077.95	777,163,636.07	29.15
财务费用	29,832,088.56	6,622,274.37	350.48
资产减值损失	48,974,963.37	-2,143,563.27	2,384.75
投资收益	145,539,231.62	21,391,507.66	580.36
经营活动产生的现金流量净额	861,766,418.96	111,882,567.24	670.24
投资活动产生的现金流量净额	532,139,550.40	-3,311,934,636.82	116.07
筹资活动产生的现金流量净额	-2,102,637,513.20	2,214,668,711.81	-194.94
研发支出	161,149,882.26	126,171,803.62	27.72

1. 收入和成本分析

√适用 □不适用

营业收入变动原因说明：公司护肤类产品、家居护理类产品、婴幼儿喂哺类产品营业收入均同比增长。

营业成本变动原因说明：公司于 2017 年终止代理花王部分产品业务，导致营业成本下降。

销售费用变动原因说明：主要系①国内市场增加品牌传播投入以提升品牌的长期竞争力而使得营销类费用同比增加；②公司以同一控制下企业合并方式收购 Cayman A2, Ltd.，根据企业会计准则规定对其以前年度数据进行了追溯调整，追溯后合并日为 2016 年 7 月 12 日，2016 年度调整后的数据仅合并了 Cayman A2, Ltd. 2016 年 7 月 -12 月的数据。

管理费用变动原因说明：公司以同一控制下企业合并方式收购 Cayman A2, Ltd.，根据企业会计准则规定对其以前年度数据进行了追溯调整，追溯后合并日为 2016 年 7 月 12 日，2016 年度调整后的数据仅合并了 Cayman A2, Ltd. 2016 年 7 月 -12 月的数据。

财务费用变动原因说明：主要系①公司对闲置资金的结构进行了优化，增加了银行理财产品的购买，减少了银行存款，导致利息收入减少；②公司以同一控制下企业合并方式收购 Cayman A2, Ltd.，其利息支出同比增加、汇兑损失同比减少。

资产减值损失原因说明：计提的坏账准备和存货跌价准备同比增加。

投资收益变动原因说明：主要系公司对闲置资金的结构进行了优化，增加了银行理财产品的购买，减少了银行存款，导致银行理财投资收益同比增加。

经营活动产生的现金流量净额变动原因说明：主要系①国内业务经营性现金流同比增加；②公司以同一控制下企业合并方式收购 Cayman A2, Ltd.，其经营性现金流量净额同比增加；③去年同期支付江阴天江药业有限公司股权转让税金。

投资活动产生的现金流量净额变动原因说明：主要系①银行理财产生的现金流量净额同比增加；②6 个月以上定期存款产生的现金流量净额同比增加；③公司以同一控制下企业合并方式收购 Cayman A2, Ltd.，其去年同期支付 Jake Holdings Limited 收购款。

筹资活动产生的现金流量净额变动原因说明：主要系①公司以同一控制下企业合并方式收购 Cayman A2, Ltd.，其一方面去年同期收到股东借款和优先股款项；另一方面借款产生的现金流量净额同比减少；②本年公司支付 Cayman A2, Ltd. 收购款。

研发支出变动原因说明：主要系费用化和资本化研发投入同比增加。

单位：元 币种：人民币

(1) 主营业务分行业情况

分行业	营业收入	营业成本	毛利率（%）	营业收入比上年增减（%）	营业成本比上年增减（%）	毛利率比上年增减（%）
日化行业	6,463,592,098.42	2,273,502,722.45	64.83	9.12	-4.04	增加 4.82 个百分点
其他	23,669,696.06	1,442,144.83	93.91	-37.99	-82.50	增加 15.49 个百分点
合计	6,487,261,794.48	2,274,944,867.28	64.93	8.82	-4.31	增加 4.81 个百分点

主营业务分产品情况

分产品	营业收入	营业成本	毛利率（%）	营业收入比上年增减（%）	营业成本比上年增减（%）	毛利率比上年增减（%）
护肤类	2,270,735,667.89	438,451,601.61	80.69	16.13	0.54	增加 2.99 个百分点
洗护类	2,588,518,393.11	1,053,843,332.58	59.29	-19.91	-33.23	增加 8.12 个百分点
家居护理类	165,284,761.59	76,780,738.95	53.55	74.64	100.64	减少 6.02 个百分点
婴幼儿喂哺类	1,439,053,275.83	704,427,049.31	51.05	124.48	122.63	增加 0.41 个百分点
其他	23,669,696.06	1,442,144.83	93.91	-37.99	-82.50	增加 15.49 个百分点
合计	6,487,261,794.48	2,274,944,867.28	64.93	8.82	-4.31	增加 4.81 个百分点

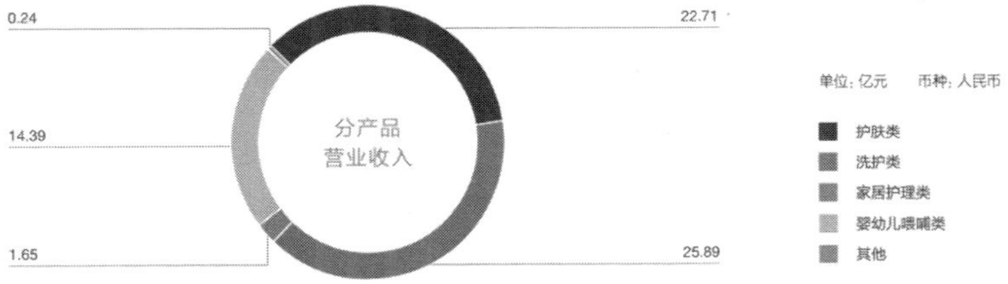

主营业务分地区情况

分地区	营业收入	营业成本	毛利率（%）	营业收入比上年增减（%）	营业成本比上年增减（%）	毛利率比上年增减（%）
江苏	530,076,059.00	187,428,550.56	64.64	-12.73	-35.67	增加 12.61 个百分点
广东	476,341,066.33	177,540,338.59	62.73	-2.33	-17.86	增加 7.04 个百分点
北京	602,531,732.39	123,170,656.95	79.56	0.92	-18.11	增加 4.75 个百分点
上海	382,050,486.01	120,991,926.32	68.33	-32.69	-48.06	增加 9.38 个百分点
浙江	316,028,895.07	115,932,368.42	63.32	-19.76	-38.40	增加 11.10 个百分点
山东	307,202,203.63	91,821,687.13	70.11	3.64	-13.57	增加 5.95 个百分点
湖北	264,871,964.40	83,800,405.59	68.36	-2.65	-9.88	增加 2.54 个百分点
安徽	209,389,438.27	61,382,579.70	70.68	2.12	-25.39	增加 10.81 个百分点
四川	223,286,109.38	62,179,292.94	72.15	-3.60	-25.82	增加 8.34 个百分点
河南	247,447,711.86	74,982,020.11	69.70	31.47	13.69	增加 4.74 个百分点
其他	1,511,141,385.48	475,568,868.69	68.53	2.57	-13.64	增加 5.91 个百分点
海外	1,416,894,742.66	700,146,172.28	50.59	121.02	121.28	减少 0.06 个百分点
合计	6,487,261,794.48	2,274,944,867.28	64.93	8.82	-4.31	增加 4.81 个百分点

主营业务分行业、分产品、分地区情况的说明

√适用 □不适用

洗护类产品营业收入下降、上海地区和浙江地区收入下降主要由于花王代理业务终止的因素，影响了该地区的营业收入；河南地区产品销量增加，导致营业收入大幅增加。海外营业收入增加是由于 Cayman A2, Ltd. 并表所致。

(2) 产销量情况分析表

√适用 □不适用

主要产品	生产量	销售量	库存量	生产量比上年增减（%）	销售量比上年增减（%）	库存量比上年增减（%）
日化产品	476,687,403	553,653,341	108,612,847	5.51	18.02	-18.47

产销量情况说明

上表单位：支

(3) 成本分析表

单位：元

分行业情况

分行业	成本构成项目	本期金额	本期占总成本比例 (%)	上年同期金额	上年同期占总成本比例 (%)	本期金额较上年同期变动比例 (%)	情况说明
日化行业	原材料	1,733,233,968.77	76.24	1,285,439,978.93	54.26	34.84	
	人工及制造费用	322,716,689.11	14.19	249,875,073.11	10.55	29.15	
	外购	217,552,064.57	9.57	833,868,640.85	35.20	-73.91	
	小计	2,273,502,722.45	100	2,369,183,692.89	100	-4.04	
其他		1,442,144.83	100	8,239,032.47	100	-82.50	

分产品情况

分产品	成本构成项目	本期金额	本期占总成本比例 (%)	上年同期金额	上年同期占总成本比例 (%)	本期金额较上年同期变动比例 (%)	情况说明
护肤类	原材料	319,426,618.29	72.85	333,144,774.08	76.4	-4.12	
	人工及制造费用	60,050,417.87	13.7	47,386,964.39	10.87	26.72	
	外购	58,974,565.45	13.45	55,549,493.51	12.73	6.17	
	小计	438,451,601.61	100	436,081,231.98	100	0.54	
洗护类	原材料	751,764,353.91	71.34	653,915,338.20	41.43	14.96	
	人工及制造费用	151,120,710.60	14.34	150,712,006.18	9.55	0.27	
	外购	150,958,268.07	14.32	773,792,859.09	49.02	-80.49	
	小计	1,053,843,332.58	100	1,578,420,202.47	100	-33.23	
家居护理类	原材料	57,717,413.45	75.17	26,547,514.18	69.37	117.41	
	人工及制造费用	11,444,094.45	14.91	7,194,635.71	18.8	59.06	
	外购	7,619,231.05	9.92	4,526,288.25	11.83	68.33	
	小计	76,780,738.95	100	38,268,438.14	100	100.64	
婴幼儿喂哺类	外购	604,325,583.12	85.79	271,832,352.47	85.91	122.32	
	人工及制造费用	100,101,466.19	14.21	44,581,467.83	14.09	124.54	
	小计	704,427,049.31	100	316,413,820.30	100	122.63	
其他		1,442,144.83	100	8,239,032.47	100	-82.5	
合计		2,274,944,867.28		2,377,422,725.36		-4.31	

(4) 主要销售客户及主要供应商情况

√适用 □不适用

前五名客户销售额 84,231.53 万元，占年度销售总额 12.98%；其中前五名客户销售额中关联方销售额 11,999.39 万元，占年度销售总额 1.85%。

前五名供应商采购额 62,713.51 万元，占年度采购总额 15.00%；其中前五名供应商采购额中关联方采购额 0 万元，占年度采购总额 0%。

其他说明

无

2. 费用

√适用 □不适用

销售费用变动原因说明：主要系①国内市场增加品牌传播投入以提升品牌的长期竞争力而使得营销类费用同比增加；②公司以同一控制下企业合并方式收购 Cayman A2, Ltd.，根据企业会计准则规定对其以前年度数据进行了追溯调整，追溯后合并日为 2016 年 7 月 12 日，2016 年度调整后的数据仅合并了 Cayman A2,Ltd. 2016 年 7 月 -12 月的数据。

管理费用变动原因说明：公司以同一控制下企业合并方式收购 Cayman A2, Ltd.，根据企业会计准则规定对其以前年度数据进行了追溯调整，追溯后合并日为 2016 年 7 月 12 日，2016 年度调整后的数据仅合并了 Cayman A2, Ltd. 2016 年 7 月 - 12 月的数据。

财务费用变动原因说明：主要系①公司对闲置资金的结构进行了优化，增加了银行理财产品的购买，减少了银行存款，导致利息收入减少；②公司以同一控制下企业合并方式收购 Cayman A2, Ltd.，其利息支出同比增加、汇兑损失同比减少。

3. 研发投入

研发投入情况表

√适用 □不适用

单位：元

本期费用化研发投入	152,905,339.17
本期资本化研发投入	8,244,543.09
研发投入合计	161,149,882.26
研发投入总额占营业收入比例（%）	2.48
公司研发人员的数量	177
研发人员数量占公司总人数的比例（%）	5.24
研发投入资本化的比重（%）	5.12

4、现金流

单位：元 币种：人民币

项目名称	本期金额	上期金额	变动金额	变动比例（%）	情况说明
支付的各项税费	581,129,992.65	1,042,250,850.56	-461,120,857.91	-44.24	主要系①去年同期支付江阴天江药业有限公司股权转让税金；②除江阴天江药业有限公司外支付的所得税同比减少
收回投资收到的现金	6,947,820,000.00	2,752,000,000.00	4,195,820,000.00	152.46	主要系赎回的银行理财同比增加
取得投资收益收到的现金	120,739,898.27	54,915,941.44	65,823,956.83	119.86	主要系取得可供出售金融资产的收益同比增加
处置子公司及其他营业单位收到的现金净额	50,300,000.00	344,842,967.00	-294,542,967.00	-85.41	主要系收到江阴天江药业有限公司股权转让款同比减少
收到其他与投资活动有关的现金	31,310,000.00	173,445,466.40	-142,135,466.40	-81.96	主要系①青浦工厂项目补贴同比减少；②公司以同一控制下企业合并方式收购 Cayman A2, Ltd.，其去年同期收到前股东补偿款
投资支付的现金	6,008,000,000.00	3,330,920,000.00	2,677,080,000.00	80.37	主要系购买的银行理财同比增加
取得子公司及其他营业单位支付的现金净额	86,383,631.28	2,763,776,600.58	-2,677,392,969.30	-96.87	主要系公司以同一控制下企业合并方式收购 Cayman A2, Ltd.，其去年同期支付 Jake Holdings Limited 收购款
支付其他与投资活动有关的现金		47,169,450.00	-47,169,450.00	-100.00	主要系去年同期支付青浦工厂施工保证金

取得借款收到的现金	73,812,809.92	1,120,750,395.46	-1,046,937,585.54	-93.41	主要系公司以同一控制下企业合并方式收购 Cayman A2, Ltd.，其新增借款同比减少
收到其他与筹资活动有关的现金		1,797,704,560.00	-1,797,704,560.00	-100.00	主要系公司以同一控制下企业合并方式收购 Cayman A2, Ltd.，其去年同期收到股东借款和优先股款项
分配股利、利润或偿付利息支付的现金	127,887,001.07	692,089,007.65	-564,202,006.58	-81.52	主要系两期分配股利差异
支付其他与筹资活动有关的现金	1,962,763,147.73	11,697,236.00	1,951,065,911.73	16,679.72	主要系本年支付 Cayman A2, Ltd. 收购款

(二) 非主营业务导致利润重大变化的说明

□适用 √不适用

(三) 资产、负债情况分析

√适用 □不适用

(1) 资产及负债状况

单位：元

项目名称	本期期末数	本期期末数占总资产的比例（%）	上期期末数	上期期末数占总资产的比例（%）	本期期末金额较上期期末变动比例（%）	情况说明
货币资金	1,330,965,759.41	13.86	2,572,829,792.60	23.96	-48.27	货币资金的减少主要是公司支付 Cayman A2, Ltd.100% 股权款和相关股东债权
应收账款	926,859,205.89	9.65	889,250,307.48	8.28	4.23	
预付款项	63,342,520.41	0.66	58,566,744.69	0.55	8.15	
其他应收款	63,576,669.93	0.66	115,465,853.54	1.08	-44.94	①应收代垫款同比减少；②收到江阴天江药业有限公司股权转让款
存货	750,415,795.03	7.81	764,292,928.86	7.12	-1.82	
其他流动资产	1,224,867,524.50	12.75	1,687,539,696.40	15.72	-27.42	银行理财同比减少
可供出售金融资产	548,610,000.00	5.71	442,637,311.90	4.12	23.94	基金投资公允价值变动金额同比增加
长期股权投资	207,045,491.97	2.16	205,101,612.72	1.91	0.95	
固定资产	297,062,924.36	3.09	291,322,021.75	2.71	1.97	
在建工程	928,864,153.22	9.67	586,934,973.42	5.47	58.26	本期新增主要为青浦工厂项目
商誉	1,961,083,992.46	20.42	1,775,382,366.66	16.54	10.46	主要系公司以同一控制下企业合并方式收购 Cayman A2, Ltd.，其新增婴儿睡眠辅助用品业务商誉；原有的婴儿喂养及卫生产品商誉由于英镑升值同比增加
短期借款	18,522,735.68	0.19	0.00	0.00	-	以非同一控制下企业合并方式收购 Gro-Group Holdings Ltd 而新增短期借款
应付账款	683,904,842.54	7.12	599,406,323.12	5.58	14.10	应付货款同比增加
其他应付款	1,391,326,249.74	14.49	2,693,214,287.70	25.09	-48.34	公司以同一控制下企业合并方式收购控股股东上海家化（集团）有限公司全资子公司 Arianna Global Limited 持有的 Cayman A2, Ltd. 的 100% 股权和相关股东债权，导致与 Arianna Global Limited 关联方借款同比减少

长期借款	1,078,686,422.94	11.23	983,625,000.88	9.16	9.66	
资本公积	877,721,891.41	9.14	1,126,525,288.49	10.49	-22.09	资本公积的减少主要是由于公司以同一控制下企业合并方式收购 Cayman A2, Ltd.100% 股权，相应的合并成本冲减股本溢价
未分配利润	3,375,725,989.09	35.15	3,053,265,745.41	28.44	10.56	未分配利润的增加主要是实现本年利润

其他说明

无

(2) 按细分行业划分的公司主营业务基本情况

√适用 □不适用

单位：万元 币种：人民币

细分行业	营业收入	营业成本	毛利率(%)	营业收入比上年增减（%）	营业成本比上年增减（%）	毛利率比上年增减（%）	同行业同领域产品毛利率情况
护肤类	227,073.57	43,845.16	80.69	16.13	0.54	增加 2.99 个百分点	尚无公开数据
洗护类	258,851.84	105,384.33	59.29	-19.91	-33.23	增加 8.12 个百分点	尚无公开数据
家居护理类	16,528.48	7,678.07	53.55	74.64	100.64	减少 6.02 个百分点	尚无公开数据
婴幼儿喂哺类	143,905.33	70,442.70	51.05	124.48	122.63	增加 0.41 个百分点	尚无公开数据

注：洗护类产品营业收入下降主要由于花王代理业务终止的因素影响。

(3) 按销售渠道划分的公司主营业务基本情况

√适用 □不适用

单位：万元 币种：人民币

销售渠道	营业收入	营业收入比上年增减（%）
线上	141,726.50	49.48
线下	506,999.68	1.13

以上是我摘录的部分内容，你可以去巨潮资讯网等网站下载这个公司的年度财务报告，写得还是非常不错的。

你仔细看上面的财务报告，无论是目录还是内容，重点都是围绕给外部投资者提供经营和财务信息。重点是围绕利润表、资产负债表、现金流量表以及主要大类业务的分析。一般来讲，这类分析是报喜不报忧，让投资者放心，这样股价才会稳定，除非有重大事项公司也影响巨大，才报告。分析不会特别细致，外部投资者看到这个报表后，可以大概知道公司产品的盈利能力，市场情况，投资收益率等等，由于商业竞争，更多的公司内部经营信息是不会在这个报告披露的。而是要在公司内部的经营分析会上做分析。懂了吗?

苏莹莹点点头，沈东君继续往下讲解。

第二个层次：公司财务分析

财务报表分析主要使用者是集团股东和内部经营管理者，按照内部管理报表，结合业务进行分析，发现问题并解决。这个层次的分析主要是结合公司内部信息，对三表变化的原因进行深层次的解读，编制内部管理报表，包括责任中心报表、成本重分类报表，资金需求计划表等，还包括分析用于考核的KPI完成情况等，目的是揭示经营中出现的问题并提出改进建议。

我给你举个例子，比如传统的利润表，分析的层次还是比较笼统的，但是如果是外部投资者用，还是足够了，他们可以自己算出来投资收益率。但是，对于内部经营者来讲，是远远不够的。

你看这张利润表（如下表），我们就把收入和成本继续向下分了层次，收入可以按照区域、产品、客户、销售员等不同维度进行分析。销售成本和经营成本可以分为变动成本费用和固定成本费用，固定成本费用还可以进一步划分为付现和非付现的。这样做的好处有三个：

1. 分析的维度更加多样化，将总指标分解分析后，可以看到哪个维度的明细数据与预期相比出现问题；

2. 大部分的变动成本是可控的，而固定成本则相反，属于战略成本，一旦投入就会持续很多期，所以日常成本控制的重点是变动成本，重大决策时才会涉及到固定成本，这样可以明确成本控制的举措；

3. 将成本分为付现和非付现的好处是，可以为下一步的制订资金需求计划表奠定基础。

内部分析用利润表

项目				实际值	预算值
一级项目	二级项目	三级项目	四级项目		
销售收入					
	区域				
	产品				
	客户				
	销售员				
销售成本					
	变动成本				
		直接材料			
			材料 1		
			材料 2		
		直接人工			
			工序 1		
			工序 2		
		直接辅料			
		直接能耗			
		其他直接			
	固定成本				
		可控成本			
			工资性		
			社保等		
			广告费		
			保险费		
		不可控成本			
			折旧		
			土地摊销		
经营费用					
	变动费用				
			广告		
			促销		
			奖金		
			佣金提成		

续上表

项目				实际值	预算值
一级项目	二级项目	三级项目	四级项目		
			运费		
	固定费用 / 现金				
			行政人事部		
			运营部		
			经营策划部		
			财务部		
	固定费用 / 非现金				
			减值准备		
			坏账准备		
			折旧		
经营利润					

需要注意的是除了整个公司的分析外，为了更好的激励下属部门或业务创造业绩，我们会根据下属部门或业务的特点将其分为收入中心、利润中心和成本中心等。一旦将某个部门或业务定义为利润中心，我们就可以像管理分子公司一样，对其进行授权，并定期编制利润中心的报表，年终时进行考核，奖勤罚懒。

责任中心类型如下表所示。

责任中心类型及责任表

责任中心类型	责任范围	绩效评估标准	举例
收入中心	负责销售，但是不负责与已销售产品相关的制造成本	销售收入减去营收中心的直接成本	市场营销部门
成本中心	负责控制本部门的成本。因此，成本中心的经理不负责收入或投资	保持预期质量水平的同时最小化成本	财务、行政管理、人力资源、会计、客户服务以及呼叫中心等部门
利润中心	负责生成利润、管理收入并控制成本。一般无须负责投资	实际利润对比预期利润	独立的报告分部如作为连锁商店一部分的杂货店

续上表

责任中心类型	责任范围	绩效评估标准	举例
投资中心	负责本部门的投资、成本和收入，包括内部投资和外部投资	利润的绝对水平，利润占投资资本的相对水平，对战略投资的评估以战略投资与公司战略间的一致性为依据，对其他投资的评估则以投资回报和资本保全情况为依据	具有投资性质的子公司

分责任中心编制的利润表如下表所示。

分责任中心编制的利润表

一级项目	二级项目	三级项目	利润中心1	利润中心2	利润中心3	利润中心4	利润中心5
收入							
	护肤						
	洗护						
	家居护理						
	婴幼儿喂哺						
	其他						
成本							
	护肤						
	洗护						
	家居护理						
	婴幼儿喂哺						
	其他						
毛利							
费用							
	营销费用						
		广告费					
		促销费					

续上表

一级项目	二级项目	三级项目	利润中心 1	利润中心 2	利润中心 3	利润中心 4	利润中心 5
	管理费用						
		工资					
		差旅费					
利润							

苏莹莹：原来利润表还有这般变化……但是这种利润表也不符合企业会计准则啊，我编制完后没法报给税务局啊。

沈东君：傻孩子！我都强调了好几次了，这种报表是内部经营分析用的利润表，你报给税务局的利润表还是要报，这些内部分析用的表格是你需要另外编制，给领导看的，明白没？

苏莹莹：噢，明白了！但是为什么要设置责任中心啊，不是自找麻烦吗，多麻烦呀……

沈东君：这个就得提下日本的经营之神稻盛和夫了，阿米巴模式是日本经营之圣稻盛和夫独创的经营模式，稻盛和夫创建了两家世界 500 强企业——京瓷和第二电信（KDDI），正是阿米巴模式让这两家企业茁壮成长，长盛不衰，京瓷更是创造了神话一般的业绩——50 余年从不亏损。

稻盛和夫于 2010 年 2 月 1 日出任破产重建的日航董事长，截止到 2011 年 3 月底共 424 天。一年创造了日航历史上空前的 1 884 亿日元的利润，是“全日空”利润的三倍，前一年同期日航的亏损额约有 1 800 亿，这一来一去将近 3 600 个亿日元，超过了为拯救日航日本政府 3 000 亿日元的注资。

仅仅用了一年时间，日航做到了三个世界第一：分别是利润世界第

一、准点率第一，服务水平第一。就算稻盛和夫离开日航，日航也能继续健康地发展了。稻盛和夫的哲学理念一直推动着日航的发展。

这些出色的业绩都是利用了经营会计的知识，经营会计的核心就是阿米巴，而阿米巴的核心就是设置责任中心，充分授权和激励，激发员工工作的积极性。

苏莹莹：明白了，但是我们当时核算的时候收入和费用没有核算到那么细致啊，有些费用很难分摊到各个责任中心，怎么办？

沈东君：这个需要一步一步来，首先得有信息系统，对核算的数据进一步细化，将收入和成本计入每个责任中心，然后才能出这样的报表。其次，要明确规则，比如各个责任中心的内部产品或服务定价，以及成本费用的分摊规则等，这个是个大工程，实在不行，让你们领导请我过去，我帮你们做。

苏莹莹：师兄，我们公司刚成立没多久，还达不到那个程度，过两年再说吧。我先用 EXCEL 表格，粗略地整理一下。

沈东君：嗯，这样也行，管理确实需要一步步提升。接下来我再说下第三个层次的分析－经营决策支持。

第三个层次：经营决策支持

经营决策支持使用主体主要是内部经营管理者，上述的财务报表分析和公司财务分析都是需要定期报送的，一般是每月报送给领导一次。但是，经营决策支持就不同了，它主要是用于业务伙伴和决策支持，是不定期做的。例如：定价决策、业务经营决策（自营还是外包）、投资决策、营销决策（团购、广告做不做）、专题问题、应收账款以及存货等。

这个层次的分析要求得水平更高，需要你对行业和公司内部的业务非常了解才可以。

2.2.3 公司内部财务分析基础架构

苏莹莹竖起大拇指，夸赞道：高！实在是高！我明白了，财务分析也是分层次的，我现在要做的就是第二个层次的公司财务分析。那具体写这个报告的时候，应该按照什么思路写呢？

沈东君：每个企业公司财务分析架构都不一样，我给你两个参考，可以依照你们公司的情况进行修改。

下面是一家制造外资企业的分析架构：

1．经济环境分析

2．新订单分析

3．收入分析

4．销售成本和毛利分析

5．净利润分析

6．营运资本分析

7．运营分析

8．固定资产投资情况

9．产品质量情况

10．竞争对手的发展状况（新产品，新服务，价格策略，新技术，新市场策略）

下面是一家国内民营企业的分析架构：

1．生产经营情况

2．行业发展情况

3．经营效益情况

（1）利润情况

（2）收入情况

（3）成本费用情况

（4）资金情况

（5）主要财务指标情况

（6）效率情况：人均创收，人均成本，人均利润等，并将这些指标与标杆行业对比。

4．存在的问题及建议

（1）公司重点工作推进情况

（2）重点工作推进存在的问题和阻力

（3）相关建议

（4）上期经营分析会的问题整改情况

这两种公司财务分析架构都挺好的，第一种侧重于业务分析，第二种侧重于 PDCA 的使用，即分析目前的情况，分析存在的问题，提出解决的方案，回顾上期提出问题的整改情况。如果从管理改进角度讲，第二种更好，但是难度就比较大，需要你非常了解公司的整个情况才可以。

2.2.4 建立财务分析信息收集机制

沈东君：你还要建立经营数据的收集机制，因为你毕竟只是在财务部，公司大量的信息是没有办法获取的，通过现场观察等方式，得来的信息也比较片面，所以，在开始写公司内部财务分析之前，需要给各个部门发通知，这个通知要明确各个部门需要报送什么内容，在什么时间报送等，这样就可以把各个部门的情况了解得比较清楚。以销售部举例，我们可以把销售部的主要职责梳理，然后让他们自己去说明相关工作的进展，去分析与销售相关的各项情况，这样做的好处是，等到开经营分析会的时候，其他部门就不会对你的数据进行各种质疑了，因为数据和文字材料都是他们自己写的，可以大大减轻你的压力。当然，这项工作必须要有领导的支持，最好是从总经理办公室直接发文，毕竟是增加了工作量，任何一个人干活不是给财务部干的，是给公司干的。这样发文下去以后，就可以名正言顺的把信息收集起来了。

公司内部财务分析信息收集表，如下表所示。

公司内部财务分析信息收集表 - 运营部

<table>
<tr><th>部门</th><th colspan="2">填报内容</th></tr>
<tr><td rowspan="11">销售部</td><td rowspan="5">销售情况</td><td>特点</td></tr>
<tr><td>亮点</td></tr>
<tr><td>存在的问题及原因</td></tr>
<tr><td>拟采取的措施</td></tr>
<tr><td>销售统计表</td></tr>
<tr><td rowspan="6">市场拓展方面</td><td>各个区域销售情况分析</td></tr>
<tr><td>各产品销售情况分析</td></tr>
<tr><td>各店面销售情况分析</td></tr>
<tr><td>销售进度与目标的差异，原因解析</td></tr>
<tr><td>新开市场的运营情况，存在的困难及解决措施，下阶段拟进入新市场情况</td></tr>
<tr><td>营销费用使用情况</td></tr>
</table>

续上表

部门	填报内容	
销售部	资源管理方面	摸查、甄别、利用工作进展情况
		已新增开发及利用的资源，下一步拟开发的资源
	合同管理	合同签订工作进展情况
		存在的问题及举措
		其他合同工作进展情况
		存在的问题及举措

2.2.5 用EXCEL自动生成财务分析，7天工作缩短为1天完成

苏莹莹：沈东君师兄，我好崇拜你啊，既有思路又有具体的实操方法，你现在在我心中的形象越来越高大了！

沈东君：我本来就高大，好不好，人家身高毕竟有一米八呢。

苏莹莹：行了哈，又得瑟上了。我再问你个问题，加上公司内部财务分析，我每个月就得做两份分析报告，财务报表分析和公司内部财务分析，感觉工作量瞬间大了好多啊，有没有什么软件可以自动生成财务分析报告。也就是说我这边数据出来以后，文字版的自动分析自动生成了。

沈东君：你还真问对人了，我除了是财务专家，还是信息化高手，下面我就教你用 EXCEL 进行自动财务分析模板的制作。

说着，沈东君从包里拿出笔记本电脑，现场指导苏莹莹自动化分析模板的搭建技巧。

沈东君一边演示一边说道："EXCEL 在文字型的财务分析中，能起

到什么作用呢？答案是自动生成！没错，你没听错，财务分析也能自动生成。不过，这里能够自动生成的是针对常规性的结构不变的通报性财务分析。例如，公司本年利润 12 000 万元，同比增长 200 万元，增幅 20%，比预算增加 100 万元，较预算进度高 10%。类似这样的通报性的文字性表述，我们其实是不用每个月用手打字到 WORD 中的，用 EXCEL 自动生成就可以了。

EXCEL 版本自动分析模板的搭建主要还是要利用 EXCEL 公式。首先，我们建立两张表格，一张是展示表，另外一张是基础数据表。展示表用于自动生成分析，基础数据表用于存放基础数据以及生成自动分析的公式。

制作步骤：

STEP1：构思展示表的结构及词句顺序。如下图所示，我们设计分析报告的标题名称为“ABCxxx 代理公司经营效益分析”，然后在其下面画上边框横线，用于区分标题及正文。接着是日期，第一部分分析名称，接下来为分析正文。正文内容先空着，一会由基础数据表自动生成。

STEP2：构建基础数据表。基础数据表中有两部分组成，一部分是原始数据区域，另一部分是数据转化区域，如下图所示。

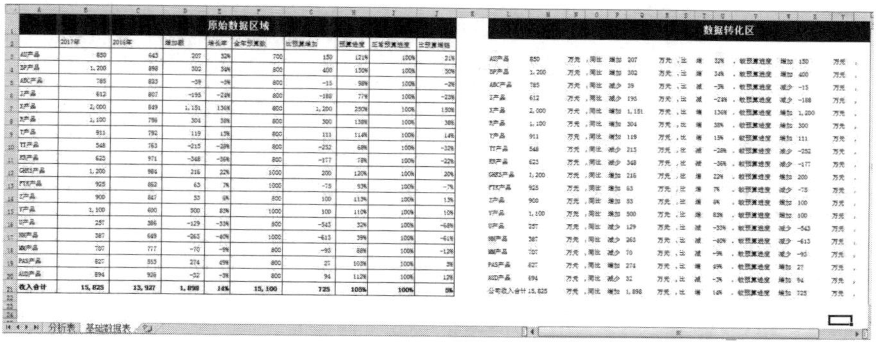

原始数据区域									
	2017年	2016年	增加额	增长率	全年预算数	比预算增加	预算进度	正常预算进度	比预算增幅
AD产品	850	643	207	32%	700	150	121%	100%	21%
BP产品	1,200	898	302	34%	800	400	150%	100%	50%
ABC产品	785	823	-39	-5%	800	-15	98%	100%	-2%
I产品	612	807	-195	-24%	800	-188	77%	100%	-23%
X产品	2,000	849	1,151	136%	800	1,200	250%	100%	150%
R产品	1,100	796	304	38%	800	300	138%	100%	38%
T产品	911	792	119	15%	800	111	114%	100%	14%
TT产品	548	763	-215	-28%	800	-252	68%	100%	-32%
RX产品	623	971	-348	-36%	800	-177	78%	100%	-22%
GHRS产品	1,200	984	216	22%	1000	200	120%	100%	20%
FTK产品	925	862	63	7%	1000	-75	93%	100%	-7%
Z产品	900	847	53	6%	800	100	113%	100%	13%
Y产品	1,100	600	500	83%	1000	100	110%	100%	10%
U产品	257	386	-129	-33%	800	-543	32%	100%	-68%
NN产品	387	649	-263	-40%	1000	-613	39%	100%	-61%
MM产品	707	777	-70	-9%	800	-93	88%	100%	-12%
PAS产品	827	553	274	49%	800	27	103%	100%	3%
ASD产品	894	926	-32	-3%	800	94	112%	100%	12%
收入合计	15,825	13,927	1,898	14%	15,100	725	105%	100%	5%

数据转化区														
AD产品	850	万元	，同比	增加	207	万元	，比	增	32%	，较预算进度	增加	150	万元	。
BP产品	1,200	万元	，同比	增加	302	万元	，比	增	34%	，较预算进度	增加	400	万元	。
ABC产品	785	万元	，同比	减少	39	万元	，比	减	-5%	，较预算进度	减少	-15	万元	。
I产品	612	万元	，同比	减少	195	万元	，比	减	-24%	，较预算进度	减少	-188	万元	。
X产品	2,000	万元	，同比	增加	1,151	万元	，比	增	136%	，较预算进度	增加	1,200	万元	。
R产品	1,100	万元	，同比	增加	304	万元	，比	增	38%	，较预算进度	增加	300	万元	。
T产品	911	万元	，同比	增加	119	万元	，比	增	15%	，较预算进度	增加	111	万元	。
TT产品	548	万元	，同比	减少	215	万元	，比	减	-28%	，较预算进度	减少	-252	万元	。
RX产品	623	万元	，同比	减少	348	万元	，比	减	-36%	，较预算进度	减少	-177	万元	。
GHRS产品	1,200	万元	，同比	增加	216	万元	，比	增	22%	，较预算进度	增加	200	万元	。
FTK产品	925	万元	，同比	增加	63	万元	，比	增	7%	，较预算进度	减少	-75	万元	。
Z产品	900	万元	，同比	增加	53	万元	，比	增	6%	，较预算进度	增加	100	万元	。
Y产品	1,100	万元	，同比	增加	500	万元	，比	增	83%	，较预算进度	增加	100	万元	。
U产品	257	万元	，同比	减少	129	万元	，比	减	-33%	，较预算进度	减少	-543	万元	。
NN产品	387	万元	，同比	减少	263	万元	，比	减	-40%	，较预算进度	减少	-613	万元	。
MM产品	707	万元	，同比	减少	70	万元	，比	减	-9%	，较预算进度	减少	-93	万元	。
PAS产品	827	万元	，同比	增加	274	万元	，比	增	49%	，较预算进度	增加	27	万元	。
ASD产品	894	万元	，同比	减少	32	万元	，比	减	-3%	，较预算进度	增加	94	万元	。
公司收入合计	15,825	万元	，同比	增加	1,898	万元	，比	增	14%	，较预算进度	增加	725	万元	。

分析表　基础数据表

原始数据区域按照我们需要的数据内容进行填充，包括的字段及数据有：本年数、上年数、增加额、增长率、全年预算数、比预算增加金额、预算进度、正常进度以及比预算进度增幅。

数据转换区域中要对基础数据区域的数据进行两种方式的处理，一种方式是直接引用或输入，即在单元格内直接等于基础数据表中的数据或手工输入文字，例如 L3、M3 这两个单元格中的产品名称和本年销售额数据直接来自基础数据表，N3 和 O3 中的“万元”及“同比”是连接词语用的，直接手工输入即可。另外一种方式是需要公式进行判断和转换的，主要判断数据是增长还是减少，转换主要是将数字格式的数据转换为文本形式。例如 P3 单元格内的公式是“=IF(D3>0,”增加”,” 减少”)”，意思是如果 D3 单元格（同比增长额）数据为正数，就显示文字“增加”，负数则显示文字“减少”，O3 单元格内的公式是“=TEXT(ABS(D3),” #,##0”)”，意思是对 D3 单元格内的数据先取绝对值，然后再转换为以会计专用格式显示出来的文本型数字。

这样在数据转换区设置好第一行后，将内容及公式向下拖拽，即可生成自动分析用的数据转换区的所有数据了。

STEP3：创建文字自动分析。如下图所示。在分析表的 B6 单元格内插入 CONCATENATE 函数，然后将数据转换区的所有数据，按照单元格顺序，一个一个输入到参数中，如下图（左）所示。函数设置好后，所有的文字形成了一个完整的句子。其他单元格也是同样设置，设置好后，就形成了如下图（右）所示的自动分析展示表。

每个月我们进行分析时，只需要替换基础数据中的数据，所有的文字分析就自动更新了，以后分析再也不用手工做了！

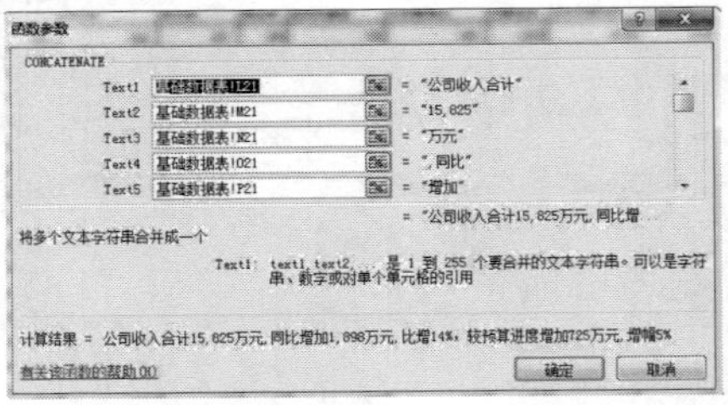

在CONCATENATE函数中输入参数

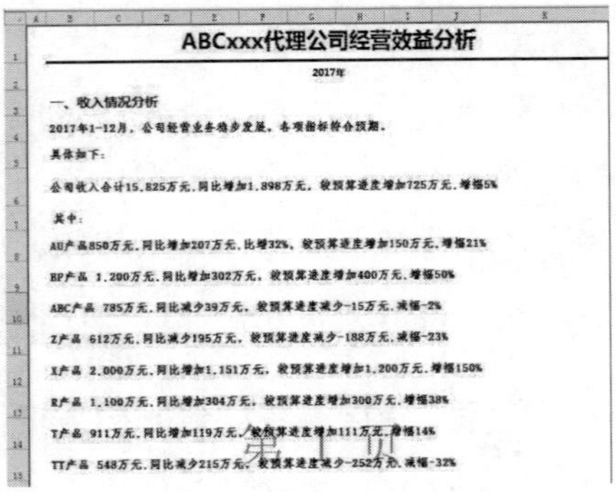

单单一个 EXCEL 版本的自动分析模板是满足不了我们的日常需求的，有的时候，我们需要将其转换为 WORD 版本的分析，那么怎么转换呢？非常简单，只需要两个步骤。

STEP1：设计 WORD 模板。如下图所示。此处，应先设置好大标题及小标题，内容区域空着待用。

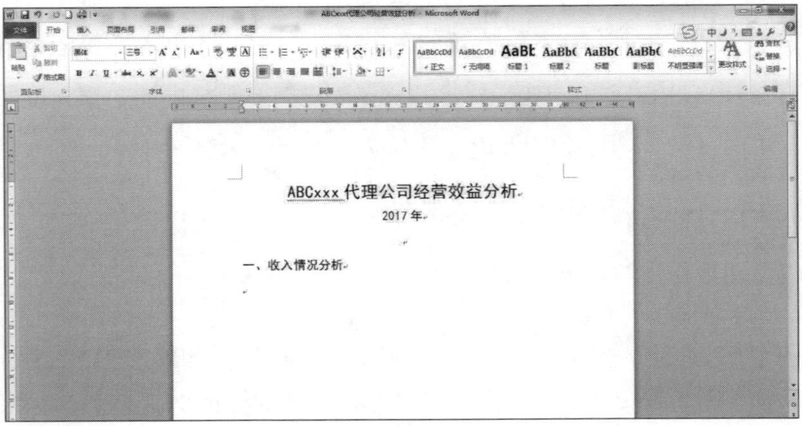

设计好WORD模板

STEP2：复制EXCEL模板内容至WORD。复制刚才制作好的EXCEL自动分析模板中的展示表中生成的文字，切换到WORD中，粘贴。注意：这里的粘贴选项要选择“只保留文本”，如下图（左）所示。然后调整字体字号，最终效果如下图（右）所示。

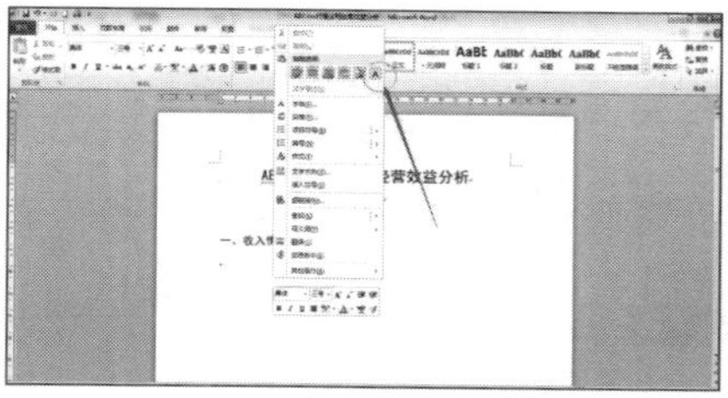

粘贴选项选择“只保留文本”

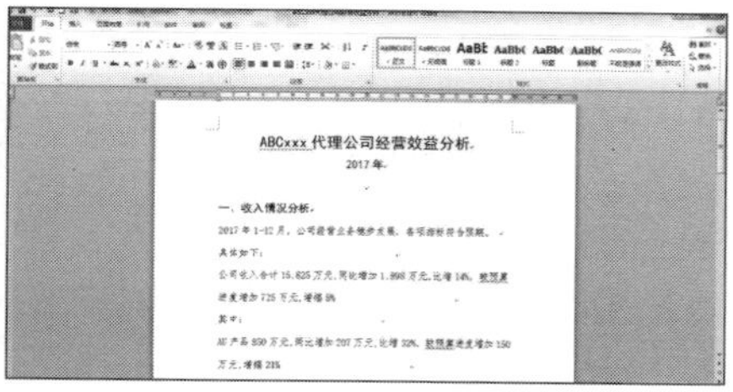

最终效果

苏莹莹看着电脑，瞪大了眼睛，“原来EXCEL功能这么强大，居然还可以自动生产财务分析报告？看来工作效率可提升空间非常大啊！”

沈东君：那是，没听过网上的一个说法吗，EXCEL用得好不好跟是否加班关系很大。只会加减乘除的，经常22点以后下班；会SUM、IF函数的，20点就能下班；会VLOOKUP函数的，18点就能下班；会MATCH函数和INDEX函数嵌套的，16点就能下班；会OFFSET和INDIRECT嵌套的，15点就能下班；全都会的并且可以和财务系统思维和专业技能相结合的，吃完午饭就能下班。

苏莹莹：那你能平时几点下班？

沈东君给了苏莹莹一个白眼，“我没有什么上班和下班，我的心里只有工作，工作就是生活，生活就是工作。”

苏莹莹同样也回了一个白眼，“假正经！”

这个晚上过得很快，苏莹莹知道了财务分析的三个层次，也知道了每个层次框架设计的思路和做法，同时还掌握了用EXCEL搭建自动化分析模板的技巧，顿时感觉自己棒棒的。

第二天，苏莹莹跟老板汇报了想建立经营分析信息收集机制的想法，马远表示同意。苏莹莹拿到了各个部门给的信息后，对公司情况一目了然，自己做出来的经营分析，再一次获得了马远和各部门领导的肯定。

2.3 强化成本管控

开完了经营分析会，马远发现一个问题，那就是公司的收入增加了，但是利润并没有随着增加很多，主要原因是成本费用增加的速度也很快。

目前，企业的成本管控还处于比较基础的阶段，主要方法是节约采购成本，制订定额费用开支，人工成本管控主要是加班多拿钱，激励员工加班，从而拿到高于行业的工资水平，即只有事中管理，没有事前预测和事后分析，企业的成本管控幅度十分有限，有时会出现压下这个费用，就抬高另外一项费用的情况。例如，上年公司为了将某种化妆品成本降低，从而取得更大的市场优势，更换了其中一种原材料，导致后期产品被人体吸收能力下降，并造成了部分顾客产生皮肤过敏的现象，公司付出了高额的公关费用和售后成本。

马远忧心忡忡，因为董事会给他的考核指标中，最重要的就是利润，只有收入，没有利润自然是不行的，但是管控成本又没有一个比较好的体系，头痛医头脚痛医脚，这样下去肯定是不行的。

他把苏莹莹叫到了办公室，要求苏莹莹对公司的成本管控好好研究一下，看看如何降低公司的成本费用，并给她两个星期的时间，拿出一个方案来。

2.3.1 通过成本会计历史，理解成本管控

成本管控这块，苏莹莹还真没研究过。于是她买了很多本关于成本

会计的书仔细研究了一下。

最早采用成本会计方法的人是一位法国的书商，为了清晰准确地计算每一本书的成本，他为每一本书都设置了一个袋子，凡发生一笔成本，他都写在一张纸条上，投入相应的纸袋中。比如，某本书耗费了多少纸张，可以直接写在纸条上；某几本书一共耗费了多少油墨，那么合理分摊后，把一本书耗费的油墨金额写在纸条上；对于同一类费用，比如工人工资、厂房租金等，可以把一个月的总额累积起来，合理分摊后，再归集到每一本书的名下，这样就可以准确地知道每一本书的成本了。虽然这些方法相对原始一些，但是已经明确地使用了成本会计的分摊与归集的基本方法了如下图所示。

成本会计的历史大概分为三个阶段，如下图所示。

1. 原始成本会计（1880 年～ 1920 年）

当时人们认为成本会计就是汇集生产成本的一种制度，主要用来计算和确定产品的生产成本和销售成本。

在这期间，英国会计学家已经设计出定单成本计算和分步成本计算的方法，当时的应用范围只限于英国的工业企业，后来传往美国及其他国家。

2．近代成本会计（1921 年～ 1950 年）

主要是美国会计学家提出了标准成本会计制度，在原有的成本积聚的基础上增加了“管理上的成本控制与分析”的新职能。

在这种情况下，成本会计就不仅要计算和确定产品的生产成本和销售成本，还要事先制订成本标准，并据以进行日常的成本控制与定期的成本分析。

正因为成本会计扩大了管理职能，于是应用的范围也从原来的工业企业扩大到商业企业、公共事业以及其他服务性行业。

3．现代成本会计（1951 年以后）

主要是美国会计学家在近代成本会计的基础上，吸收了管理会计的一些专业方法，使管理会计与成本会计密切结合，形成了新型的注重管理的成本会计。建立预算管理体系、进行专项成本研究、采用标准成本法积聚成本信息，以责任预算为基础，对责任成本进行日常控制，并且定期进行成本分析等。

成本会计的发展历史如下图所示。

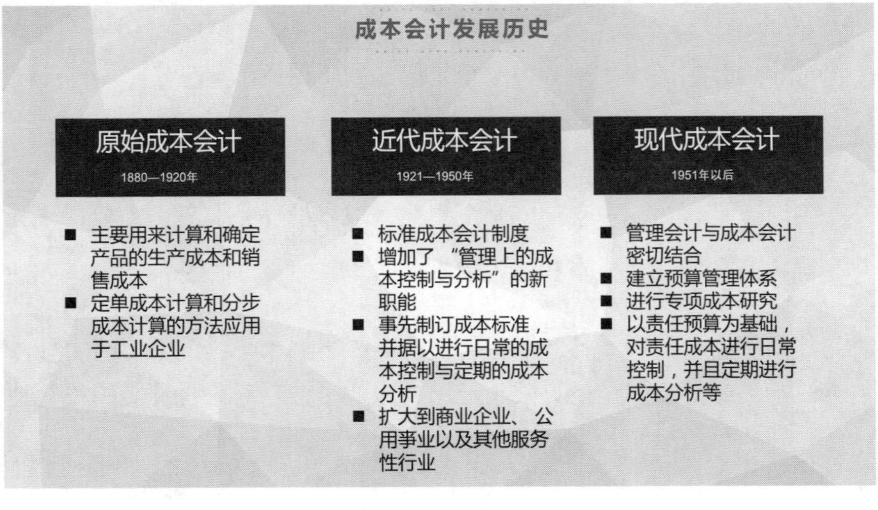

以上内容摘自《一书》。

原来成本会计的应用是一步步发展起来的，刚开始的功能只是计算成本，后来为了控制成本，提出了标准成本概念，将成本与标准成本对比，从而控制成本。后期为了更好的进行全流程管理，成本管理与管理学融合，加入了预算和责任中心手段进行控制，现在又有了大数据和区块链等新技术，估计以后成本管控的手段将更加丰富。

那么，怎么理解成本呢？苏莹莹试着给自己提出几个问题，并一一从书中找到了答案。

问题 1：成本费用是怎么发生的？

成本费用的发生是随着公司业务的发生而发生的，如下图所示。

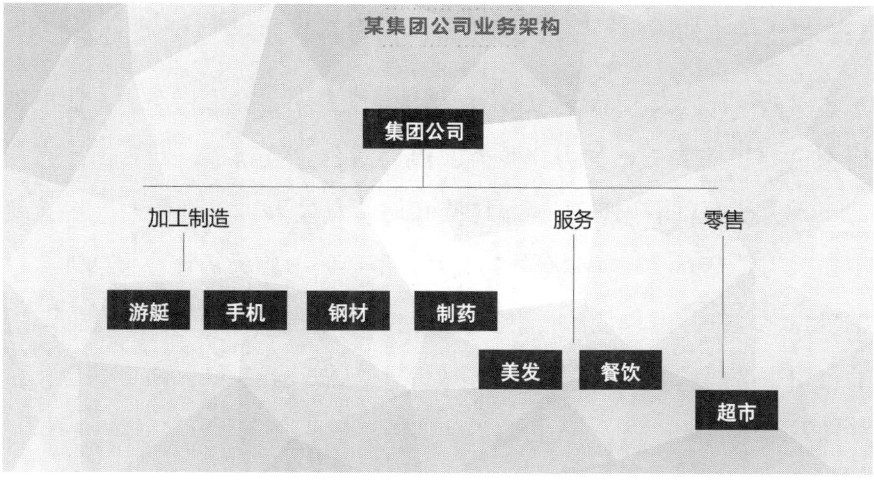

以一家游艇制造企业举例，要制造一艘游艇，首先要有图纸，这个阶段就是设计和研发，设计和研发有很多不确定性，有可能研究成功成为畅销品，也有可能研发出来的产品很失败，给企业带来销售困境，这个阶段只有投入没有产出。

接着，设计图出来后，我们就开始投入厂房和设备，还有各种生产制造用的材料以及配件。另外，还要招录人员，以满足生产制造需要。这个阶段的成本，主要是固定资产和运营资产的投入。

进入了生产阶段后，企业开始发生料工费的投入，也就是常说的直接材料、直接人工和制造费用。对于能够直接归集到产品的材料和人工就确认为直接材料和直接人工，不能确认的或者比较难确认的，比如比较小的零件、焊条、劳保用品、水电费、折旧、生产车间管理人员工资等，就确认为制造费用，等期末的时候再把制造费用按一定的方法归集到具体产品中。

产品制造好，经过质量检验，合格后就可以出售了。在销售的过程中发生的费用，就是销售费用，包括促销，广告，通路费用等。

产品销售出去后，一般会有 1 至 N 年的售后服务期，这个期间也是要发生成本的。

而从设计研发、采购、生产、销售以及售后等整个链条中，职能部门都需要投入人力、物力，职能部门包括企业策划部、销售部、市场部、人力资源部和财务部等，这些部门要发生人员工资和办公费等费用，因为没有办法与具体产品相关联，所以统一作为管理费用处理。有的核算比较细致的单位，会将职能部门的成本再次分配给生产部门，然后再由生产部门分配到具体产品，但是这样做比较复杂，适合信息化系统很发达的企业。

对于商业企业和服务企业而言，他们少了研发设计和制造环节，其他与制造型企业基本一致，如下图所示。

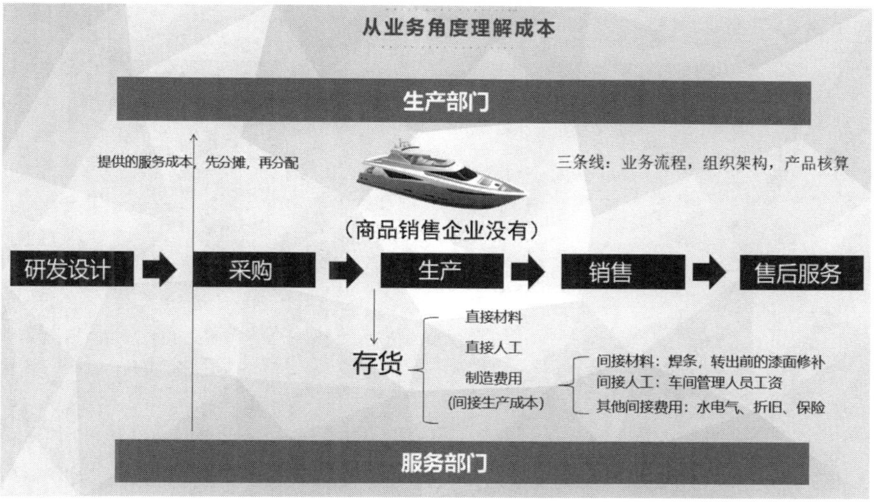

问题 2：存货成本怎么核算？利润表还有内外之分？

在成本会计领域，最核心的就是存货成本的核算，因为如果一个企业，连自己制造出来的产品成本都不知道，那又怎么能知道自己的产品是赚钱了还是亏钱了呢？这个是最基本的商业问题。

产品成本包括直接材料、直接人工和制造费用。其中，制造费用又分为变动制造费用和固定制造费用。由于对固定制造费用的处理不同，成本核算方法又可以分为完全成本法和变动成本法，完全成本法中的存货成本包括固定制造费用，而变动成本法中的存货成本不包括固定制造费用，而是将其作为期间费用处理。

变动成本法是为了防止公司管理层通过增加生产，将大量的固定制造费用留在存货中，进而调增利润。变动成本法，将固定制造费用计入期间费用，管理层无法通过加大生产，增加存货，调增利润，从而让管理者专注于变动成本的控制，提升企业的效益和效率，如下图所示。

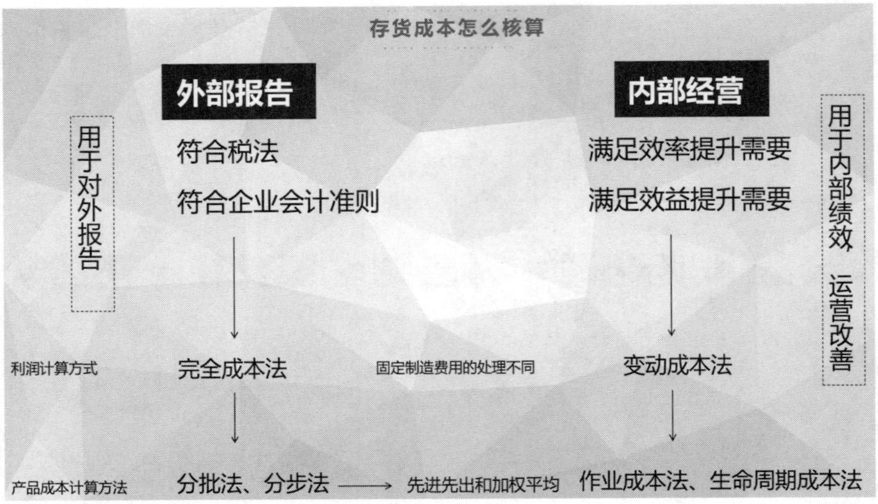

但是从法规层面讲，税务局只认可企业使用完全成本法编制的利润表，不认可变动成本法。所以，如果企业使用了变动成本法进行核算，在期末的时候，还需要将报表调整为完全成本法口径下的数据。

另外，对于产品成本的归集，由于各个企业的产品类型不同，可以将其分为分批法和分步法，分批法适合小批、单件产品的生产企业，例如游艇制造，精密仪器等。分步法适合生产连续、大量、多步骤的产品的企业，例如冶金、水泥、纺织、酿酒等。

为了更好地进行内部企业管理，除了变动成本法以外，还有作业成本法和生命周期成本法等成本核算及管理方法，这些方法都比较复杂，作业成本法适合产品种类较多，间接成本较高的企业，在国内的快递物流、电信运营、能源等企业都有所应用。生命周期成本法，强调对成本进行整个生命周期的核算，包括开发（计划、设计和测试）、生产（加工作业）以及后勤支持（广告、销售和保证等），在成本企划、价值工程乃至成本工程中得到了很好的运用，比如国内的宇通客车，通过生命周期成本法的应用，降低了客车的燃油消耗和日常维修成本，使产品竞争力进一步提升。

问题 3：企业规模和信息系统决定了成本核算方法

从成本会计的历史可以看出，标准成本法出现后，有利于企业发现成本差异，找到控制成本的环节，进而控制成本，如下图所示。

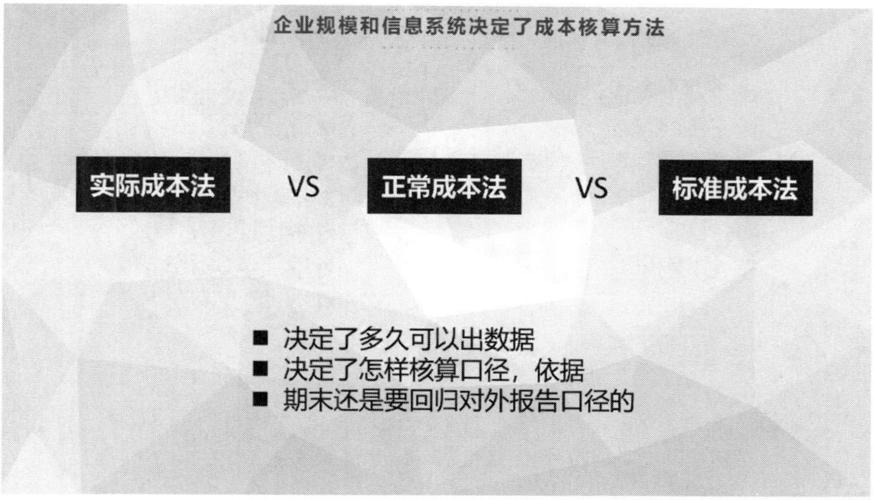

但是，所有的企业都可以用标准成本吗？显然不是的，目前国内企业的信息化程度还不强，只有中等规模以上的制造企业才有条件上线标准成本核算系统，进而进行成本绩效管理。有了标准成本，企业不用等到期末就可以知道产品的大概成本，有利于企业快速对市场做出反应。

由于标准成本法也是用于内部管理的核算方法，所以在期末的时候，也需要将报表调整为税务局认可的实际成本法下的数据口径。

问题 4：怎样管理成本

成本的降低可以通过效率的提升降低，也可以通过改善业务流程降低。提升企业效率的方法有：物料需求计划、ERP 系统、及时生产、精益生产、外购、约束理论等。改善业务流程的方法有：价值链分析、流程分析、标杆分析、作业管理法、持续改进、最佳实务分析、质量成本分析，如下图所示。

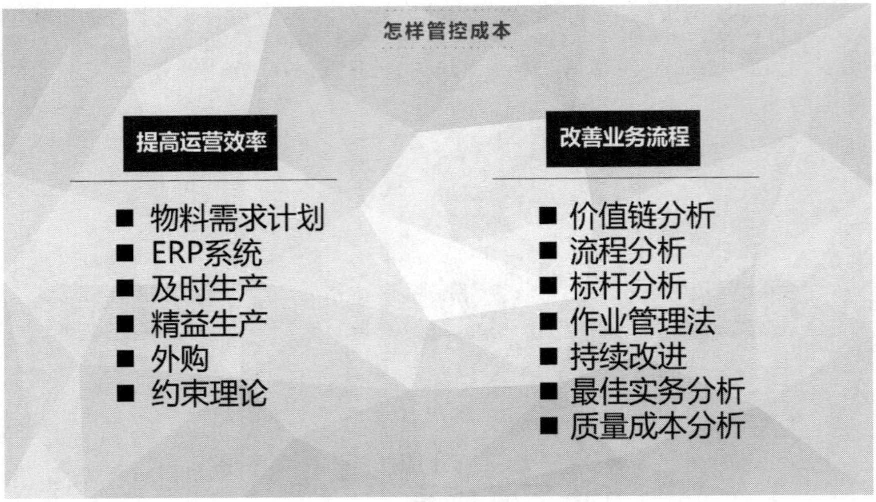

最后，苏莹莹进行了总结。成本管理包括成本核算及控制，完全成本法主要用于对外财务报告使用，而其他的方法，包括战略成本法、变动成本法、作业成本法及生命周期成本法等都是企业内部用于计划、决策、控制成本的工具，这些工具的使用依赖于信息系统的实施，如下图所示。

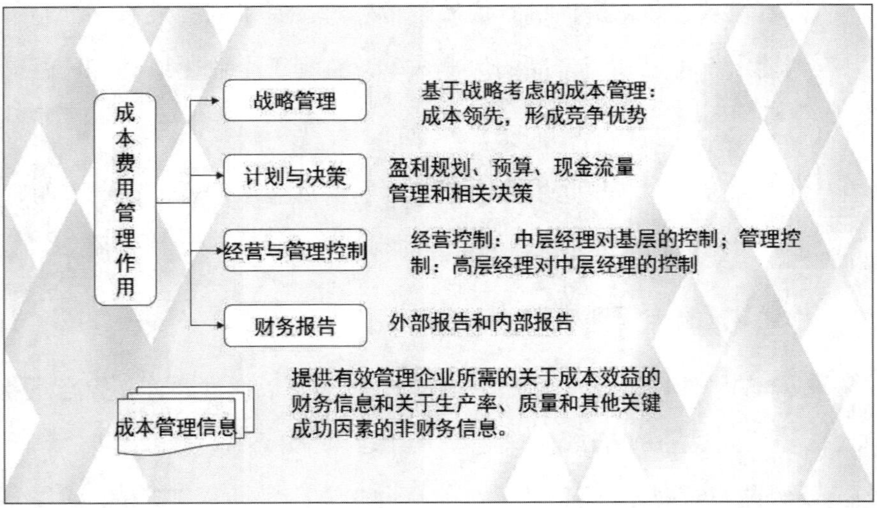

2.3.2 扩展管控思路，用战略成本管理抓全盘

实际上成本费用的管控是分为两个层次的。

第一个层次是战略成本层次，这个层次的决策权和控制权在公司领导手中，国外的研究指出，一种产品成本的百分之八十在进入制造阶段前就已经被确定了，企业在生产阶段调整产品成本的空间十分有限，一个企业也是一样，一旦商业模式确定了，整个企业的成本结构也就确定了，再想进行深入的降低成本效果不会很显著。此类成本费用，主要依赖于公司一把手的眼光和管理水平。

第二个层次是日常生产运营成本，这个就是日常努力控制的生产成本、人工成本、水电耗用及期间费用等成本费用。此类成本费用，我们可以用全面预算、内部控制、管理技巧等进行节约。

战略成本管理就是以战略的眼光从成本的源头识别成本驱动因素，对价值链进行成本管理，即运用成本数据和信息，为战略管理的每一个关键步骤提供战略性成本信息，以利于企业竞争优势的形成和核心竞争力的创造。它是战略管理和成本管理在新的竞争环境下有机结合的产物，其实质是将成本管理置身于战略管理的广泛空间，从战略的高度对企业的成本行为及成本结构进行分析，并为企业管理决策服务，帮助企业形成竞争优势。

传统的成本管理方法关注的是每一个点控制和控制的技巧。例如大部分企业主要关注采购、库存和生产成本的控制，这样孤立的一个一个点的分析问题，会导致管理陷入被动。举个例子，苏莹莹的一个同学就职于一家农药公司，差旅费占比非常大，因为销售员经常要跑去镇里或农村卖农药，一去就是两三个月。领导一看报表，说差旅费是我们今年控制的重点，于是就让财务部修改了差旅费补助标准，并且禁止销售员

乘飞机出差，高铁也只能选二等座，就算再远再着急也不能破例，住宿从每天300元标准降低到150元，这样销售人员就只能住旅馆了。年底的时候，领导如愿以偿，差旅费降低了60%，但是领导却发现今年的销售指标只完成了20%不到，并且销售人员离职率非常高，重新招聘和培训销售人员耗费了企业很多成本。

利用战略成本法思考成本，会让我们形成以下科学的成本管理意识：

（一）系统管理意识：战略成本管理强调系统性，让我们从追求单纯降低局部成本的单项指标改善向系统降低成本的追求企业价值增值转变。

（二）效率管理意识。真正的成本降低，不是单纯的追求绝对金额的降低，而是要通过经济学中的规模经济、学习曲线等方法提高成本的效率。

（三）规划经营意识。很多先进企业，例如美国苹果公司等，在手机的研发阶段就已经设计好了手机的制造成本，并且严格控制，使其竞争力在手机领域遥遥领先，这就是成本的规划经营意识，事前规划，并持续把控，实现目标。

（四）资源配置意识。全面把握行业和企业自身价值链及作业链，对企业整体资源配置的有效性进行把控，取得成本优势。

2.3.3 实施战略成本管理的步骤

战略成本管理**有四个步骤：战略定位、价值链分析、作业分析与管理、管控与绩效**，如下图所示。

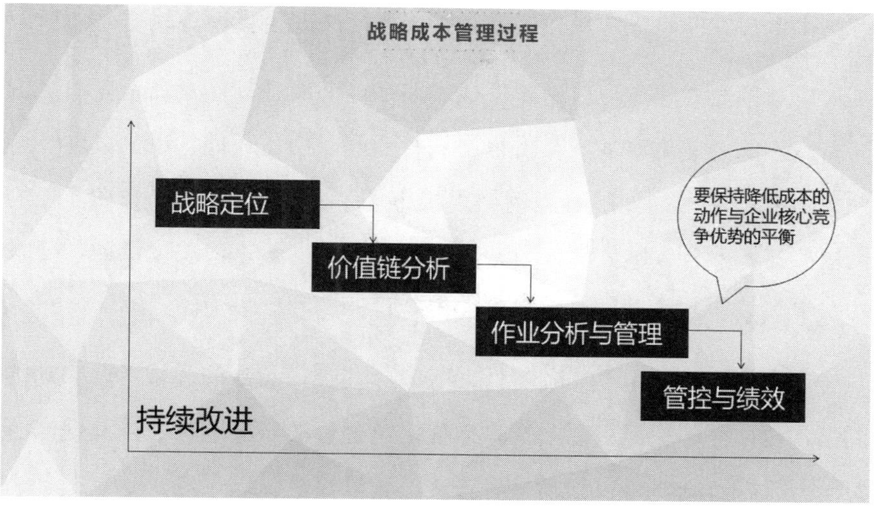

战略定位主要定准公司的目标，比如手机市场中，小米走低价路线，苹果走高端路线，两者对资源投入的方向就明显不同，一个压缩成本，一个注重技术创新、战略的实施过程，会培育出企业的核心竞争力。

价值链分析主要是拓宽了成本管控的视野，从思考某个环节的成本管控，提升到了全盘监管，避免出现“压下葫芦起来瓢”的现象，按照公司核心竞争力的需要进行资源的精准投放。

作业分析与管理是对价值链分析出的影响企业核心竞争力打造的重点环节进行作业分析，从而区分增值作业和不增值作业，消除或减少不增值作业，从而降低成本。

管控与绩效，明确成本控制重点后，一定要持续跟进，并与具体管控人员的绩效挂钩，才会达到真正持续控制成本的效果。

2.3.4 战略定位明确企业核心竞争力

被誉为“竞争战略之父”的美国学者迈克尔·波特提供了三种基本

战略模型，它们是**成本领先战略**、**差异化战略**、**目标聚集战略**。

成本领先战略，也就是走低成本路线。即同样功能，质量差不多的产品，你的企业生产的产品价格在同行业产品中比较低，以量取胜。这种战略就是成本领先战略。例如手机市场中的小米手机，1 000 多元的价格，却有着 4 000 元左右手机的功能，质量也不差。质优价廉，要求其有很强的成本控制能力，产品还得有设计感和竞争力。

差异化战略，主要靠独特性，赚取比同类产品高的溢价。要么功能更强，要么服务更好，要么质量更优，总之你的产品与行业内其他产品相比，比较特殊，可以给消费者带来一种满足感，这种满足感是其他产品不能带来的，消费者愿意为这种满足感多付钱。

例如某品牌手机，比普通国产智能机贵出几倍的价格，但是很多人还是愿意去排队购买。还有现在比较流行的小罐茶，声称特别邀请到了中国八大名茶中最具代表性的 8 位泰斗级制茶大师，2016 年上市，2018 年年销售额就达到了 20 亿元。这在中国茶叶企业中可以说排名前列，中国茶叶实体企业 7 万多家，一直是“小而散”的格局，年销售上亿元规模的茶企不足 100 家。而小罐茶之所以能够快速成功，不是因为成本低，价格廉，正相反，小罐茶贵且精，人们愿意为这种差异化买单。

目标集聚战略，目标集聚战略是主攻某个特定的顾客群，某种产品系列的一个细分区段或某一个细分市场，以取得在某个目标市场上的竞争优势。

这种战略的前提是：企业能够集中有限的资源以更高的效率、更好的效果为某一狭窄的战略对象服务，从而超过在更广阔范围的竞争对手。

目标集聚战略有两种形式，成本领先目标集聚战略寻求在目标市场上的成本优势，差异领先目标集聚战略则追求目标市场上的差异优势。

2.3.5 价值链分析精准定位成本管控重点环节

价值链概念是 1985 年由哈佛商学院的迈克尔 . 波特提出的，“每一个企业都是在设计、生产、销售、发送和辅助其产品的过程中进行种种活动的集合体，所有这些活动都可以用一个价值链来表明。”

我们可以把企业创造价值的过程分解为一系列互不相同但又相互关联的经济活动，或者称之为“增值活动”，其总和即构成企业的“价值链”。

价值链管理的目标：通过产品价值链分析，找到不增值的环节，对其予以完善或直接剔除。使得作业链优化，提升企业的竞争力。例如，很多企业研发实力强，但是自己没有很高的制造水平，那就干脆把制造这个环节的工作交给外部单位，自己集中资源做好产品研发和设计，苹果公司就是一个例子，其将制造环节交给富士康。

什么是价值链分析呢？目前企业生产的产品很少是只有一个环节就可以完成的，大多数产品都是经过数道工序才能完成，其中的每一道工序都是产品价值增值的过程，每一个增值环节的增值都要纳入成本计量中。因此，它直接关乎着企业产品的定价，在这其中找到最优价值链，无疑可以将产品的生产成本降到最低，并且和企业的上下游合作伙伴形成良好的发展关系。战略成本管理中的价值链分析不仅仅指企业内部的价值链分析，还要考虑到竞争对手的价值链，找到自己和竞争对手相比的优势和不足，以达到知己知彼，百战不殆。

价值链分析的特点包括：

（1）价值链分析把注意力集中在产品市场，分析相关生产技术的发展态势，以及产品的设计和成本等。

（2）价值链分析比较关注一些外部成本，如采购成本、顾客成本、营销成本和服务成本。

（3）通过对竞争对手的价值链的模拟和分析，可大致测算出竞争对手的成本，帮助管理者客观地评价自己在竞争中的优势与劣势。

（4）通过行业价值链分析，可以使企业明确自身在行业价值链中的位置，寻求以前向和后向整合方式降低成本的途径。

价值链分析主要包括企业**内部价值链分析、行业价值链分析和竞争对手价值链分析**。

企业内部价值链分析。一个企业可以看成是满足客户需求而形成的一条价值链，由研发部门、采购部门、制造部门、销售部门、售后服务部门等组成。构成企业价值链的各项价值活动可以细分为许多价值链。材料的购买及存储为产品的生产服务，而生产经营为销售提供服务。进行内部价值链分析，可以确定价值链活动上的成本与效益，并根据战略目标对价值链进行权衡，以便确定是通过改进还是重构价值链使得成本降低。

行业价值链分析。价值链的起点和终点并不是某单个企业，行业价值链分析是指企业应从战略角度分析，仔细计算与其链条上的其它企业在一起合作所带来的价值增值，寻求利用纵向价值链带来的利益。行业价值链是在战略的高度上，考虑通过对上下游企业的联盟，以取得领先的成本优势。通过与上下游合作商的合作，可以考虑是否建立战略合作伙伴关系，以寻求成本降低的机会。

竞争对手价值链分析。企业不可能孤立存在，在生产相同类型产品的企业，往往存在很多的竞争者。通过对竞争对手价值链的调查分析，明白竞争对手的优势和劣势，知道它的价值增值的最大一环在哪里，以及深层次的分析竞争对手这样做的原因，然后再对自己的企业进行综合评估，做出可以和竞争对手抗衡的战略决策。然而竞争对手的价值链并不都是固定的，它会随着外部环境及自身环境的变化而变化，通过不断的调整达到理想的价值链。企业想要及时的掌握竞争对手价值链的相关信息，就还必须要对其信息进行跟踪分析。

一般生产相似产品的企业它们的价值链都很类似，所以每个企业就需要非常了解自己的价值链和竞争对手的价值链之间有什么不同，正是这些细小的不同造成了每个企业间不一样的利润。通过比较它们横向之间的价值链，找出竞争对手价值增值的最大环节是什么，它在价值链中的核心优势是什么，再和自己的价值链进行对比，发现自己的核心优势与它有什么不同。这样就便于企业找准自己的优势以及有针对性的弥补自己的弱势，重新调整自己的价值链。企业通过这样比较而重新做出的价值链，在市场中是具备强大的竞争优势的，而且这样的价值链也不容易被竞争对手所模仿和超越。

所以，价值链分析（如下图所示）在企业的成本管理中有着至关重要的作用，它将企业降低成本的空间扩大了，以前企业只是仅限于对自己制造过程中的费用一再压缩，而这其中的成本降低空间已经很小了。现在可以通过对价值链的分析，找到降低成本的其它突破口，因为生产过程中的各项环节都会带来新的资源和新的损耗，所以它给管理者提供的分析空间更大了。运用价值链分析来管理成本，可以使企业成本管理的范围扩大到供应商、销售商及整个行业，这不仅增加了企业面对复杂多变环境的应对能力，还提升了企业的竞争力。

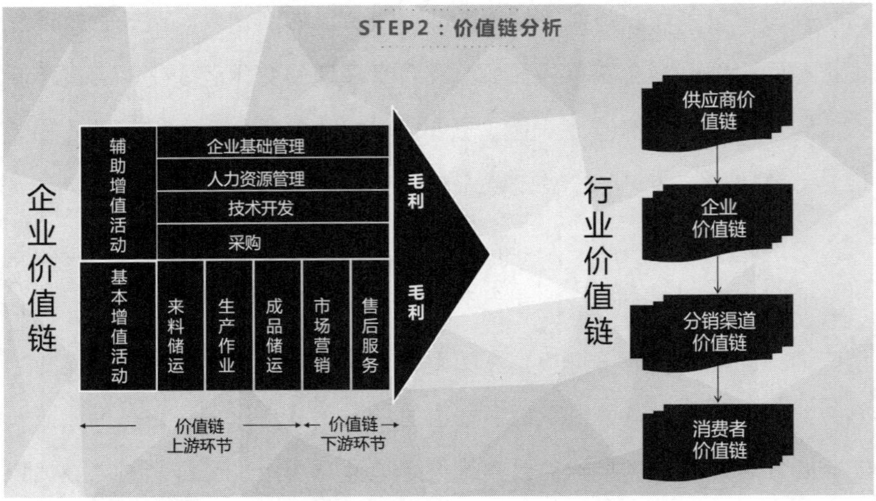

苏莹莹试着分析了自己所在企业的价值链。

首先，她进行了公司内部价值链分析，如下图所示。

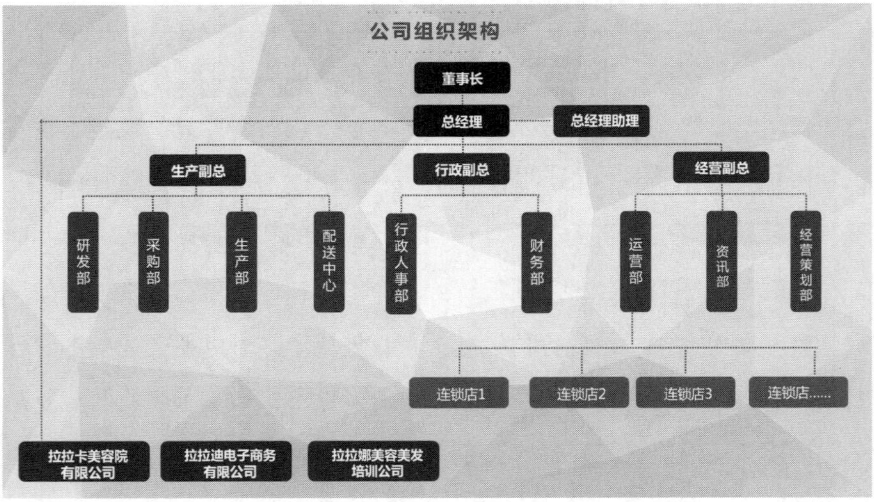

化妆品公司属于简单制造业，生产经营过程包括原材料采购、加工、包装、运输、销售等环节。在这个过程中凝聚了公司所有部门的劳动成果，不仅仅是业务部门，行政人事部、财务部、经营策划部等部门

也在产品增值中发挥着作用。

我们把价值链的增值活动分为基本增值活动和辅助性增值活动两大部分。企业的基本增值活动，即一般意义上的“生产经营环节”，如材料供应、成品开发、生产运行、成品储运、市场营销和售后服务。这些活动都与商品实体的加工流转直接相关。企业的辅助性增值活动，包括组织建设、人事管理、技术开发和采购管理。

价值链的各环节之间相互关联，相互影响。一个环节经营管理的好坏可以影响到其他环节的成本和效益。比方说，如果多花一点成本采购高质量的原材料，生产过程中就可以减少工序，少出次品，缩短加工时间。

苏莹莹认为，公司的每个部门都在价值链中发挥着各自的作用。

例如，生产部门引进了最先进的面膜制作设备和包装设备，产品在市场上很有竞争力，为公司产品销售筑牢了产品竞争力基础。

财务部制订了资本战略，与经营策划部一起通过兼并收购行业内一些好的企业，直接获得了他们的生产设备和厂房，以及他们的客户资源和市场资源，并且学习到他们先进的管理方式和技术，不仅降低了成本，还大大降低了经营风险。

研发部通过高薪稳定了现有研发队伍，与国外多家技术先进的企业进行科研合作，建立联合实验室。目前，研发出的产品物美价廉，消费者满意度很高。

行政人事部针对各个部门需要的不同类型人才进行分类招聘，对新入职的员工实行管理培训生制度，并对表现突出的员工进行综合能力培训，提高他们的业务水平，对业绩较好的员工进行各种激励，确保员工为企业提供优质高效的服务。

销售部门每周掌握当地市场需求变化，上线销售管理软件，及时对产品布局进行调整，并在自有门店销售基础上，进行了代理商销售和网上销售的突破，使得销售业绩节节攀升。公司的存货量较低，回款情况良好，资金周转速度呈现出健康态势。接着，她进行了**横向价值链分析**，如下图所示。

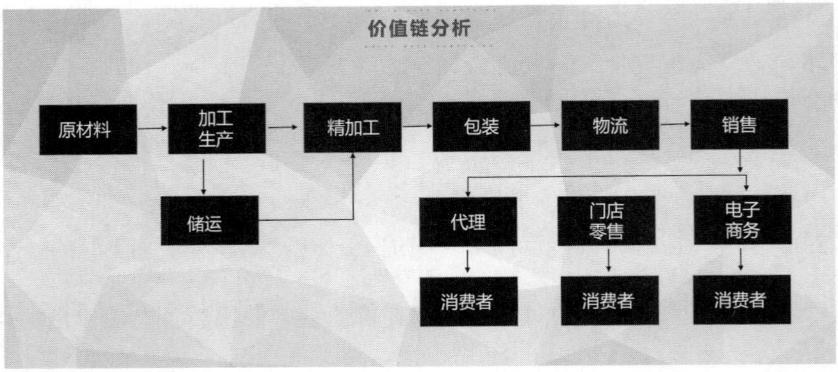

横向价值链分析主要是分析企业所处行业的价值链。

根据前瞻产业研究院发布的统计数据和相关网络数据显示，2018年，全国化妆品生产企业超过 4 000 家，新增化妆品生产企业 448 家，增长率为 10.4%。

2018 年，全国化妆品零售额为达 2 619 亿元，同比增加 9.6%，高于同期社会消费品零售总额增速 0.6 个百分点。大众化妆品市场规模约占比 74%，高端市场占比 26%。大众市场仍占主导，高端市场迅速增长，增速达到 25%，其中海外龙头公司欧莱雅、雅诗 兰黛、科蒂、资生堂、爱茉莉太平洋、LV 等为增长主力。

我国化妆品市场中欧美 / 本土 / 日韩 / 其他企业占比分别约为 41%、22%、8%、29%（Euromonitor 数据估算）。欧美化妆品企业进入我国市场时间较早，占据主导地位。宝洁为第一大龙头，但 2008 年以来公司份额下滑，2015 年 125 亿美元将旗下美容、头发和个人护理产品三项业务出售给科蒂集团，仅保留 Olay、潘婷、SK-II 等明星品牌。剔除宝洁公司，欧美化妆品企业 2008 年来份额保持相对稳定。2013 年以来日韩企业份额有小幅抬升。受益于日化专营店（CS）、电商等渠道崛起，内资企业份额从 2008 年的 12% 提升至目前的 22%。

与发达国家对比，我国化妆品市场呈现三低：（1）人均消费金额明显低于发达国家水平；（2）中高端占比较低，大众档次为主。（3）彩妆占比较低，国人化妆品消费仍以基础的护肤为主。伴随消费者需求进阶，国内个人化妆品消费的品类将持续扩充，产品由低档中高端升级，行业有望长期繁荣。我国化妆品公司市场份额占比情况如下图所示。

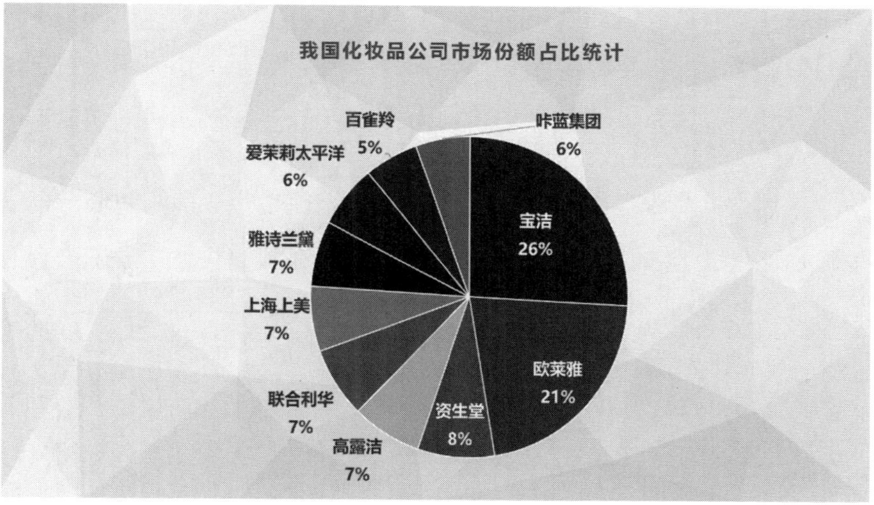

苏莹莹所在的化妆品公司，在生产规模上肯定是不及老品牌的企业，也就不具备它们的优势，所以必须另辟蹊径，从其他方面寻找突破口。

近些年，移动互联网迅速发展，消费者获取护肤、美妆知识的来源日益广泛，加之微博、微信公众账号、小红书等社交平台上 KOL 的专业普及、品牌商的营销推广，消费者化妆品消费理念日趋成熟，对化妆品成分、功效关注度提升。例如，具有美白功效的烟酰胺成为近年来增速提升最快的护肤成分之一。

公司推出的淡斑小白瓶产品即以烟酰胺为明星主打成分，在各类精华产品测评中常被称为 SK-II 的平价替代品，消费者关注度较高。仅去年的双十一，淡斑小白瓶销售近 8 000 件，位列精华类目第 8 名，品牌交易指数排名第一。成为公司的主打产品之一。

苏莹莹认为，公司主要是抓住了互联网时代，年轻消费者对于美的要求越来越高，而美白产品是最直接的颜值提升产品，俗话说“一白遮百丑”，再加上公司专门针对网上销售成立了专业团队，通过抖音、微信公众号等的宣传，引来了一批年轻消费者，使得公司在与传统化妆品公司的竞争中，在美白产品这个类目的竞争中获得了小小的竞争优势。

最后，苏莹莹进行了**纵向价值链分析**。

根据微笑曲线理论（如下图所示），当前制造产生的利润低，全球制造也已供过于求，但是研发与营销的附加价值高，因此产业未来应朝微笑曲线的两端发展。

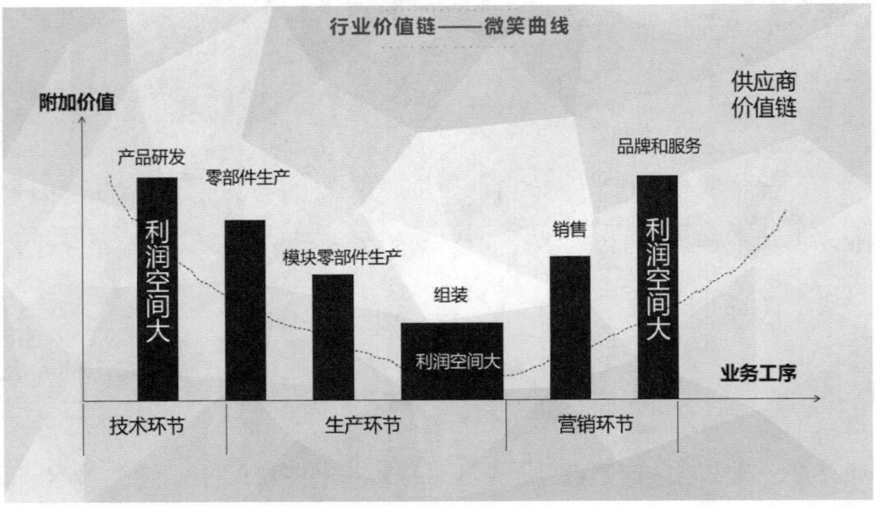

苏莹莹认为，当前企业要想活下去，活得好，一定要提升研发实力和营销手段，以科技软实力制胜，在智能化的未来，制造可能会被取代，但创意无可替代。

这几年，公司也意识到了当前制造行业的利润主要集中在具有核心技术的上游研发单位和下游的批发经销单位，而制造企业的生产环节处在中间，仅依靠微薄的成本优势获得利润。制造企业要想获得自己的优势和利润，必须在上游和下游环节做足功夫。

因此，公司不仅紧密地加强与上游供应商之间的合作伙伴关系，还拓宽自己的下游批发商规模，与它们形成签订良好的合作协议，稳固自己的产业链。

另外，为了摆脱制约，公司创建了自己一流的研发团队，掌握了主打产品的核心技术；通过扩大自主营销渠道，摆脱了下游销售商控制价格的被动地位，既节约了营销成本，又能够很好的洞悉消费者的需求变化；对技术要求不高的生产环节进行适度外包给其他外部单位，使得公司有效的资源得到了充分利用，生产的产品以最低的成本和最大的价值供应给消费者，从而在激烈的市场竞争中拥有一席之地。

对价值链进行梳理后，苏莹莹自己对感觉公司的整个流程更加清晰了，企业在行业中上下游的位置也更加明朗了。

利用价值链分析，改进企业成本，需要构建价值链管理的支持系统，包括组织结构、流程再造、信息系统、管理变革等。这些都需要投入大量的人力、物力，不是每个企业都需要进行变革，具体还要根据企业目前所处情况，毕竟罗马不是一日建成，企业管理能力的升级需要一步步来。

运用价值链分析方法进行成本分析，摆脱了用会计数据控制成本的束缚，用更宽广的战略视角，分析成本结构是否与构建企业核心竞争力相匹配，是否能够总体达到客户满意，从而赢得更加广阔的市场空间。传统的成本管控以材料采购开始，终止于销售，而战略成本法中的价值链分析，要求关注企业所在行业的情况，达到知己知彼、洞察全局的目的，同时也要关注企业内部价值链的构建是否与企业战略定位相匹配，将资源更好的投放在产生价值的重要环节。

2.3.6 作业成本法优化管控

作业成本法是以作业为基础，通过对作业成本动因的分析来计算产品生产成本，并为企业作业管理提供更为相关、相对准确的成本信息的一种计算方法。

要明白作业成本法，首先得熟悉三个概念：即作业、作业中心和资源。

作业是企业提供产品或劳务过程中的各个工作程序或工作环节，即组织内为了某种目的所进行的消耗人力、技术、原材料、方法和环境等资源的活动。

作业中心，又称“成本库”，就是一系列相关作业的集合，它能提供每项作业的成本信息、每项作业所耗费资源的信息和作业执行状态的信息。

资源是指企业生产经营过程中，消耗的人力、物力、财力。就制造业而言，资源包括直接材料、直接人工以及各种间接费用。

简单来讲，作业成本法与传统成本法相比（如下图所示），作业成本法减少了成本分配造成的失真，在对作业进行深入分析的过程中，可以更好地了解产品成本结构，从而生产出更加有市场竞争力的产品。

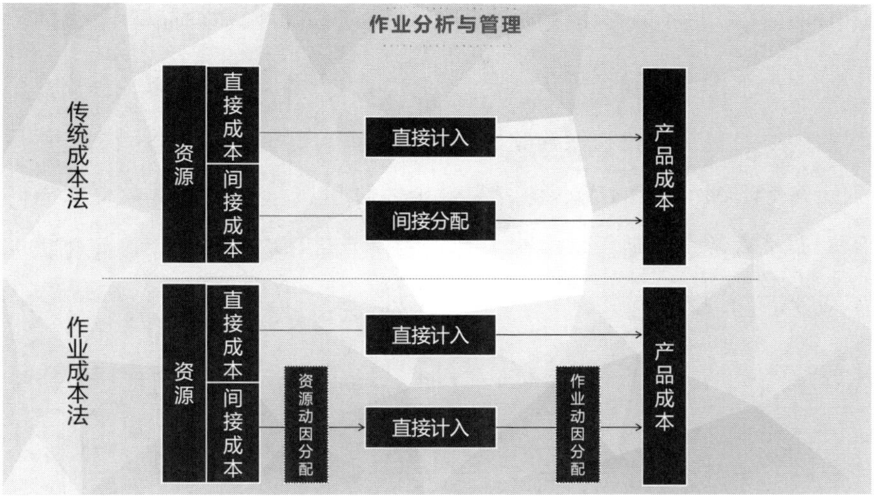

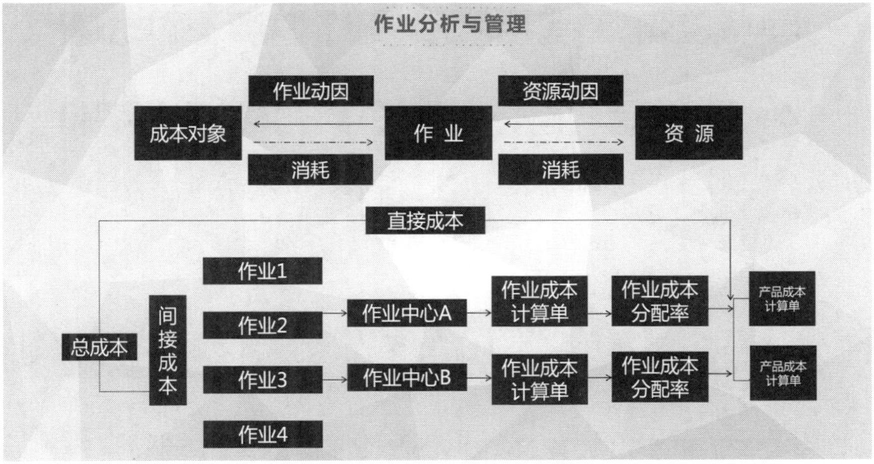

苏莹莹试着梳理了一下，实际上，作业成本法和传统成本法，对于直接成本的处理没有区别，都是直接计入产品成本，但是为了更加准确的计算产品成本，作业成本法对于间接成本的分配采用了更加复杂的方式，**对于间接成本的分配，作业成本法的步骤为：**认定作业，将可以归类的作业合并到一个作业中心，确定作业中心的成本动因（导致这项成本发生最直接的因素），接着将资源成本分配到每个作业中心中，计算每个作业中心的分配率和作业次数（这个步骤是将资源耗用分配到作业

中心），最后结算出每个作业中心的成本，将其分配给产品。

例如下图中，间接人工就是我们耗用的资源，我们可以梳理出几个作业中心，包括外购材料检验、材料搬运、机器保养、设备调试，然后确定每个作业中心的成本动因，分别为订单数量、搬运次数、保养时间、调试次数，最后用成本对象耗用的作业量和作业分配率，计算出成本对象的间接人工成本。

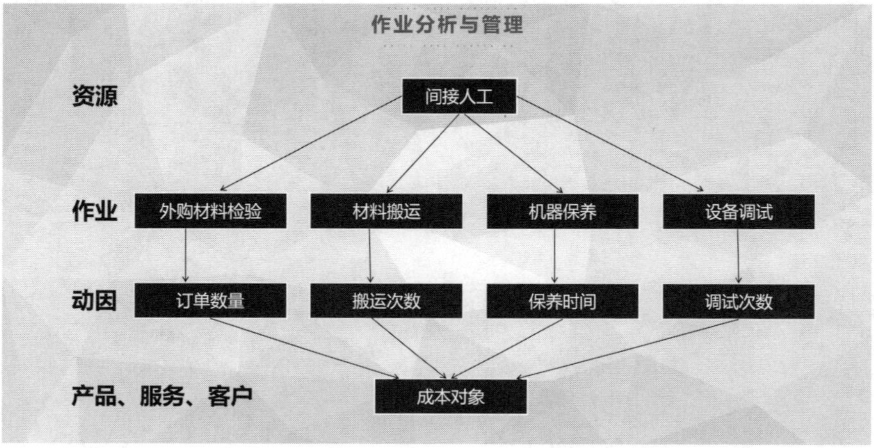

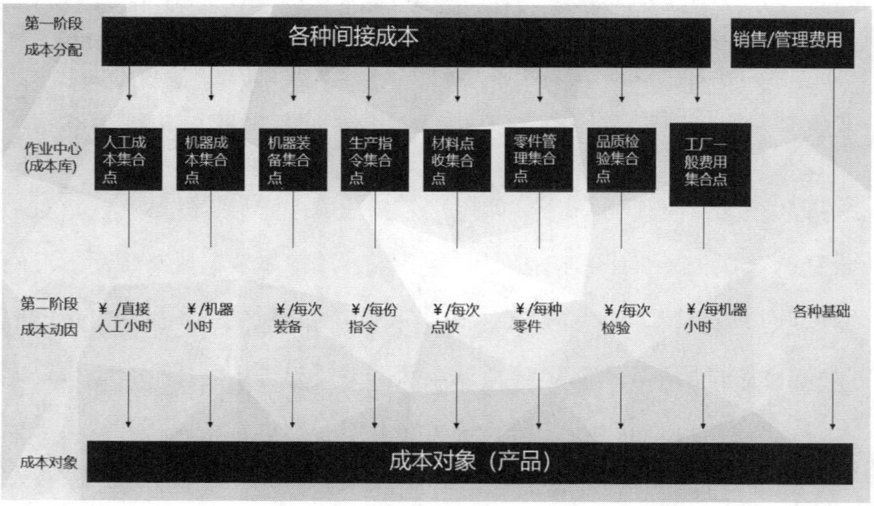

苏莹莹又看了几个制造企业的作业成本法在企业的实际应用，如下

图，对于成本动因我们可以有很多个，包括订单数量、份数、分钟、发票数量、检验批次。这些成本动因都与作业（作业中心）一一对应，对于间接成本的分摊计算自然要比传统成本法只采用工时或者产量更加准确了，但是要采用作业成本法，就需要对本企业的作业流程进行梳理，苏莹莹试着梳理了一下如下图所示。

作业	成本动因	数量	分配率	分配额
获得订单	订单数量	800	100/份	80 000
复印/传真	份数	6 000	1/份	6 000
长途电话	分钟	8 000	0.1/分钟	800
收款	发票数量	200	10/本	2 000
质量控制	检验批次	150	200/批	30 000

1. 梳理流程，确定主要作业中心

如果不考虑制造环节的话，公司的主要作业中心有采购、订单处理、物流配送和营销，苏莹莹根据公司情况，列出了各活动环节对应的作业内容，如下表所示。

公司主要作业分析表

业务活动	作业中心	作业内容
采购	订单处理	确定订货种类、数量、订购时间
订单处理	处理应付账款	根据凭证做账务处理、支付账款
物流	商品的储存	商品的验收入库、保管、出库
	商品的配送	根据各分店销售情况及路线安排最佳配送路线
营销	门店开发	门店选址、租赁、装修
	销售预测	结合市场调查定期进行短期和中长期的销售预测

续上表

业务活动	作业中心	作业内容
营销	门店销售	零售、团购、门店对商品的筛选、储存、保管、商品加工
	处理客户意见	处理质量、送货、售后服务等方面的抱怨，制定相应的改进措施
	产品服务测试	在产品的质量和服务方面意见的汇总测试

一个作业过程可以设置一个或数个作业成本中心，为了计算作业成本，可按作业环节在成本发生时取得各项作业的成本费用，并把这些归集到作业中心。

2. 确定作业成本动因

成本动因是指导致成本发生的因素。具体包括：

（1）采购作业成本动因。

包括订货、运输、包装、采购人员的劳动等。

（2）销售作业成本动因。

包括广告、促销、宣传、用车、租赁、销售人员的劳动。

（3）储存作业成本动因。

如保管、整理、仓储、仓储人员劳动等。

（4）其他作业成本动因。

包括水电、折旧、培训招聘等。

3. 将资源耗费归集到作业（作业中心）中

以物流环节举例，要想做好物流，肯定要花费人力、物力和财力，这些资源的耗费，最终都需要用货币统一表达，即最终表现为各项成本费用。我们可以将资源成本依次归集到相关作业中，如下表所示。

物流作业动因分析

作业项目	资源成本
采购订单处理	订单处理费用
验收入库，检查供应商的送货单与订货单是否一致，检查商品的品质、数量	入库作业费
库存作业，管理库存商品的品质和存放位置，搬运和移库费	仓库管理费
商品整理作业，分装、整理等	理货作业费
出货检查	搬运、整理、装车作业费
配送、交货作业	配送费
其他作业，退货处理，其他	退货处理费、其他物流管理费

物流环节的作业流程是当库存低于安全库存量时，采购部门发出采购订单，经双方进一步协调后分批入库商品，经过验收、订单处理、理货、分区等步骤，向各需求门店出货，同时进行门店订单处理，根据不同门店的距离和路线以及门店要货量制订出最佳配送路线，由搬运工负责货物“运输”，准确、及时、安全地到达门店。

分析完资源和作业的对应关系后，我们需要找到资源耗费分配的依据，如下表所示。例如，工资及福利费用，我们可以按照职工人数分摊到各个环节，如果仓储环节需要2个工人，每个工人每月5 000元工资，那么这个仓库作业中心需要分配进去的人工就是10 000元。我们把每项资源耗用的金额都计入到各项作业中心中，作业中心就有了下一步分配到各个成本对象的分配依据。

资源耗费分配表

资源项目	资源耗费分配依据
工资及福利费	职工人数，每人月工资
水电费	度数
折旧费与办公费	面积
差旅费	旅程折算的公里数
维护费	设备价值
车辆交通费	行程里程数

公司根据物流作业把上述的各项成本费用分摊到各门店或每个产品，会很清晰地分析出哪家门店给企业带来了期望的利润，哪个产品可以被新品取代，为决策者提供有力的数据来源。

4. 分配作业成本到成本对象中

这里的成本对象，可以是产品，服务或者客户。因为我们主要是连锁经营模式，主要还是需要了解每个店的盈利情况，这样就可以制订出针对每个店铺的管理改进举措。

如下表所示，我们用各个门店的作业成本动因量和作业成本分配率，就可以计算出各个门店的间接采购成本。计算每项间接费用后，再对各个门店的直接成本和间接成本进行汇总，这样就可以计算出各个门店的盈利情况了。

作业成本分配表

作业名称	商品编码处理	采购计划处理	采购订单处理	报表处理	催缴催运	采购作业成本合计
作业动因	编码数量	计划份数	订单数目	报表数目	次数	826 330
成本动因量	3 837	6 329	5 697	5 180	6 062	
成本分配率	20	40	80	2	5	
铁东店	616	215	934	693	270	98 376
大东店	785	340	545	883	927	79 301
龙湖店	105	733	327	468	936	63 196
北市店	118	235	767	387	365	75 719
大学路店	136	799	485	273	980	78 926
昌平店	346	933	370	596	473	77 397
蒲凤店	503	662	479	509	488	78 318
瓦房店	506	695	731	823	663	101 361
华侨店	303	824	262	420	638	64 010
沈河店	419	893	797	128	322	109 726

2.3.7 成本改善路线图

苏莹莹坐在办公室的椅子上，吹着空调，喝着咖啡，感觉脑袋都快爆炸了，成本管控这块确实是深入参与管理的好途径，从战略、价值链，供应链到作业分析都占全了。但是，分析了那么多，怎么能够将成本管控的想法落地呢？

苏莹莹这个时候想起了沈东君上次带过来认识的艾琳，那个在券商工作的女孩，心想，可以把她约出来吃个饭，一方面可以请教一下成本管控如何落地的经验，毕竟人家见的企业比她吃过的鸡腿还要多，另外一方面，还可以打探一下她和沈东君到底是什么关系。

见面就约在楼下的星巴克，艾琳如约而至，只是憔悴了很多，苏莹莹关切地问："怎么了，看起来好像很疲劳的样子？"

艾琳苦笑道："这两年是新三板的挂牌高峰期，很多企业都排到后年挂牌了，但是我们人手有限，还是忙不过来，只能每天加班了，睡不好，脸色就差了些。你找我来肯定是有事吧？凭女人的直觉，你是不是想问沈东君的事？"

苏莹莹红着脸说道："不是不是，上次自从认识了你，我就对你很是仰慕……"

艾琳正在喝咖啡，听到这就被呛了一下，缓过来后，恐慌地问道："你该不会对我有意思吧？"

苏莹莹赶紧解释道："不不，我不是那个意思，你放心。哈哈，误会误会，换个词，我就是对你心生崇拜，有事情想请教。是关于成本管控如何系统进行这方面的。"接着，苏莹莹把马远吩咐给她的专题研究任务说了一下，也说出了自己的研究成果。

艾琳听后，感觉苏莹莹是个好学的人，于是倾囊相授。苏莹莹仔细地记录着。

艾琳：什么是真正有用的成本管理和控制？应该说能够提升企业效益的成本管控，不是一味的压缩成本，而是要对成本进行合理投放，将企业有限的资源投放在能够给企业带来效益和构建核心竞争力的地方。

例如，河北有家大型数码公司就曾经找到沈东君的咨询公司咨询成本改善的事项。这家大型数码公司，有制造和销售业务，经过咨询公司调研，发现销售资源配置极其不合理，导致企业效益逐年下降。

一般来讲，企业有历史产品和未来产品，历史产品处于没落的生命周期阶段，而未来产品是企业未来增收的主要。但是，这家公司却把所有的销售资源都投放在历史产品，理由是他们认为尽管历史产品过时了，但曾经是明星产品，市场的影响力还是有的。结果就将人力、广告、渠道资源等投入历史产品，导致销售节节下降，产品销售困难。另外，公司也研发了一款面向未来的产品，从趋势来看，市场还是比较认可的，但是这款潜力产品却并没有被投放销售资源配备，没有投放专职销售人员，也没有额外的营销成本，都是跟着历史产品一起售卖。咨询公司最后给出意见：建议该公司将更多的销售资源投放在未来产品上，因为历史产品投入产出比太低，如果能够将有限的资源投放在未来产品，促使未来产品获得更多市场份额，可以为企业创造更好的效益。

这家企业按照咨询公司的建议执行后，当年的销售额增长了200%，效果立竿见影。

归根到底成本管理的核心是资源是否集中在未来发展成果上，要做好成本管控，首先，要清晰的了解企业的战略目标和商业模式；其次，要注意资源过于分散会给企业带来毁灭性打击，要把资源集中在几个核心产业或产品；最后就是要站在未来视角，搭建企业未来的核心竞争能力。

另外，艾琳还给出了成本改善路线图（如下图所示），企业进行成本改善需要有一个整体思路和路线图，知道先做什么、再做什么、用什么样的标杆去考核、评估成本。最重要的是建立企业成本控制上的有效激励机制，让企业全员有成本控制的责任意识，真正做到企业成本控制上人人有责。这个就是人们常说的“千斤重担大家挑，人人头上有指标”。

成本改善路线图包括三个方面：

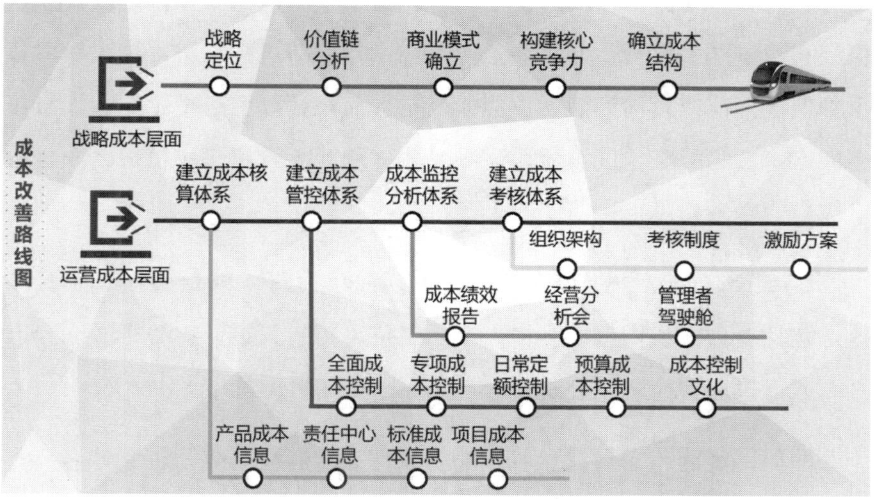

成本改善需要构建一个网状体系，而不是单纯的控制某个点，或者用制度控制某条线，必须要所有环节共同发挥作用，企业资源的投放，才会有的放矢地进行。企业一般都会存在 10% ～ 30% 的成本压缩空间。

而成本改善路线图就是用来打造成本管控体系的路径说明和工具。

成本改善路线图包括两个方面的改善路径，一个战略成本层面，另外一个是运营成本层面。

首先，说一下**战略成本层面**。

STEP1：我们第一步要做的是进行公司的战略定位。目前，很多中小民营企业没有战略，属于走到哪看到哪的状态，这样没有目标的发展是极度危险的，因为随时随地可能走进死胡同，比如在不了解煤炭发电是国家已经要淘汰的产业，盲目进入，只能是血本无归。公司要长远和健康发展就一定要有战略，有目标，确定未来 3 年～ 10 年，我们要做什么事情。

STEP2：确定战略目标后，我们就可以进行价值链分析了，包括我们公司内部的价值链，即各个部门对产品或者服务增值的作用在哪里，有没有形成协同效应，哪个部门该新增、削减或进行调整；行业价值链和竞争对手价值链，主要是通过知己知彼的过程，决定是否要对自身价值链向前或者向后延展，例如公司目前是订单生产型企业，那从整体成本降低和战略角度考虑，需不需要并购或者合资科研机构、原材料供应商或者销售渠道。

STEP3：确立商业模式。商业模式简单点讲，就是用什么方式赚钱。包括要分析我们目标客户、产品定位、销售渠道、核心资源（自己拥有或可以获得的资产及资金）、收入来源、成本结构等。

例如，滴滴公司通过卖打车服务来赚钱；携程旅游公司通过客户预订房间和机票等来赚钱，商业模式就是要分析如何更好的赚钱。那苏莹莹所在的化妆品公司，自然是通过卖化妆品赚钱了，但是商业模式是可以创新的。例如，我们想拓展一个自营化妆品店面的收入，可以在店内配备了专业美容沙龙，让消费者能够有一个“预体验”的过程，而且对于那些有皮肤护理需求的客户来说，一边做美容一边听取专业美容人士的意见，购买化妆品，也是不错的体验。这样一来，化妆品直营店的作用就凸显出来了，既能增加店面营收，还能促进产品销售，从而提高区域知名度，形成客户粘性 (为后期办理会员、保证消费频次奠定基础)。

STEP4：构建核心竞争力。也就是专注于你最擅长的事情，并且把这种能力强化到极致。每一个行业都是一样的，最赚钱的往往只有几家，其他几千家甚至几万家都是跟着“跑龙套”的，赚不到什么钱。化妆品公司的核心竞争力是什么？要么是产品研发优势，要么是销售渠道优势，总之，要想在充分竞争市场中赢得胜利，就必须要有自己的几把刷子，别人没有办法模仿和超越。

STEP5：成本结构是上述四个步骤选择后结果。一瓶售价 1 080 元的兰蔻精华肌底液的成本中最大的是广告和推广费，占比 31%，其次是经销商费用，占比 25%，而我们认为应该占比比较高的原材料，其成本仅为 21.6 元，占比仅有 2%；再举一个酒店的例子，一晚 199 元售价的经济房，其成本中占比最大的居然是空置房间成本，占比 27.1%，其次是物业租赁成本，占比 20.4%，接下来是人员开支成本，占比 11.7%，如下图所示。

而造成化妆品和酒店房间的成本结构差异如此之大的原因就是我们之前所说的，前四个步骤选择的结果。即想做什么生意，想把生意做成什么样，造成了成本结构的根本性不同。

化妆品成本结构图

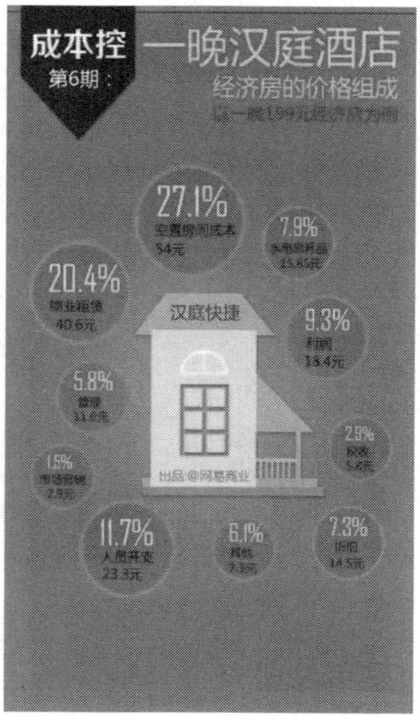

酒店房间成本结构图

接下来，再说说**运营成本层面**。

运营成本层面的成本控制，主要包括建立成本核算体系、建立成本管控体系、建立成本监控分析体系以及成本考核体系。

STEP1：建立成本核算体系。这个阶段主要是为后面的成本管控和监控分析提供信息支撑，因为成本的核算非常复杂，需要按照产品品种、类别、部门、销售员、销售渠道等维度进行多维度的核算，这就要求我们需要建立一个完善的成本核算系统，其中的信息包括产品成本信息、按照职责中心（或部门）核算的成本信息、标准成本信息（或是标杆成本信息）以及项目成本信息等。

STEP2：建立成本管控体系。包括全面成本控制、专项成本控制、日常成定额控制、预算成本控制以及成本控制文化的养成。

全面成本管控主要是要建立全面成本管控观念，如下图所示。

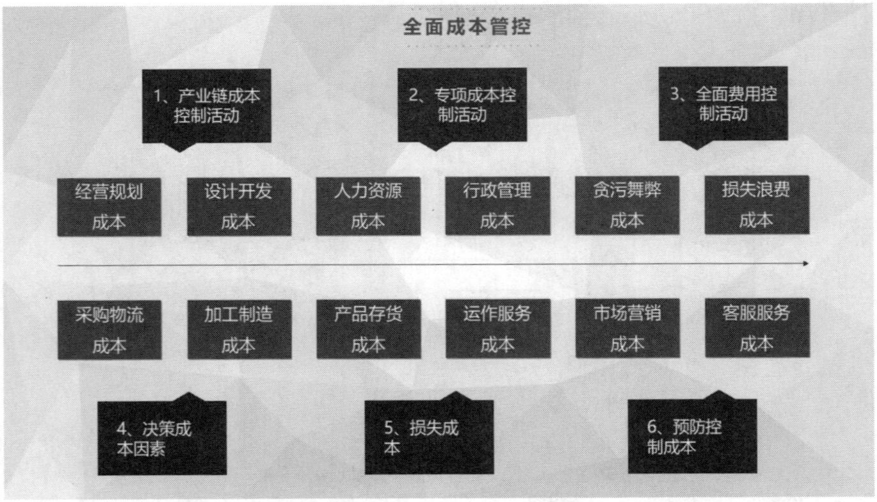

专项成本控制，主要是有针对性的对某项专项成本进行阶段性管控。例如，公司认为目前的人力资源成本或者行政管理成本太高，就可以实施人员结构调整、薪酬调整、差旅费严格审批、办公费用节约等方

式进行专项治理，而后持续推进，从而以点带面，降低整体成本。

日常定额成本控制，主要是建立成本费用标准。例如，公司规定出差省会城市住宿费最多报销 400 元 / 天，出差省会以外的城市住宿费最多报销 300 元 / 天，以统一标准，促进成本降低。

预算成本控制，主要是通过部门自行制订成本费用预算，预算管理委员会审核通过后，在执行过程中予以控制。部门想做业务，就必须要有事前预算，没有预算就不能列支，而且列支的金额一定要在预算范围之内。

成本控制文化，一个企业的文化很重要，文化是一种导向。例如国内的春秋航空就倡导成本控制文化，在上海的总部，夏天的时候，会议室是不开空调的，虽然都是等客人来了以后才开空调，然后等会议室凉快了，会议也结束了。但是大家都习惯了，也认可这种做法，并不感觉这么节约用电是一种不自在的事情。这就是企业文化的力量。

STEP3：成本监控分析体系。主要包括成本绩效报告、经营分析会和管理者驾驶舱。

成本绩效报告就是要将当期实际成本与标准成本或标杆成本进行比较，与当期预算成本进行比较，与历史数据进行比较，进而发现成本异常波动，及时对成本进行监控报告。

经营分析会是公司每个月、每个季度都要召开的会议。通过经营分析会对企业现阶段经营情况进行审视，对下个周期的企业经济运行态势进行预测，并提出有效建议。

管理者驾驶舱就是对成本管控信息进行视觉化的呈现，将主要指标展现在一个面板上，从而让管理者快速抓住主要信息。

STEP4：建立成本考核体系。成本管理要落实，就必须结合绩效考核。包括建立合理的组织架构、建立考核制度和激励方案。

建立合理的组织架构，就是要对各个部门进行重新分类，将部门划分为利润中心、收入中心、成本中心。进而针对每种责任中心的特点，设计不同的考核指标。

考核制度就是要建立赏罚分明的机制，将成本管控责任落实到每个部门、每个管理者以及每个员工头上，让全体员工形成合力，一起努力降低成本。例如，作为廉价航空的春秋航空公司，其盈利能力是非常强的，对成本的管控也做到了极致。为了缩减管理费用，他们制订了节油奖励制度，与飞行员绩效挂钩，仅此一项就为公司节省燃油费几千万。

成本改善路线图给了苏莹莹很大启发，尽管公司现在体量还不大，但是她相信，这些知识以后都会用到的，成本管控也不是一蹴而就的事情，需要慢慢建立网状管控体系，综合的去抓管理。

在与艾琳告别后，苏莹莹连夜加班写出了成本管控改善举措的建议，如下图所示。并发邮件给马远审阅。马远看完，直接把苏莹莹表扬了一番，表示尽管现阶段，由于公司财力限制，信息系统还无法上线，满足不了成本管控体系的基础构建，但是这个整体思路是非常清晰的，相信把方案细化后，会有好的效果。

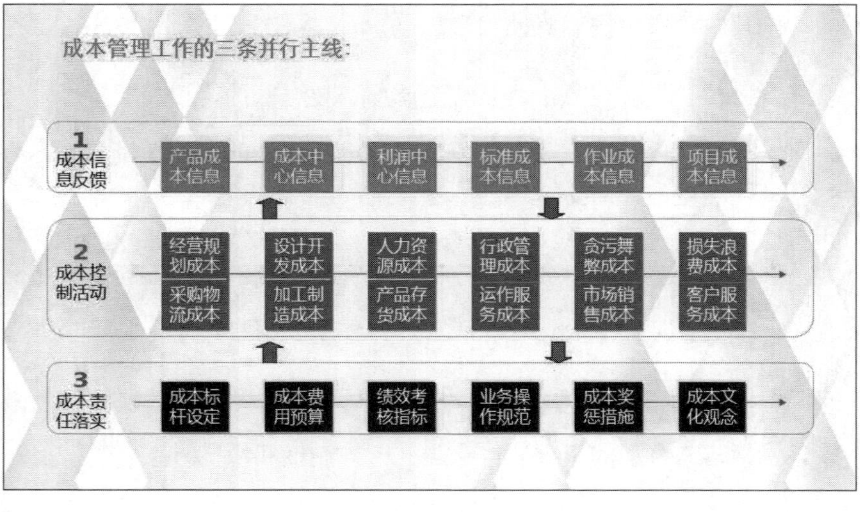

第三章

公司多元化经营，第 3 年巩固提升

公司到了第三年，尽管公司业绩不错，但是马远却感到很烦恼。这个行业的竞争压力越来越大，利润越来越微薄。他想着转型到几个比较赚钱的行业，比如做电商综合平台，房地产，区块链等。虽然幻想着一夜暴富，实现家族荣耀。但是，他同时也有着一部分清醒的认知，知道冒然进入新的领域，将面临着巨大风险，公司下一步该做什么，还不是很清晰，真的应该考虑做一个长远规划了。

于是，他让刘明儒召集陈希伦、支付宝、诸葛胜还有苏莹莹召开了一个战略研讨会。

马远：目前，全国约有 2.5 万个化妆品品牌，约有 4 400 多家大大小小具有生产能力的化妆品企业，他们在营销上正在追求产品的差异化、品牌的个性化，期望以独具特色的优势来占领市场，实现最佳的经济效益。国际化妆品巨头也不断抢滩进驻中国大陆市场，发展速度异常蓬勃与迅猛。

化妆品行业正加速进入行业规范阶段，同时多年以来行业内部同质化竞争加剧，导致利润不断降低，整体行业在政策的洗礼下进入洗牌阶段，胜者为王的时代已经来临，生存下来的不是最强壮、最聪明的企业，而是对外界环境感知度最高、最适应的企业。

这次召集大家开会，主要就是要布置一项任务，你们这几个部门的部长组成一个临时工作小组，对公司未来几年的战略做一个系统规划。由诸葛担任小组长，苏莹莹做组长助理，其他部门协助配合。

各部门接到任务后，几个部长又把叫苏莹莹叫到一个办公室开小组会。

诸葛胜：我们这个临时小组今天就算正式开始启动了，首先用一个月的时间，仔细梳理出一份公司战略及路径图，苏莹莹作为组长助理，先去研究一下公司的销售和市场等数据，麻烦销售部和电子商务部提供一下，苏莹莹做出来初稿后，我来做最后审核。

散会后，苏莹莹真想把诸葛胜这个“老油条”的胡子拔了，明明就是安排他做这个事情的，现在变成了自己做，如果做好了，功劳是他的，如果失败了，还可以把责任推给我！无语了！哎，不过从另一个方面想，领导可能是想让她锻炼一下。不管了，反正先好好干活吧，这也是一次提升自己很好的机会。

3.1 主办公司战略规划

战略规划太玄妙了，苏莹莹看了很多书，感觉还是有点丈二和尚摸不着头脑。最后得出一个结论，战略就是领导想干啥，但是我又怎么知道公司的目标是什么？以及怎样实现目标呢？

苏莹莹快速地在脑海中过了一遍之前认识的“高”人，选择去请教曾获得全国十大优秀 CFO 奖项的武老师。

苏莹莹按照武老师给的指导和建议，给自己提了几个问题：

1. 战略定位和目标

我们究竟想要什么？我们要去哪儿？我们的未来是什么？我们做什么？不做什么？

2. 商业模式及核心竞争力

我们怎么做？逻辑框架、业务结构布局与规划、资源分配。

3. 战略路径与发展模式

从现状到目标，如何实现连接？

设计什么样的发展与扩张模式适合企业？

目标如何实现？具体的计划是什么？

3.1.1 战略规划的步骤

初步思考这个几个方面后，苏莹莹列出了战略规划的几个步骤：

1. 外部环境和内部资源分析

这个阶段的分析，主要是用 SWOT 模型进行整合分析，包括分析企业的优势（Strengths）、劣势（Weaknesses）、机会（Opportunities）和威胁（Threats）。因此，SWOT 分析实际上是将对企业内外部条件各方面内容进行综合和概括，进而分析组织的优劣势、面临的机会和威胁的一种方法。

通过 SWOT 分析，可以帮助企业把资源和行动聚集在自己的强项和有最多机会的地方，并让企业的战略变得明朗。

外部环境分析主要是分析企业在宏观经济环境和行业中存在的机会和威胁，包括法律法规、政策、技术、竞争及市场环境分析。这个分析工具主要是要用到 PSET 模型、5C 分析、波特五力模型，并结合价值链和产业链分析。

内部资源分析主要分析企业内部的资源、技能和流程，能不能在竞争中支撑企业更好的发展，即公司的优势和劣势。这个没有固定的模型，主要可以参照平衡计分卡给的思路，按照财务层面、客户层面、内部流程层面、人力资本层面等进行分析。

这个层面分析后，要结合行业内的优秀企业进行对比分析，看看差距在哪里，比如化妆品连锁企业的标杆是屈臣氏，那我们就对比一下屈臣氏，从发展路径、发展阶段、主要任务、具体措施和财务状况等方面进行分析。通过分析找出差距，找到对本公司战略定位，重大行动与保障措施的启示。

2. 提炼出公司特有的使命、愿景

通过第一阶段的分析后，公司要提炼出适合自己的使命和愿景。愿景就是公司的理想，是在一个较长时间内设定的发展蓝图规划；使命，就是在愿景背景下，肩负的责任、追求的内容、努力的意义；战略目标就是为了达成愿景，完成使命，在一定时间限度（1 年、3 年或 5 年）内能够有效达成的可以测量效果的阶段性标志。

例如，可口可乐的使命是：我们致力于为公司股东创造价值，不断改变世界；可口可乐的愿景：通过生产高质量的饮料，为公司、产品包装伙伴以及客户创造价值、进而实现我们的目标。

迪斯尼公司的愿景：成为全球的超级娱乐公司；使命：使人们过得快活。

屈臣氏的愿景：成为公认首屈一指的个人护理店；使命：在顾客追寻健康、美丽、快乐的路途上，为他们带来焕然一新的体验。

这个过程需要公司上下反复沟通，最终使公司上下统一愿景，认同使命、形成文化。

3. 明确公司战略定位和目标

公司的战略定位，之前在分析战略成本的时候有分析过，战略定位主要定准公司的目标。一般来讲，企业普遍使用的战略包括成本领先战略、差异化战略、聚焦战略。很多企业对不同产品市场是采取不同战略

的。但从公司整体角度讲，大方向还是成本领先。

公司的战略目标是：三年后拥有全国知名品牌的产品，有完善的信息系统支撑，有独特的管理理念和成熟经验，成为行业的领跑者。年销售收入 20 亿元，员工 1 500 人，店面数量扩张至 300 家。

战略目标的确定可以用 SMART 原则，目标必须是具体的（Specific）、可以衡量的（Measurable）、可以达到的（Attainable）和其他目标具有相关性（Relevant）以及明确的截止期限（Time-based）。

4．梳理战略地图和行动计划

接下来，就要按照战略目标，做出战略地图和行动计划，简单点讲就是要实现战略目标，我们需要去匹配哪些资源，做哪些具体的重要的工作等等，以确保战略实施能够落地。

战略制订步骤和实现的过程如下图所示。

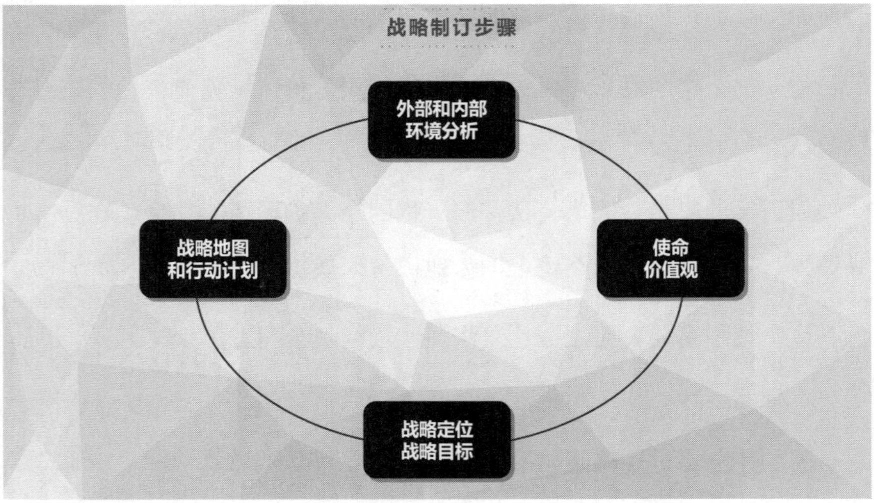

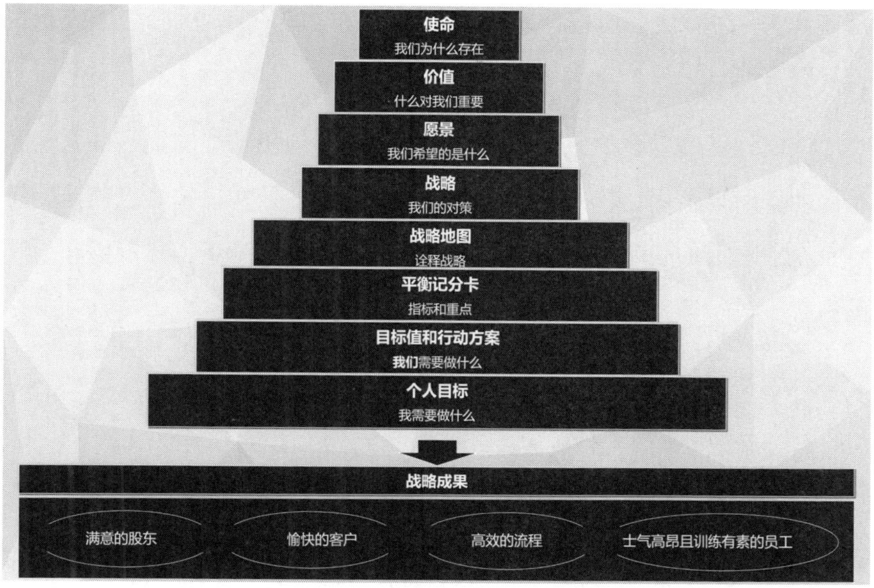

3.1.2 公司战略地图梳理

公司外部和内部环境分析可以交给销售部去落实，使命和愿景的制订可以交给总经理办公室，战略目标和定位可以交给经营策划部。这样将任务分解下去，苏莹莹感觉轻松多了。

信息收集上来后，苏莹莹开始梳理公司的战略地图。

战略地图是一种战略描述工具，由“平衡记分卡”的发明人罗伯特·卡普兰（Robert S. Kaplan）和戴维·诺顿 (David P. Norton) 提出。

“平衡计分卡”只建立了一个战略框架，而缺乏对战略进行具体而系统、全面的描述，这种描述的不清晰，导致管理者之间及管理者与员工之间无法沟通，对战略无法达成共识

战略地图的核心内容包括：企业通过运用人力资本、信息资本和组织资本等无形资产（学习与成长），才能创新和建立战略优势和效率（内

部流程），进而使公司把特定价值带给市场（客户），从而实现股东价值（财务）。

战略地图最重要的意义在于它提供了一种通用的战略描述语言，各个企业都可以使用这样一种相同的框架或类似的结构来描述战略，使得各个企业之前的战略更加具有可比性。战略描述清晰了，才能够在后续的执行中进行评价，不断完善。

某公司的战略地图如下图所示（示例）。

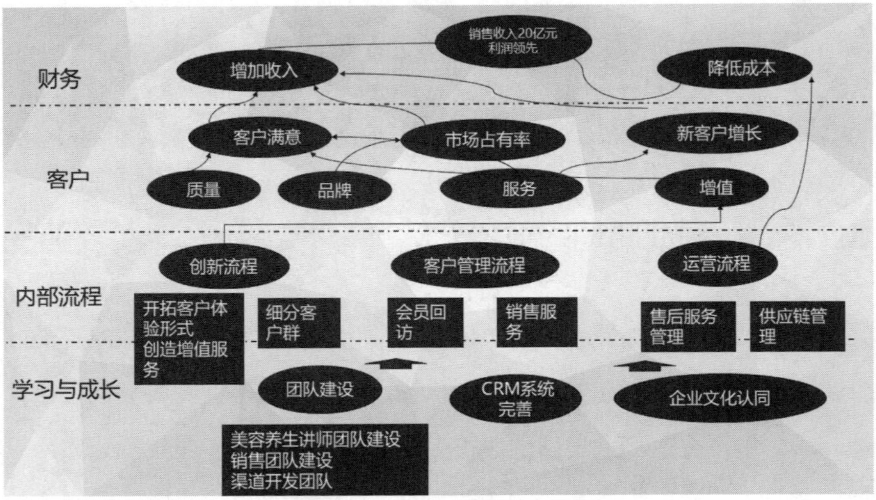

苏莹莹照猫画虎，将公司的财务目标确立为：三年后，公司年销售收入20亿元，并且利润水平在行业领先。如果想扩大收入，那就必须要采取提高市场占有率等措施，这个过程需要客户维度进行提升，包括让客户满意、提升市场占有率、新客户的增长等。关于节省成本，需要改善内部流程，包括降低生产的成本、降低采购的成本、降低客户的获取成本等。为了实现公司的战略，还需要一支强大的队伍，需要培养能够支持战略落地的足够的员工，去运营店铺。这样，四个环节就梳理好了。苏莹莹通过这个框架的梳理，苏莹莹脑中的框架思维也建立起来了，而且越来越清晰。

总结一下，我们在制作战略地图时，首先需要确定总体目标，然后列出四个层面的目标，具体阐述如何实现这些目标。例如，如何改进某些新技术工作岗位上员工的能力、提升技能，从而使关键业务流程得到改善。改善后的流程将价值主张传送给目标客户，从而带来客户满意度、保持率和业务增长率。也就是说，改善后的客户成果指标将带来收入的增加，以及提高最为重要的股东价值。整个梳理的过程可以是自下而上，完善时也可以自上而下，逐步迭代改进。

3.1.3 财务如何支撑并落实战略

苏莹莹将自己整理的战略地图和其他资料都给了经营策划部部长诸葛胜，诸葛胜拿到后，对苏莹莹竖起了大拇指，认为苏莹莹对战略规划整个框架的把握非常好。具体的战略规划文字稿，就交给他们自己来处理。

现在的问题是，如果公司的战略规划下发了，自己的工作该怎么落地？财务该如何支持公司战略？

从整个战略落地的角度看，在战略制定结束后，财务部门要帮助公司进行战略指标分解，比如销售收入 20 亿元，公司一共有 4 个地区，平均分配的话，4 个地区就是每年 5 亿元，然后再将指标分解到每个店铺，每个销售员。这样才能够贯彻落实好销售指标的执行。成本指标方面，要系统梳理每个大类成本项目，也是按照刚才的思路，分配给各个部门，店铺等。

指标分解后，财务部要进行资源的统筹布局，也就是全面预算的编制和落实环节，预算就是数字化的工作计划，工作计划完成了，预算的指标也就自然完成了。但是，工作计划有的时候会滞后，这个时候，就要利用公司每个月或者每个季度的经营分析会进行落后工作的通报，督促各部门按照计划时间完成工作。最后，到全年进行总结提升，这样就形成了一个闭环管理的工作路径。确保所有的工作都是事前有规划，事中有监控，事后有总结。

财务将如何支持战略落地，如下图所示。

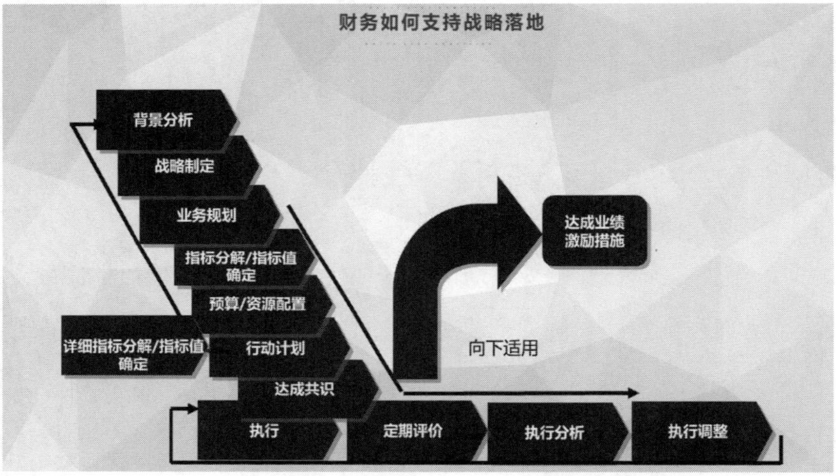

3.2 人的天性，注定了考核必须存在

最近几天，行政人事部异常忙碌。据说，公司要进行绩效考核了，可能会考核到每个人。苏莹莹心里有些小担心，不知道绩效考核实施后，自己的工资会不会降低。毕竟财务部不像销售部、业务部门那么强势。

答案揭晓了，这天，马远召集各部门举行公司绩效考核方案启动会，要求各部门仔细研究，按时上报各自的考核方案和指标，指标要落实到具体岗位。

曾庆杰在会上强调了绩效考核的重要性，并现场讲了一个绩效考核的故事给大家听。

有一家建材销售企业的效益伴随着中国房地产行业的发展蒸蒸日上，效益非常好。但是，该企业的管理者王某心中始终有一个纠结点，那就是想完成自己的名校梦。于是，她自己报考了一个英国大学的MBA，准备出国留学。

在出国之前，她找到了一个职业经理人，安排他负责公司的所有业务，并承诺除了工资以外，还可以根据公司的销售业绩的千分之五给予绩效奖励。一切安排妥当，女老板出国了。半年后，突然有一天，王某的会计给她打电话，说让她赶紧回来，再不回来公司就倒闭了。王某赶紧连夜坐飞机赶回公司，发现公司情况真的十分危急。为什么会这样呢？就是因为王某给这个职业经理人设置的绩效奖标准。职业经理人为了使公司的销售额快速上升，就拼了命的销售，把以前赊销的条件全部降低，并且为了供上货源，他命令财务不要拖欠供应商的货款，直接用现金支付。导致，公司很快出现了资金断流，于是，他又让公司财务办理了社会上的小额贷款，这种小额贷款利息非常高，加上公司的资金流供给不上，公司现在连工资都发不出来了，员工也每天罢工抗议，公司情况一团糟。

王某辞退了职业经理人，经过 1 年的修整，才把公司的情况扭转过来。一年后，公司的经营又恢复了正常。王某要继续学业，这次她学聪明了，又雇佣了职业经理人，但是为避免上一次的资金断流事情发生，除了将销售额作为考核指标外，还加入了经营活动现金流、应收账款周转率，应付账款周转率以及存货周转率等指标。这样就可以全方位的监控企业运营情况了。

这个故事告诉我们什么道理呢？人的天性决定了，他们会做对自己有利的事情，这个是很正常的。企业的绩效考核就是为了帮助公司做正确的事情，并且推动大家按照公司要求把事情做成。所以绩效考核并不只是一种对大家的限制，而是让大家把公司要求做的事情做好了，公司就兑现奖励，当然了，做得不好也要惩罚。

马远听完这个故事，颇有感触。要求大家重视此次工作，尽快完成各个部门的绩效方案，当然这次财务部的绩效考核设计还是交给了苏莹莹。

3.2.1 解密阿米巴管理模式

说到绩效考核，那就不得不提到阿米巴管理模式。阿米巴是日本的经营之父稻盛和夫发明的。他一生创办了两家上市公司，一家是京瓷Kyocera，另外一家是第二电信公司（原名DDI，现名KDDI，目前在日本仅次于NTT的第二大通讯公司）。这两家公司都进入了世界500强排名。2008年两家公司合并销售额约4.6万亿日元（约合人民币2 800亿元），税前利润约5 000亿日元（约合人民币310亿元）。可以说，稻盛和夫是当之无愧的日本经营之神，在近80岁的时候，亚洲最大，曾位于第三的日本航空公司申请破产保护，邀请他拯救，他公开表态愿意重新出山。但提出了两个条件：一是以零薪水出任日航CEO；二是他将不带团队去日航，因为他公司内部没有人懂航空运输。即便这样，他仅用了一年多时间就让企业摘掉破产的帽子，浴火重生。

他是怎么做到的呢？靠的就是阿米巴模式。

变形虫是一种单细胞生物，又音译为“阿米巴”。属原生动物，主要生活在清水池塘，或在水流缓慢藻类较多的浅水中，以至一般泥土也可找到，亦可成寄生虫寄生在其他生物里面。由于变形虫身体仅由一个细胞构成，没有固定的外形，可以任意改变体形，因此得名。这种虫子可以不断重复的进行细胞分裂。

阿米巴模式是将企业划分成小集体，然后这些小集体就像自由自在的重复进行细胞分裂的阿米巴。以各个阿米巴为核心，自行制定计划、独立核算、持续自主成长，可以让每位员工成为主角，然后全员参与经营，靠集体智慧推动整个公司的快速成长。

“阿米巴”的经营组织，如下图所示。

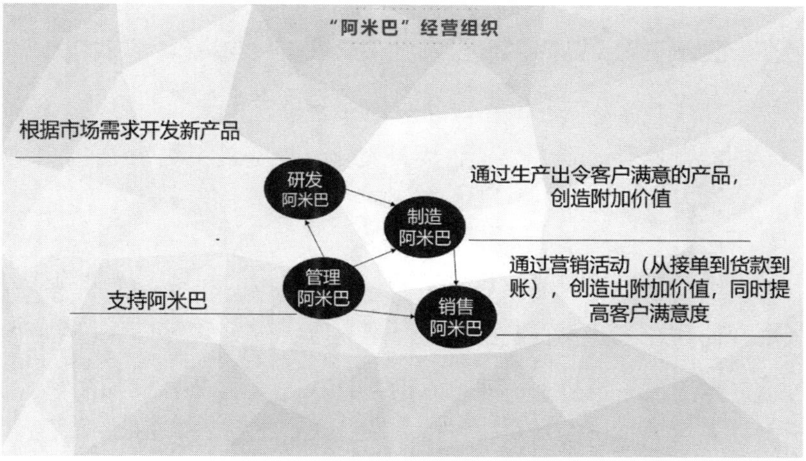

稻盛和夫为什么要发明阿米巴模式？是因为当年他经营京瓷的时候，企业发展到了200人的规模，忽然发现自己经营力不从心了。他幻想着，如果自己有分身术就好了，我一个人可以管200人，那如果有100个我，就可以管2万人，想想就激动。于是马上行动，在京瓷培养经营人才，把各个部门设置成小的内部经营单元，这些单元实际上就是我们所谓的利润中心，可以独立核算收入、支出，计算利润，进行考核，兑现奖励，从而给员工一种经营了一家属于自己的公司的感觉。后来，事实证明，这种模式很管用，京瓷后来有3 000多个阿米巴，成功进入世界500强。

阿米巴经营模式的本质是一种量化的赋权管理模式。阿米巴经营模式与“经营哲学”、“经营会计”一起相互支撑，是一种完整的经营管理模式，是企业系统竞争力的体现。

最底层的东西不是形式，而是文化，形成阿米巴模式首先要建立文化。大家都知道，日本很多企业实行终身雇佣制，这会给员工一种“一辈子，一个单位，一个事业”的感觉，在这个基础上，阿米巴模式破解了企业家从“个人修炼”到“集体修炼”的难题，让员工与企业成为“精神共同体、命运共同体、目标共同体、利益共同体”，从而释放员工潜能。

在文化的基础上，阿米巴模式对企业组织架构进行重新划分，并对每个组织都培养至少一个经营人才，去领导这个小单元的发展。给这个小领导的经营原则，就是“销售额最大化、经费最小化”，这个原则实施的同时也树立了利润导向。

接下来，要解决的就是独立核算，内部定价的问题。这里的核算不是采用我们会计上的权责发生制，而是类似收付实现制，不记入应收和应付款，只要发生销售了，就记入销售收入，发生成本了，就计入成本费用，某些成本费用按照公平分摊的原则会被分摊到各个单位，最后再进行各个单元的利润比较时，会用每小时利润指标，这就使得各个阿米巴单元的利润可以对比了。

另外，解决内部定价也是非常头疼的事情。因为各个小单元现在都是独立的了，都想在企业中争上游，就必然导致讨价还价，比如我是销售员，我从生产部门购进某产品价格为 100 元 / 件，对外出售是 120 元 / 件，那我就赚 20 元。那作为销售部来讲，他肯定希望购进的很便宜，这样才能赚的多，但是生产部门却不这么想，生产部门必然想卖得贵一些，这就导致了内耗，这种内耗会让一个企业崩溃，效率降低，所以，在独立核算的同时，企业的负责人也要解决内部公平定价以及其他内耗的问题。

所以说，阿米巴也不是那么容易推行的，目前国内推行成功的并不多。主要是由于文化差异，经营者素质和能力，员工价值观统一难等困难。

不过，管理本身就是很灵活的，舶来品有的时候是需要改造才能用的，要不就会水土不服，给企业带来巨大的麻烦。

建立“阿米巴”模式需要克服的难题如下图所示。

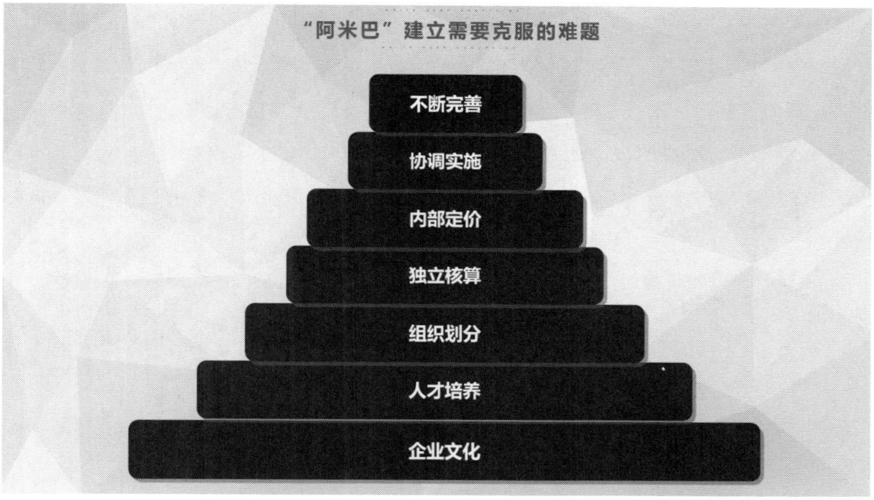

3.2.2 绩效管理三级指标分解

绩效管理是指为实现组织发展战略和目标，采用科学的方法，通过对员工个人和团队的业绩目标计划、组织绩效目标实施、对绩效目标实施中员工的行为表现和工作业绩以及综合素质的全面监测和考核、评价，以充分激励员工的积极性、主动性和创造性，持续的改善员工和组织绩效的活动过程。

绩效管理是一个外延比较宽泛的概念，它是指从绩效计划到考核标准的制定，从具体考核、评价的实施，直至信息反馈、总结和改进工作等全部活动的过程。

绩效考核是绩效管理的重要组成部分，是人力资源管理的一项重要活动，是指按照一定的标准，采用科学的方法，对企业员工的工作业绩、品行、能力、态度等方面进行综合的评定，来体现一个部门、个人的业绩目标的完成情况，以确定其工作绩效和未来发展潜力的管理方法。

企业绩效管理流程如下图所示。

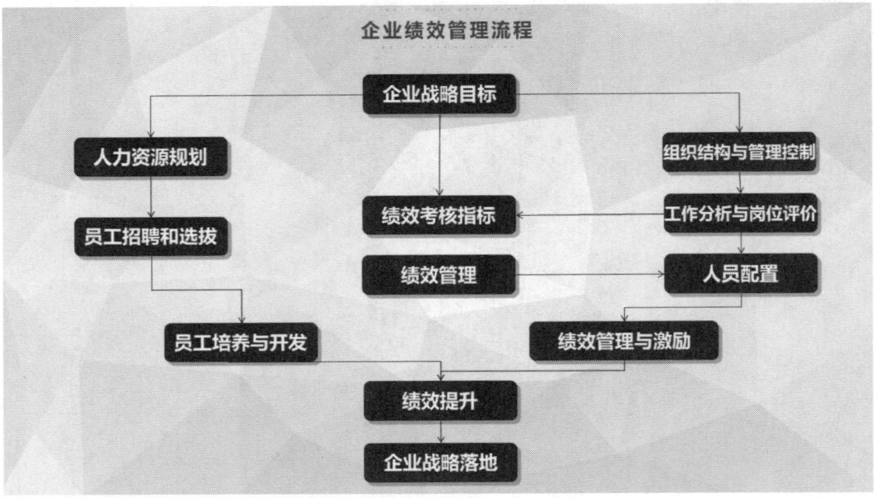

假如公司想今年提升利润 25%，并且在全国开设 50 家门店。

我们要将公司层面这个总体指标向下进行分解，分解到部门和员工层级。假设我们这次只把指标下发给销售部、采购部、生产部、财务部和人力资源部，为了实现公司的整体目标，我们将总体目标分解如下：

1．销售收入提升 20%。

2．采购成本降低 10%。

3．产品成本降低 5 个百分点。

4．培养 50 名店长级人才。

经营目标是有了，但是具体该如何把这些目标落实到各个部门和个人呢。

第一步：明确各部门岗位职责。部门岗位职责是实现企业战略目标的关键，是企业战略目标分解的依据。在进行各部门岗位职责规定的时候，要根据公司的业务流程，按照相近、相似的原则，将职能分类划分到一起，防止交叉、多余、分散、弱化等情况。在进行岗位职责梳理时，要采用职责匹配表，确保部门职责有效的分解到各岗位。

第二步：确定公司年度总指标。公司年度目标是企业绩效指标分解的龙头。公司级指标主要集中于公司运营效率和发展能力，考虑到公司尚处于发展期，在重点关注利润额或投资回报率的同时，要对结构调整性指标适当关注，在员工结构、门店布局等方面，既要实现公司当年经济效益，又要引导公司向健康状态发展。在确定公司指标的过程中，要运用关键成功因素法。

第三步：指标分解到部门和个人。部门职责一旦明确，每项职责相对应的考核指标也就相应明确，在确定职责对应的指标时，要根据相对的重要性确定各项职责的权重，然后确定职责，将指标分解到部门，由部门分解到个人。

企业经营和部门管理职责不同，因此分解指标的方法也不一样，主要部门目标分解可按如下规则操作：

运营部：对营业额、营业费用、新开发客户、利润、客户满意度等方面负责。销售收入提升 20% 由销售部负责。

采购部：材料采购，在材料检验等方面承担责任。采购成本降低 10% 由采购部负责。

生产部：对产量、生产事故、生产质量、工艺消耗、材料损耗、安全等负责。产品成本降低 5% 由生产部负责。当然研发部在产品设计阶段的研究成果对产品成本起了先天作用，如果条件成熟，研发部也要参与进来。

财务部：对营业数额、利润额、供应商考核、成本、材料、入库合格、库存材料等负责。财务部负责总体收入、成本、利润的监督，每个月通报指标完成情况。

人力资源部：对员工计划执行、跟踪检查、指标分解落实跟踪、检查和考核负责。培养 50 名店长干部的工作由人力资源部负责。

个人指标分解方面，以运营部举例，如下图所示。如果销售提升 20% 这个目标，需要提升销售收入金额为 8 000 万元，那么部门的任务就是 8 000 万元，假设部门下面有 8 个销售员，那么可以考虑用平均值进行分解，即每人需要提升 1 000 万的销售收入，当然也可以按照不同市场的成熟度进行分解，比如销售员 1 所在的地区市场份额大，且潜力也大，我们可以给他分解 2 000 万的销售收入，销售员 7 所在市场潜力小，开发困难，我们可以给他分解 500 万的销售收入。这个需要上下沟通，达成一致，才有利于三级指标的落实，要不硬压下去的高压指标，不但起不到好的效果，还会把人才逼走。

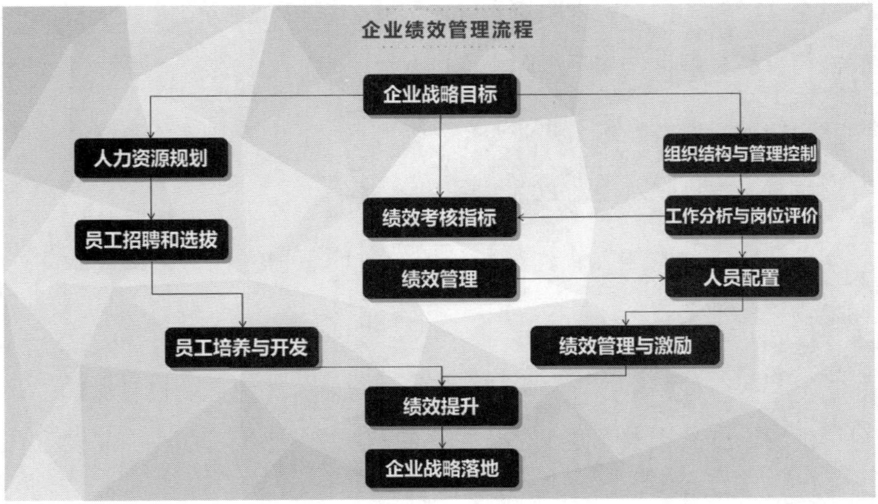

综上所述，绩效管理是公司战略落地的推手，任务分解要按照公司、部门和员工三个层级进行分解，并进行年终考核，实施奖惩，激励全员完成公司目标，这个就是绩效管理的作用。

3.2.3 财务经理如何制订部门考核指标

苏莹莹了解了绩效管理和考核的核心内容，现在她需要制订财务部的绩效管理方案。

她认为财务部的绩效方案，可以考虑从使用平衡记分卡的思路来确定，平衡记分卡的四个维度包括财务（Financial）、客户（Customer）、内部运营（Internal Business Processes）、学习与成长（Learning and Growth）。

财务指标主要反映公司经营成果，包括收入增长率、收入结构、降低成本的情况、生产效率情况、资产使用情况和投资效益等。但是财务指标有滞后性的缺点，且不能反映企业运营全貌，需要非财务性指标进行支撑，例如产品质量情况、生产时间、生产效率和新产品研发情况等。

客户指标主要反映企业提供的产品或服务是否使客户满意，包括市场份额、老客户挽留率、新客户获得率、顾客满意度、从客户处获得的利润率等。该指标是以目标顾客和目标市场为导向，评估提供的产品或服务是否能够满足核心顾客的需求。

内部营运指标主要指企业内部流程的目标与指标，包括企业的改良/创新过程、经营过程和售后服务过程。该指标用于衡量那些与股东和客户目标息息相关的流程，以客户满意度和实现财务目标影响最大化的业务流程为核心。既包括短期的现有业务的改善，又涉及长远的产品和服务的革新。

学习与成长指标主要指为了实现其他三个方面的目标而进行的能力学习和提升，主要包括员工的能力、信息系统的激励授权与相互配合。当今时代竞争激烈，削减对企业学习和成长能力的投资虽然能在短期内增加财务收入，但由此造成的不利影响将在未来对企业带来沉重打击，因此要对员工的能力提升进行适当投入。

传统的财务会计模式只能衡量过去发生的事情（落后的结果因素），但无法评估组织前瞻性的投资（领先的驱动因素）。在工业时代，注重财务指标的管理方法还是有效的。但在信息社会中，传统的业绩管理方法并不全面，组织必须通过在客户、供应商、员工、组织流程、技术和革新等方面的投资，获得持续发展的动力。正是基于这样的认识，平衡计分卡方法认为，组织应从四个角度审视自身业绩：学习与成长、业务流程、顾客、财务。

当然，将平衡记分卡这个战略工具用于员工考核指标的确定，还比较局限，国内的实践证明，必须将其灵活使用，才能适用国内企业的实际。

从考核指标的类型看，主要有三类：

1. 结果型指标，主要是用关键绩效指标 KPI（Key Performance Indicator）来进行，KPI 用于衡量工作人员工作绩效表现的量化指标，是绩效计划的重要组成部分。这类指标通常需要有明确的数值作为标准，达到了得满分，超过了适当加分，没达到会减分。例如，假设公司某销售经理有两项 KPI 指标，一项为销售额，占比 80%，另外一项为回款金额比例，占比 20%。两个指标的考核标准如下表所示。如果销售经理今年完成了 1.5 亿元的销售额和 75% 的销售回款，则对应指标值和权重，计算出今年的考核得分为 72 分，如果满分年终奖为 100 万，则今年的年终奖就是 72 万元，如下表所示。

结果型指标计算表

KPI	比重	考核标准	完成得分	实际完成	实际得分
销售额	80%	2 亿元以上	110	1.5 亿元	70
		1.8 亿元～ 2 亿元	100		
		1.5 亿元～ 1.8 亿元	80		
		1.2 亿元～ 1.5 亿元	70		
		1.2 亿元以下	0		
回款率	20%	90% ～ 100%	110	75%	80
		80% ～ 90%	100		
		70% ～ 80%	80		
		60% ～ 70%	60		
		60% 以下	0		
考核总得分					72

结果型指标适用于能够明确用数值衡量的指标，例如销售收入达到 2 亿元，预算准确率达到 95%，应收账款降低到 5 000 万元等这类可以明确统计的指标。

结果型指标简单粗暴，只看结果，不问过程。如果一个企业只用结果型指标，那么显然没有办法全面、客观的评价员工努力工作的程度。

苏莹莹照猫画虎，设计了一个侧重结果型的财务经理、主管会计和销售会计的考核指标，如下表所示。

以 KPI 为主的财务岗位考核表

职位	KPI	权重
财务经理	公司收入预算完成	20%
	公司利润预算完成	30%
	应收账款从 3 亿降低到 2.5 亿	20%
	保证公司资金流顺畅	20%
	员工满意度比上年度提升	10%
主管会计	财务部绩效目标综合完成率	30%
	审计报告	20%
	会计差错比 2018 年降低 30%	20%
	结账加班时间比 2018 年降低 50%	20%
	下属员工满意度比上年度提升	10%
销售会计	主管会计目标综合完成率	20%
	应收账款从 3 亿降低到 2.5 亿	30%
	销售收入政策 / 流程 / 规范性提升	20%
	资金与发货风险有效管理	20%
	内部客户满意度比上年度提升	10%

2. **过程型指标**，指在工作中表现出的态度是否积极，责任意识是否足够，各个项目的工作是否按照目标时间和质量完成等等。这个角度比较人性化，可以采取自评和领导评价的形式，为的是更加肯定员工的积极付出。有时候，由于客观原因，比如经济形式或者行业竞争态势突然变化，导致商品销售大幅下降，使得销售人员的销售额指标拿不到足够高的分数，那么领导就可以从过程型指标入手，给予员工加分，从而增加员工绩效考核得分，鼓励员工继续努力，不被客观形势影响太多。

3. **能力型指标**，指员工的业务能力、执行能力、计划协调能力、团队管理能力等等。员工是企业的财富，如果一个企业都是能力很强的员工，那么这个企业的战斗力也必然会强一些，如果一个企业的员工能力都非常弱，则这个企业的发展后劲必然会受到影响。所以，为了保证员工的能力能够持续与企业发展水平相匹配，这个维度的考核将十分重要。

这三个指标的关系是：如果一个企业的管理十分成熟，员工的能力强，学历高，那可以多设置一些结果型指标，但是对于大部分中小企业，很多时候过程型指标和能力型指标也非常重要，因为员工本身能力不是很强，需要企业来培养，但是企业又没有太多的资源给予投入，这种情况下，企业就会把过程和能力指标加入到员工考核评分标准中，督促员工进行自学和自我提升。

结合公司的实际，苏莹莹首先制订了报表岗位的绩效考核方案，如下表所示：

员工月度业绩合同

类别	名称	权重	定义	目标值	计分方法	初评人1	终评人
关键业绩指标 KPI（60分）	财务报表	60	考察财务报表编制，经营分析及各项核对账务核对工作。包括： 1. 编报快报及快报经营分析。 2. 编报月度财务报表及月报经营分析。 3. 完成年度财务决算工作，配合会计师事务所完成年度财务审计和企业所得税汇算清缴工作。 4. 公司季度经营分析会相关材料准备工作。 5. 财务对账工作，主要是财务总账与现金、银行日记账的对账及公司银行存款日记账与银行对账单的对账，并编制银行存款余额调节表。 6. 总账管理工作，主要是做好日常会计处理的监督检查工作、财务系统维护工作及会计核算手册的维护工作等。 7. 领导交办的其他事项	在权重分基础上加减分	≡按时准确完成公司财务报表编制及经营分析工作，得权基准分； √财务报表编制工作及时准确，得到公司表扬，1次加2分； √经营分析报告相关内容得到公司及相关部门表扬，每次加2分； × 财务报表编制工作发生重大错误，得到公司批评，1次扣2分。按出现差错次数相应扣分； × 经营分析报告相关内容重大错误，造成公司决策失误，产生严重经济损失，每次扣2分； × 年度财务决算工作及审计工作，达不到要求标准，得到集团公司批评，1次扣1分	本人	部门领导
GS（30分）	月度任务	30	月度重点工作任务或临时性工作，当月无任务，得基准分	在权重分基础上加减分	采用（0～0.7）-0.8-0.9-1.0-1.1-1.2分段评分法；1.0为基准分 得分＝∑GS任务分段系数 × 滚动权重 × 主动创新系数	本人	任务验收者

续上表

类别	名称	权重	定义	目标值	计分方法	初评人 1	终评人
关键行为指标 KBI（10分）	职业道德	4	遵守公司各项规章制度、行政管理规定、财务管理制度，按财务相关工作制度办理、做到廉洁自律	在权重分基础上加减分	≡按公司各项管理制订办事，做好廉洁自律，符合要求，得基准分； √弥补相关制度的不足，避免了不良结果，每次加 1 分； √严格按规章制度办事，受到公司及上级表扬，每次加 2 分； × 违反公司及财务相关管理制度，每次扣 1 分； × 其他不符合规定的行为，被领导或公司提出批评的，每次扣 1 分	本人	部门领导
	沟通协作	4	考察内外沟通协调情况。积极主动与同事协作配合，提供帮助的质量、效率、信赖度等情况	在权重分基础上加减分	≡做好本职业务内相关服务沟通工作，符合工作要求，得权基准分； √较好的沟通和协调，解决工作中存在问题，并获得表扬，每次加 1 分； √在本职工作之外，能积极配合同事相关工作，获得同事的好评，并提出给予奖励的，每次加 2 分； × 因沟通协助不够，造成工作出现差错的，每次扣 1 分； × 不服从安排配合部门同事开展工作，被领导批评或同事指出经核实的，每次扣 1 分	本人	部门领导
	工作态度	2	考察工作责任心、敢于承担责任、执行力、积极主动性、服从管理、服务意识及态度、是否为员工提供更优质、高效服务	在权重分基础上加减分	≡服务态度良好，符合职业规范，文明有效服务。得权基准分； √热情耐心主动服务（包括同事、下属部门等），解决员工实际困难，获得员工表扬，每次加 1 分； √工作责任心强，敢于承担责任，执行力强，受到公司或其他二级部门表扬，每次加 2 分； × 不服从部门领导工作安排，或责任心不强造成工作疏漏，影响较小且可弥补的，每次扣 1 分； × 对员工服务意识不够（包括同事、下属部门等），态度不好，受到员工投诉经核实确凿的，每次扣 1 分	本人	部门领导

续上表

类别	名称	权重	定义	目标值	计分方法	初评人 1	终评人
NNI	否决指标	不设权重，直接扣分	涉及重大违纪、重大影响和经济损失的情况，直接加重扣罚，直至一票否决		× 无故旷工不足 1 天，绩效考评直接为 E 档。 × 无故旷工 1 天不足 2 天，当月绩效工资只发 50% × 无故旷工 2 天不发当月绩效工资，按公司员工奖惩规定处理； × 本月发生工作差错，产生较大影响，且较难挽回影响或不能弥补问题的、根据造成影响或经济损失视情形按下列扣罚： 1. 公司内部造成影响或经济损失在 5 000 元以内，扣 10 分； 2. 在公司及外部造成较大影响且经济损失超过 5 000 元至 10 000 元，扣 20 分； 3. 在公司及外部造成严重影响且经济损失 10 000 元以上的，扣除本月绩效工资。 4. 违反人力资源工作制度，出现重大工作差错或廉洁问题，视情况给予 10-30 分扣分。 5. 可以视差错情况，领导给予直接确定考核等级为 E, 绩效工资扣罚至 0 元	本人	部门领导

做完一个财务报表岗位的方案后，苏莹莹决定将其设置为模板，等第二天上班的时候，下发给各个岗位，让他们按照这个格式去填写。

做完考核指标后，苏莹莹继续思考绩效考核的整个过程，经过梳理，她感觉绩效考核应该是按照如下图循环进行。

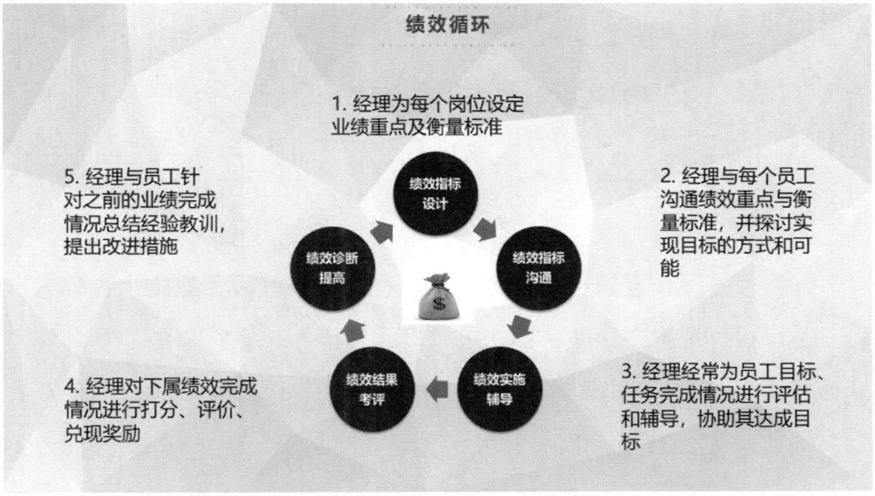

1. 经理为每个岗位设定业绩重点及衡量标准。

2. 经理与每个员工沟通绩效重点与衡量标准，并探讨实现目标的方式和可能。

3. 经理经常为员工目标、任务完成情况进行评估和辅导，协助其达成目标。

4. 经理对下属绩效完成情况进行打分、评价、兑现奖励。

5. 经理与员工针对之前的业绩完成情况总结经验教训，提出改进措施。

上面只是一个小的循环，那么绩效管理在公司层面的管理中，是怎样循环的呢？苏莹莹整理如下：

1．公司制定年度经营方针、战略目标。

2．制定公司战略地图。

3．根据战略地图，运用综合平衡计分卡的方法制定公司绩效指标。

4．根据公司绩效指标，结合各部门的工作目标和工作职责，制定部门绩效指标。

5．根据部门绩效指标，制定员工绩效指标。

6．实施运用，中间包含数据收集、汇总、核算、确认，最后运用于薪酬等。其中，不能缺少的就是绩效的公示。

财务部的绩效考核方案，苏莹莹进行汇总整理后上报给了行政人事部。公司很快推行了绩效考核，苏莹莹才发现，原来公司的战略落实不能只是靠预算进行推动，绩效也是很重要的，要不很多工作不是没人做，就是没人认真做，这个绩效方案梳理的过程，同时也是岗位职责梳理的过程，各个岗位之间的职责通过这次行动更加明确了，把很多处于真空状态的工作区域也安排到了实处，看来这次工作还是很有成效的。

大锅饭的状态终于打破，员工开始比着干活了，因为干不好真的会降低工资，甚至被淘汰。

看到这样的情景，马远感觉自己的目的达到了。

3.3 全面预算六大难题破解（全面预算第二阶段）

公司实施全面预算将近两年了，全面预算毕竟只是个工具，在实施过程中出现了很多问题，亟待解决和调整。苏莹莹总结了一下，公司现阶段的全面预算主要有以下六个问题：1. 预算做不准。2. 业务部门编制预算走过场。3. 业务部门不知道怎么填预算。4. 年初“抢指标”，年末“抢花钱”。5. 预算松弛现象显现。6. 缺乏信息化系统支撑，预算表格汇总难。

苏莹莹很是苦恼。今年如果顺利的话，苏莹莹就要被提拔为财务经理了，而这些问题的存在会让领导认为，财务部的预算没有做好。必须要想办法跟老板解释清楚，并且采取相应的措施，不断改善预算的实施效果。这次，苏莹莹又壮起胆子请教了武老师。

3.3.1 全面预算做不准怎么办

预算做不准首先要分析出差异的原因。一般来讲预算做不准的原因有如下几点：

1. 市场出现变化，当初做预算的时候没有预判到这种变化。

2. 公司开展新业务，没法准确预期。

3. 某些指标由上级直接确定。

4. 部分部门经理故意填不准。

以上四种情况，前两种是由于确实没办法准确的预测导致的，后两种是由于管理不善导致的。针对前两种情况，主要还是需要管理人员平时多积累行业数据，多与同行接触，了解最新动态，增强对市场预判的敏感性。针对第三项，主要是领导风格的问题，认为自己对市场足够熟悉，没有询问最了解业务的相关人员，第四项主要是部分部门想减轻指标压力，少报收入，多报支出，投机取巧。

针对以上几种情况，财务部主要是要加强沟通工作。首先是与各个部门主管沟通，让他们认识到预算的重要性和严肃性。另外，还要积极与领导沟通，让领导认识到预算不是由财务部独立完成的，是各个部门提供的数据汇总而成，执行的时候，也要由各个部门协同配合，共同完成目标。

3.3.2 业务部门编制预算走过场

业务部门编制预算走过场，主要原因还是对预算不够重视。想让他们对预算编制重视，要做到两点，第一是预算由公司一把手主抓，如果预算编制不准或者质量不好，由一把手直接质询，并督促改进；第二是将预算编制的准确性和及时性等指标加入到部门主管的绩效考核指标体系中，与工资直接挂钩。

3.3.3 业务部门不知道怎么填预算

业务部门不知道怎么填报，有两个情况，一种是故意装作不知道，不想承担这份工作责任，第二种情况是工作能力和水平不足。针对第一种情况，要与部门主管进行深入沟通，必要时，一把手亲自介入；第二种情况主要是要加强培训，财务部作为预算牵头部门可以聘请外部机构进行相关培训，如果自身条件可以，也可以由财务部经理组织各部门预算填报专员进行填报方法培训。

3.3.4 年初“抢指标”，年末“抢花钱”

年初“抢指标”指各个部门为了给自己的部门打造一个宽松的经费

环境而想方设法在预算编制环节虚夸费用预算，年末“抢花钱”指在12 月份前后，对没有完成预算进度的费用疯狂花销或套现。这两种现象说明企业内预算在编制和监管环节都出现了失控，非但没有控制住费用，反而把费用从小鸡喂成了大象，导致费用大幅增加。

这种情况说明预算控制失效了，想控制这种失效，就要加强费用的事前控制，即在预算编制的时候，就要明确费用和工作项目的对应关系。例如，销售部门提出明年要举行 8 场现场促销会，那么就要让其详细列出每项活动的费用明细，包括雇佣人数，会场费、主持人费用、宣传费等等，并且要列明每项活动要取得的效果，并且与销售部的绩效考核挂钩。这样，每个部门在制订预算的时候就要想清楚，这个钱是该花还是不该花，花了是要取得成果的，钱不能白花。时间长了，也就慢慢培养出各部门的预算意识了。

3.3.5 预算松弛现象显现

预算松弛，是指在企业管理者以预算的完成情况作为衡量其下级部门业绩的指标的情况下，预算执行者为了顺利完成预算，倾向于制订较为宽松的预算标准，使完成某项任务所预算的资源数量大于实际所需要的资源数量，或使预算的产出量小于可能的产出量。

预算松弛是一个不好的现象，说明各个部门主管在编制预算的时候留给自己的余地过大，对高级管理层隐瞒真实的信息，让自己的绩效奖金增加的情况下，减少了职业风险，使得整个公司的奋斗环境变得中庸。

解决预算松弛的方法也是需要改善预算的事前控制，即在预算编制的时候采用零基预算，将预算全部推倒重来，按照明年需要进行的工作重要性进行排序，将重要工作产生的收入和费用进行汇总后编制出明年的预算。零基预算较增量预算相比，排除了预算的水分，但是工作量较大，需要管理层有刮骨疗毒的决心，才能顺利实施。

3.3.6 缺乏信息化系统支撑，预算表格汇总难

很多中小企业没有上线预算管理系统，导致预算汇总起来比较难。这里介绍一个用 EXCEL 对预算表格汇总的方法。当然 EXCEL 是需要进行适当学习的，具体可以参考笔者出版的《EXCEL 带你玩转财务职场》。

下面的案例介绍中，如果读者是想对收入表或者费用表合并汇总，那么只需要把资产负债表或利润表的格式修改为收入或者费用表格式即可。

假设，我们现有 5 家子公司的财务报表需要合并，当然财务实践中，有的集团有 10 多分子公司，有的甚至有 20 多个，这个问题不大，使用的方法都是一样的，汇总的速度也都是几分钟搞定。我们这里使用的方法是公式法，也就是用 INDIRECT 函数通过引用指定表格的单元格数据实现汇总合并，但是这里要延伸一下，因为我们要做的是跨工作簿引用，现在我们废话不多说，来实操一下吧。

STEP1：将要汇总的工作簿起好名字，然后放在同一个文件夹中。这里，我们对子公司财务报表工作簿都是以这样的标准命名：公司名 + 月报表。例如，北京子公司月报表，广州子公司月报表……。然后文件夹的名字也要规范，这个案例的标准是：年 + 月，例如，我们这个汇总文件夹命名为：2017 年 8 月，如下图所示。

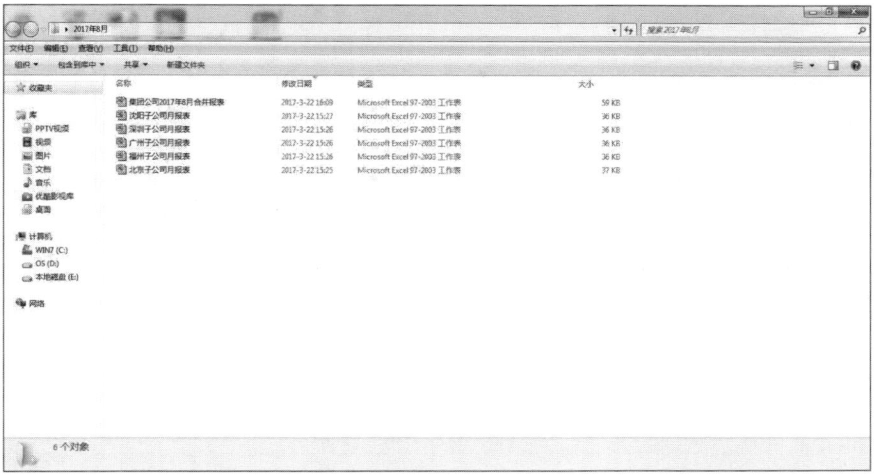

STEP2：根据单户公司表格结构设计集团公司合并报表，如下图所示。

项目	行次	期末金额	期初金额
货币资金	1	1,112.65	500.65
交易性金融资产	2	-	0.00
应收票据	3	589.05	562.70
应收帐款	4	459.85	1,526.60
预付帐款	5	1,371.90	699.55
应收利息	6	894.20	754.80
应收股利	7	-	0.00
其他应收款	8	-	0.00
存货	9	1,497.70	1,105.85
一年内到期的非流动资产	10	-	0.00
其他流动资产	11	-	0.00
流动资产合计	12	5,925.35	5,150.15
可供出售金融资产	13	-	0.00
持有至到期投资	14	-	0.00
长期应收款	15	-	0.00
长期股权投资	16	-	0.00
投资性房地产	17	-	0.00
固定资产	18	1,554.65	1,063.35
减：累计折旧	19	-	0.00
固定资产净值	20	-	0.00
减：固定资产减值准备	21	-	0.00
固定资产净额	22	1,297.95	684.25
在建工程	23	-	0.00
工程物资	24	-	0.00
固定资产清理	25	-	0.00
无形资产	26	-	0.00

首先，设计合并资产负债表，我们将单户公司的资产负债表（如下图（上）所示）项目粘贴在最左边，然后依次按照顺序写好顶端表头标题。例如，集团公司合并，集团公司本部，北京子公司，福州子公司、广州子公司等。如下图（下）所示。

集团公司合并资产负债表

项目	行次	集团公司合并	集团公司本部	北京子公司	福州子公司	广州子公司	深圳子公司	沈阳子公司
货币资金	1	5,816	1,535	1,113	877	458	262	1,571
交易性金融资产	2	-	-	-	-	-	-	-
应收票据	3	3,079	813	589	464	243	139	832
应收帐款	4	2,404	635	460	362	189	108	649
预付帐款	5	7,171	1,893	1,372	1,081	565	323	1,937
应收利息	6	4,674	1,234	894	705	368	210	1,262
应收股利	7	-	-	-	-	-	-	-
其他应收款	8	-	-	-	-	-	-	-
存货	9	7,829	2,067	1,498	1,181	617	352	2,114
一年内到期的非流动资产	10	-	-	-	-	-	-	-
其他流动资产	11	-	-	-	-	-	-	-
流动资产合计	12	30,972	8,177	5,925	4,671	2,440	1,394	8,365
可供出售金融资产	13	-	-	-	-	-	-	-
持有至到期投资	14	-	-	-	-	-	-	-
长期应收款	15	-	-	-	-	-	-	-
长期股权投资	16	-	-	-	-	-	-	-
投资性房地产	17	-	-	-	-	-	-	-
固定资产	18	8,126	2,145	1,555	1,225	640	366	2,195

然后，设计合并利润表，原理与上一致，但是这里要设计两年的，因为这里我们要将利润表要进行同比，如下图所示。

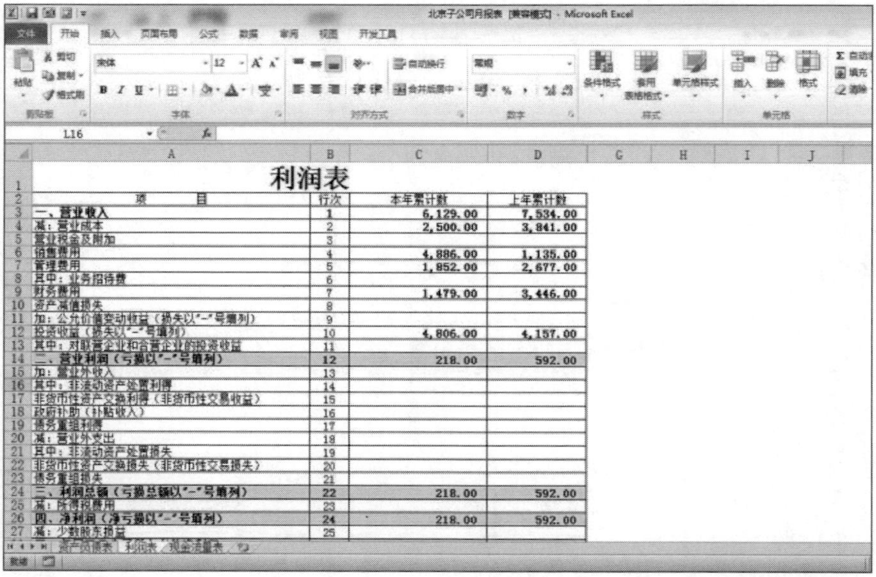

利润表

项目	行次	本年累计数	上年累计数
一、营业收入	1	6,129.00	7,534.00
减：营业成本	2	2,500.00	3,841.00
营业税金及附加	3		
销售费用	4	4,886.00	1,135.00
管理费用	5	1,852.00	2,677.00
其中：业务招待费	6		
财务费用	7	1,479.00	3,446.00
资产减值损失	8		
加：公允价值变动收益（损失以"-"号填列）	9		
投资收益（损失以"-"号填列）	10	4,806.00	4,157.00
其中：对联营企业和合营企业的投资收益	11		
二、营业利润（亏损以"-"号填列）	12	218.00	592.00
加：营业外收入	13		
其中：非流动资产处置利得	14		
非货币性资产交换利得（非货币性交易收益）	15		
政府补助（补贴收入）	16		
债务重组利得	17		
减：营业外支出	18		
其中：非流动资产处置损失	19		
非货币性资产交换损失（非货币性交易损失）	20		
债务重组损失	21		
三、利润总额（亏损总额以"-"号填列）	22	218.00	592.00
减：所得税费用	23		
四、净利润（净亏损以"-"号填列）	24	218.00	592.00
减：少数股东损益	25		

STEP3：设置资产负债表汇总公式。在设置公式之前，要确保所有子公司的财务报表工作簿都被处于打开状态，方法是用鼠标选中所有

子公司财务报表工作簿，单击鼠标右键，选中【打开】。如下图所示。

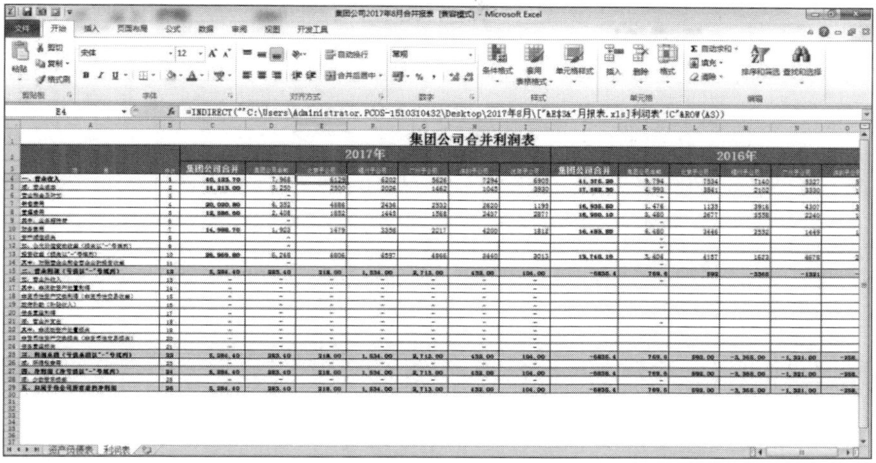

设置资产负债表汇总公式，在E3单元格，也就是北京子公司的第一个项目货币资金单元格中输入公式 =INDIRECT(“’ C:\Users\Administrator.PCOS-1510310432\Desktop\2017 年 8 月 \[“&E$2&” 月报表 .xls] 资产负债表 '!C"&ROW(A3))”，如下图所示。

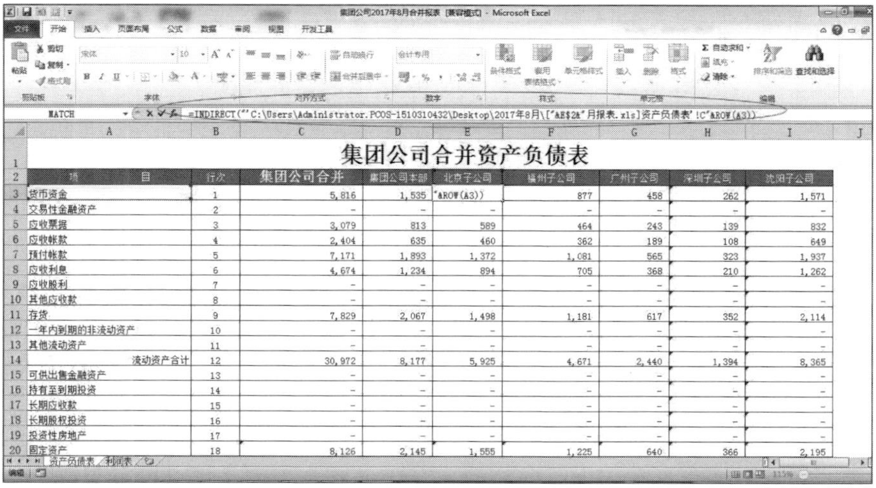

我想大部分的朋友看到这都会晕一下，这个公式怎么这么长？长是

长，但是不难。待我给大家解释一下，你很快就明白了。

首先，公司中最大的加粗字体“2017 年 8 月”是我们刚才设置的放置各个子公司财务报表的文件夹名称。

后面挨着的斜体文字“[“&E$2&”月报表 .xls]”，意思是北京公司的月报表，E2 单元格代表北京子公司，XLS 是 EXCEL 文件类型，当然如果你是以较高版本保存的，这里也可以用 XLSX 格式。

最后面画了下划线的内容“资产负债表 '!C"&ROW(A3)”，是资产负债表的 C3 单元格，也就是单户资产负债表中的货币资金。有的朋友又要问了，那最前面的那个很长的是什么？你是说这个“‘C:\Users\Administrator.PCOS-1510310432\Desktop\”吗？这个是我刚才存放 2017 年 8 月文件夹的地址啊，Desktop 就是电脑桌面。这下是不是全明白了？

这个公式简单点理解，就是把我放在电脑桌面上的 2017 年 8 月文件夹中的北京子公司月报表中的资产负债表中的 C3 单元格中的数据提取出来，也就是这个子公司的货币资金金额。公式设置好后，向下拖曳，再向右侧拖曳，集团公司合并资产负债表就做好了，是不是非常快？

STEP4：设置利润表汇总公式。在集团公司合并利润表的 E4 单元格提取北京子公司利润表中的本年营业收入数据，输入公式“=INDIRECT("'C:\Users\Administrator.PCOS-1510310432\Desktop\2017 年 8 月 \[“&E$3&”月报表 .xls] 利润表 '!C"&ROW(A3))”，原理与上一致。将公式向下向右拖曳。然后，在集团公司合并利润表的 L4 单元格提取北京子公司利润表中的上年营业收入数据，输入公式“=INDIRECT(“’C:\Users\Administrator.PCOS-1510310432\Desktop\2017 年 8 月 \[“&E$3&”月报表 .xls] 利润表 '!D"&ROW(A3))，将公式向下向右拖曳。如下图所示。

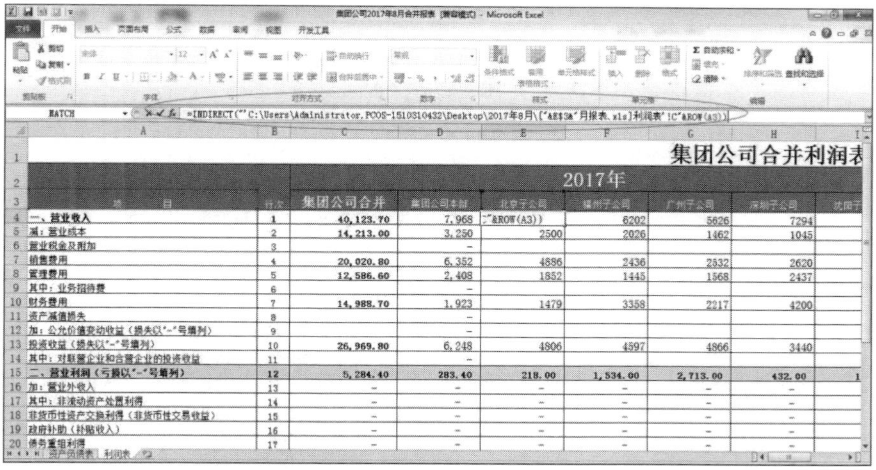

行	项目	行次	集团公司合并	集团公司本部	北京子公司	福州子公司	广州子公司	深圳子公司	沈阳子公司
1	集团公司合并利润表								
2			2017年						
4	一、营业收入	1	40,123.70	7,968	"&ROW(A3))	6202	5626	7294	
5	减：营业成本	2	14,213.00	3,250	2500	2026	1462	1045	
6	营业税金及附加	3		-					
7	销售费用	4	20,020.80	6,352	4886	2436	2532	2620	
8	管理费用	5	12,586.60	2,408	1852	1445	1568	2437	
9	其中：业务招待费	6		-					
10	财务费用	7	14,988.70	1,923	1479	3358	2217	4200	
11	资产减值损失	8		-					
12	加：公允价值变动收益（损失以"-"号填列）	9		-					
13	投资收益（损失以"-"号填列）	10	26,969.80	6,248	4806	4597	4866	3440	
14	其中：对联营企业和合营企业的投资收益	11		-					
15	二、营业利润（亏损以"-"号填列）	12	5,284.40	283.40	218.00	1,534.00	2,713.00	432.00	1
16	加：营业外收入	13	-	-	-	-	-	-	
17	其中：非流动资产处置利得	14	-	-	-	-	-	-	
18	非货币性资产交换利得（非货币性交易收益）	15	-	-	-	-	-	-	
19	政府补助（补贴收入）	16	-	-	-	-	-	-	
20	债务重组利得	17	-	-	-	-	-	-	

最后，再对两张合并财务报表中的集团公司合并数设置求和公式，集团公司的合并资产负债表和利润表就做好了。

等再做下个月的合并报表时，你只需要将文件名称更改，然后对集团公司的合并报表数据的公式进行批量修改即可，其方法是我们在第五章第 8 节讲的批量替换公式，即把 2017 年 8 月改成 2017 年 9 月即可顺利完成下个月的汇总工作。

第四章

公司运营持续提升，第 4 年逐步成熟

公司进入了第 4 个年头，苏莹莹已经逐步适应了公司的文化和工作节奏，她今年给自己定下的任务是：提升辅助决策能力和提升经营效益分析会的效果。主动参与到公司的经营管理中去。

4.1 公司决策支持，提升业财融合能力（财务分析第三阶段）

公司经营决策属于业财融合的范畴，业财融合是最近几年比较火的一个名词。其实这个事情，企业一直在做，只是不知道怎么称呼，就跟丰田汽车的 JIT 及时制生产一样，大家都知道将库存减少到最低，并且能够快速交付订单是个有助于提升企业效益的好事，这么做了好多年后，才慢慢把这个过程总结叫做 JIT。业财融合也是一样，其实简单点说就是财务把“手”伸得更长了，通过信息化能力提升，将业务流程、财务会计流程、管理流程有机融合，不仅仅关注账、钱、税，而是把管理幅度扩大，为了更好地实现对企业收入、成本、利润、现金流、风险等的管控。

例如，有些制造企业的金属易损件也存在过期问题，以前没有进行信息化提升之前，会产生大量的易损件过期浪费，后来通过信息化系统能力提升，为每个金属易损件贴上了条形码，录入信息系统后，就可以及时提醒企业哪些易损件已将近保质期，并提醒其尽快优先使用，这样每年就为企业节约了很多成本。这个过程中，财务就将管控做到业务前端，通过事前和事中控制，避免了浪费损失。这才叫做财务为企业创造价值。

管理会计中比较常见的业财融合工具有：全面预算管理、财务分析、管理报表、风险控制等。

4.1.1 团购要不要做

业财融合确实很有用，要求财务不仅要懂财务，还要知管理，会决策。苏莹莹打算好好的学习一下。这天，她晚上闲来无事，浏览论坛，发现有个帖子是介绍团购的。这个例子是说，因为进入淡季，为了提高销售业绩，一家餐饮公司决定搞一次为期一个月的团购活动，做一个套餐的团购销售，该套餐平时售价 220 元，团购价仅售 100 元。

财务经理做了个简单测算，发现做这个销售活动，公司所得毛利几乎为 0，如果再算上费用开支，公司注定是做亏本买卖，因此坚决反对。

但是，如果我们再结合业务进行深入分析，团购真的不值得做吗？让我们深入的看看，公司月度利润表如下所示。

公司月度利润表

序号	项目	金额	备注
一	销售额	1 238 400	消费人数：12 000
减：	销售折扣	26 928	
二	销售净额	1 211 472	
三	销售成本	464 400	
四	毛利	747 072	销售净额 - 销售成本
四	各种费用如下：	517 647	
1	工资及福利费	269 280	职工人数 :50
2	水电燃等能源费用	60 062	

续上表

序号	项目	金额	备注
3	房租费	79 200	
4	差旅和交通费	9 485	
5	低耗品摊销	28 008	
6	维修费	11 664	
7	物料费	26 006	
8	其他费用	33 941	
	营业外收支略	-	
五	利润总额	229 425	
减：	企业所得税	57 356	
六	净利润	172 069	

由上表，我们可以看出，毛利 = 销售净额 - 销售成本 = 747 072 元，毛利率 = 毛利 / 销售收入 =60%。

接下来，为了更加准确的计算边际贡献，我们将成本费用进一步分类，分为固定费用、变动费用和半变动费用，为了简化计算，我们将半变动费用按照 50% 作为变动费用处理，如下表所示。

变动费用计算表

序号	费用项目	金额	性质	变动部分
1	工资及福利费	269 280	固定	-
2	水电燃等能源费用	60 062	变动	60 062
3	房租费	79 200	固定	-
4	差旅和交通费	9 485	半变动	4 743
5	低耗品摊销	28 008	半变动	14 004
6	维修费	11 664	半变动	5 832
7	物料费	26 006	半变动	13 003
8	其他费用	33 941	半变动	16 970
变动费用合计				114 615

计算出的边际贡献 = 747 072−114 615= 632 457 元

边际贡献率 =51%

这家餐饮店的月度销售额为 124 万元，当月就餐人数为 12 000 人，人均消费约 103 元。

公司月度销售额 86 万，人数 9 050 人，人均消费 95 元。

我们按当月就餐人数为 12 000 人，平均每周就餐人数为 3 000 人，假设平均 4 人一桌，一个月共计 3 000 桌，假设每周消费分布相同，平均每周 750 桌。假设的每天桌数分布见下表：

每天用餐桌数分布表

	周一	周二	周三	周四	周五	周六	周日
中	21	21	24	30	40	80	80
晚	42	42	45	55	90	90	90

团购的定价为 220 元的套餐，按照边际贡献率 51% 计算，变动成为约为 108 元，如果给团购网站的成本为一单 20 元，则总变动总成本为 128 元。

如果团购定价为 100 元，则一份亏损 28 元，财务经理就是算出来这个数字以后，才觉得做团购没有经济性，不能给公司带来利润。

但是，财务经理的测算忽视了财务数据以外的因素，即他没有结合业务去思考这个问题。因为，销售人员不是这么考虑问题的，销售人员认为，我们公司平均每客消费为 103 元，边际贡献为 51%，即多一个客人，我们就会多赚 52 元。意思是说，如果一份团购限制最多两人共用，并且不带多人的情况下，那么就是亏钱的，但是，如果这两个买团购的人，再多带 1 ～ 2 人来消费的话，每客的边际贡献完全可以弥补团购所带来的利润损失。

另外，销售人员认为团购比打广告对销售的促进有效多了，如果我们做 1 000 份团购，算上付给团购网站和我们自己需要负担的成本，一共也才花费 28 000 元，这不到三万元的团购费，可以带来不可预计的今后的销量刺激，只要我们做好服务，让他们成为回头客，这些客人可以带来更多的消费顾客，那个时候，3 万元的费用有可能带来 30 万元，乃至 300 万元的利润增量。

销售人员认为公司的差能即用餐桌数一直都没有用足，导致浪费公司固定成本，很明显的现象就是周末最火爆的晚上，有时桌子也没有全部坐满，服务生和厨师有时会比较悠闲，公司的空调用电不管有没有客人都需要全天开放，这些固定成本如果没有利用好，就会导致浪费，主要原因就是产能没有用足。

综上所述，销售人员认为，如果团购活动作为专项销售推广活动实施，3 万元的开销本就不大，且能有效消除过剩产能，减少浪费，还可以有效进行宣传促销，另外，他们认为只有销售量推动上去了，才能带来更好的利润。

从业务的角度看，这个团购还是值得试试的。从这个案例可以看出有时，只是关注成本，会带来视角的缺失，不利于推进公司发展。

（注：以上“团购”案例来自“财务经理人”网站论坛）。

4.1.2　是否投资新店

最近，公司又要开设新店了，马远想把这家店设在一所市内综合大学旁边，消费群体主要是教师、学生和居民。马远早就知道苏莹莹有了业财融合的想法，这次就让她与相关部门对接，进行一个是否开设新店的测算。

苏莹莹接到任务后，受宠若惊，尽管感觉手头的记账，报表等工作已经把她的时间占用得差不多了，但是，她还是想挤出时间尝试一下这个测算工作，毕竟这个是公司的主业，弄明白这个，公司整个的运营模式和成本构成就搞清楚了。

苏莹莹按照如下步骤进行了本次是否投资新店的测算：

1. 首先确定几个假设

（1）机会成本 20%。

（2）固定资产投资在第 5 年可以 10 万元处置残值。

（3）平均日客流量和人均消费额每年增长 10%。

（4）化妆品成本按销售收入的 50% 计算，销售提成按销售收入的 20% 计算，税费按照 8% 计算。

（5）房租、电话费及网络费、水电费按照固定成本计算，每年金额不变。

（6）店长和销售人员人工成本每年增长 20%，会计和收银员人工成本不变。

2. 测算初始投资金额

初始投资表如下所示：

初始投资表

项目	数量	金额（元）
化妆品	一批	300 000.00
电脑	1 个	
收银桌	1 个	
玻璃柜	5 个	
立式空调	1 个	
小型桌椅	2 套	

续上表

项目	数量	金额（元）
室内装潢	-	200 000.00
固定资产投资小计		500 000.00
垫支流动资金		30 000.00
开办费		80 000.00
原始投资总额		610 000.00

按照计算，本店需要初始投资 61 万元。

3. 测算销售收入金额

销售收入测算	第一年	第二年	第三年	第四年	第五年
平均日客流量（人）	55	61	67	73	81
人均消费额（元）	200	220	242	266	293
日营业收入	11 000	13 310	16 105	19 487	23 579
月销售收入	330 000	399 300	483 153	584 615	707 384
年销售收入	3 960 000	4 791 600	5 797 836	7 015 382	8 488 612

4. 测算经营付现成本（不含人工成本）

经营付现成本测算	第一年	第二年	第三年	第四年	第五年	备注
化妆品成本	1 980 000	2 395 800	2 898 918	3 507 691	4 244 306	按销售额的 50%
销售提成	792 000	958 320	1 159 567	1 403 076	1 697 722	按销售额的 20%
税费	3 168 000	3 833 280	4 638 269	5 612 305	6 790 889	按销售额的 8%
房租	240 000	252 000	264 600	277 830	291 722	每年增长 5%
电话费及网络费	2 000	2 000	2 000	2 000	2 000	固定成本
水电费	40 000	40 000	40 000	40 000	40 000	固定成本
其他	20 000	20 000	20 000	20 000	20 000	固定成本
年经营付现成本合计	6 242 000	7 501 400	9 023 354	10 862 902	13 086 639	

5. 测算人工成本

年付现人工成本	第一年	第二年	第三年	第四年	第五年	每人每月人工成本	人数	备注
店长	104 000	124 800	149 760	179 712	215 654	8000	1	每年增长 20%
销售人员	325 000	390 000	468 000	561 600	673 920	5000	5	每年增长 20%
会计	32 500	32 500	32 500	32 500	32 500	2500	1	固定不变
收银员	26 000	26 000	26 000	26 000	26 000	2000	1	固定不变
年人工付现成本合计	487 500	573 300	676 260	799 812	948 074			

6. 计算每年净现金流

	第一年	第二年	第三年	第四年	第五年	说明
现金流入（小计）	3 960 000	4 791 600	5 797 836	7 015 382	8 488 612	
营业收入	3 960 000	4 791 600	5 797 836	7 015 382	8 488 612	营业收入 100% 收现
现金流出（小计）	7 339 500	2 969 100	3 575 178	4 307 503	5 092 380	
初期投入	610 000				-100 000	前期投入 + 末期残值收回
经营付现成本	6 242 000	2 395 800	2 898 918	3 507 691	4 244 306	
人工付现成本	487 500	573 300	676 260	799 812	948 074	
净现金流	-3 379 500	1 822 500	2 222 658	2 707 879	3 396 231	

7. 计算决策指标

NPV- 投资净现值	¥2 406 388
IRR- 投资内部收益率	56%
PP- 投资回收期（年）	2.7

最终，苏莹莹计算了各个投资决策指标，如果公司可以以每年 20% 的贷款利率借款 61 万元开设新店的话，该店是能够给企业带来利润的。因为投资净现值大于 0，说明可以投资，另外投资内部收益率为 56%，大于我们设定的贷款利率 20%，说明资本可以增值，值得投资。另外，投入 61 万多久可以收回呢？计算出的投资回收期显示为 2.7 年，即 3

年不到就可以收回投资，后面就可以净赚了。三项指标均显示该新店可以投入。

4.2 主持公司经营分析会

又到了一个季度一次的经营分析会。每到这个时候，苏莹莹就感觉特别紧张，因为她需要在一周内对账，做报表以及财务分析，收集各个部门的经营信息，汇总后做出经营分析会的文稿，还要做一个汇报用的PPT。

所以，每个季度的前两个星期，都感觉像要被扒层皮一样。但是苏莹莹还是感觉经营分析会开得不好。这次，马远也感觉到了，他吩咐苏莹莹借鉴一下其他公司的经营分析会都是怎么开的，把公司的经营分析会水平再提高一个台阶。并且，这次马远自己不去读那个经营分析会的PPT了，让苏莹莹主持会议，最后由马远和其他部门主管补充说明。

这可把苏莹莹愁坏了。

4.2.1 一个成功的经营分析会案例

沈东君是做咨询业务的，参加过很多公司的经营分析会。他给苏莹莹讲了一个比较成功的经营分析会案例。

ABC公司是华东某地的知名制造企业，经营情况不错，但最近几年来，增长陷入了停滞。该企业老板找到了沈东君所在的咨询机构，当时的情况是：企业每年旺季都会有资金的缺口，新建生产基地需要大批投资，使得资金更是处于紧张的状态；经营上客户经常投诉公司货物不及时，而销售部门反映是工厂生产跟不上，工厂反映自己的问题是采购跟不上，采购反映自己的问题是财务的资金保障跟不上，财务反映自己的问题是销售部门的回款跟不上。

咨询公司进场诊断时发现，该企业的财务很不规范，财务负责人、采购负责人均由老板娘负责，老板娘没有受过系统的教育，也没有规范化操作的经验，结果企业的财务一团糟。一方面，企业的ERP系统存有问题，花20多万的ERP系统仅有数据查询的功能，但查一个数据要等上5分钟以上；另一方面，企业财务部门每个月仅提供损益表，告诉老板赚了多少钱，并没有对经营数据进行分析。咨询机构建议：企业要首先引入专业的ERP软件系统和职业化的财务总监与成本经理；然后人员和软件系统到位后，再引入经营分析会，用经营分析会来指导带动企业的管理。

ABC公司在引入职业化的财务总监以及具有专业水平的成本经理后，经过选型，花了100多万元，引入了国内某知名软件公司的ERP系统。ERP系统上线稳定后，立即进行了第一次经营分析会。

第一次经营分析会，ABC公司财务总监演示了月度经营分析结果，发现：

（1）ABC公司的滞期库存达1 500多万元，基本上都是客户由于种种原因取消订单的，但公司领导、销售部、工厂计划管理部之前都没有采取行动；

（2）公司的逾期应收款有6 000多万元，其中有2 000多万元时间较长，有坏账的风险，公司对销售团队并没有严格的传递回款的压力，销售团队也没有制定有针对性的回款计划；

（3）公司对客户的管理比较薄弱，客户总数有上万个，但前30个大客户却占了80%以上的销售份额，而这个30个大客户，在每一家的份额并不高，都还有较大的提升空间，针对此种情况，公司以前并没有在销售政策上对大客户做出倾斜；

（4）公司在供应链的管理上较不规范，月度的采购计划比较随意，和月度的销售计划不匹配；大宗原材料的采购上并没有进行战略采购，经常由于材料市场的波动而吃亏；

在供应商的管理上比较薄弱，供货份额的分配没有标准，甚至某些经常发生退货的供应商仍占有不低的份额现象；

（5）公司制造工厂的部分车间能耗处于较不正常的水平，部分车间的人均效益低于正常水平，质量损失超过了规定标准等，但制造厂长在月度总结中并没有做出合理解释；

（6）公司的产品结构不合理，某主要产品由于材料价格变动影响出现了亏损（边际收益低于边际成本），但销售部门仍在大力倾销此产品；ABC公司的主要产品销售毛利率低于行业领头羊，高销售毛利率的产品却并没有受到销售部门的重视，部分高毛利产品更是有退货发生，但研发研究院一直没有拿出合理的解决方案。

第一次经营分析会，由于财务部门做了大量的准备，ABC公司存在的主要问题都得到了暴露。但在这次经营分析会上，由于其他相关部门都是第一次参加经营分析会，所以并没有针对问题的质询有深入的答复。会后管理顾问建议，继续完善经营分析会的形式和内涵。

在管理顾问的建议下，第二次经营分析会前，财务部同相关业务部门进行了沟通，业务部门自身进行了深入调查和分析，并在会议上向公司老板进行解释和答复。根据解释和答复，企业老板明确了下个月的计划。

以下是ABC公司第二次会议后的决议：

（1）营销部门要在一个月内出台《客户管理办法》，深入解决客户分类管理问题；

（2）财务部门会同销售部门，尽快处理滞期应收款问题，要求在会后五天内拿出具体的行动计划，在三个月内完成清理；

（3）企业的产品结构问题，会后另选时间召开专题会议，讨论解决；

（4）供应链管理部要在两周内修订《采购管理办法》，并重点解决采购计划的管理问题；供应链管理部统筹、会同财务部、制造工厂，要在一个月内出台《供应商管理办法》，重点解决供应商评审、战略采购等问题；

（5）仓库、财务部，需检讨滞期库存问题，并要求会同计划管理部、销售部、制造工厂、采购部在一周内拿出解决办法；

（6）研发研究院会同制造工厂，尽快完善某产品的工艺问题，要求在两个月内完成整改；

（7）制造工厂针对某设备的能耗问题，建议考虑更换设备，要求工厂厂长尽快拿出设备的更换方案；

（8）企业的资金紧张问题，考虑到国内的收缩，决定向香港某银行贷款，由财务负责人尽快接洽和处理。

经营分析会使得企业能够及时识别经营风险，并做出决策避免风险的发生。企业经营者能够客观的评判职业经理人的工作，形成以结果说话的习惯和导向。同时经营分析会也是企业的一次微型的环境扫描，便于企业应对外部激烈变化的环境。对于规模企业来讲，除了做出未来三或五年的战略规划、年度的经营企划外，最需要做的就是月度的经营分析。月度经营分析会议的水平，往往决定了企业战略执行的水平。

ABC公司能够顺利地实施经营分析会，总结为以下几点：

（1）企业老板的决心，敢于用专业的人做规范的事。经营分析，要求企业的财务总监承担起监督企业经营活动的作用，没有专业的知识和技能是办不到的；

（2）用能承担起企业规模运作的信息处理系统。先进的信息处理系统是企业搞精细化管理的硬件；

（3）成本管理人才的引进。国内制造企业成本管理人才缺乏，企业唯有把成本管理人才视为关键人才，并进行薪酬待遇上的倾斜，方能够吸引到人才并保留人才；

（4）企业严谨的数据统计工作。企业采用ERP系统，要求统计人员和数据录入人员必须遵守实事求是的态度按照企业的规范运作要求进行数据的处理；

（5）业务部门的配合和支持。经营分析，反映的是各业务部门的工作情况，财务部门没有时间也没有能力作深入的调研，需要业务部门自身进行深入的自查，找出问题和解决建议；

（6）建立经营分析的价值。经营分析，可以起到企业进行自我诊断的作用，方便企业领导者把握全局，也利于企业业务部门的提高。但唯有采取务实的态度，以结果为导向，才不会流于形式；

（7）循序渐进的实行。企业做经营分析，需要数据的积累，以及相关人员的适应，逐步到位。建议企业可以规定三个月的试行期，某些管理基础薄弱的部门可以后上；

（8）与企业的其他管理活动连接一体。企业通过经营分析会，下达了决策，需要将决策付诸实施，需要企业的重点工作计划管理、会议管理、奖惩制度等相关管理办法的支持。

（注：以上案例来自“财务经理人”网站论坛）

4.2.2 经营分析会的流程

苏莹莹感觉沈东君列举的经营分析会案例特别受用，让她感觉到了经营分析会如果开得好，还是非常有助于促进企业管理水平提升的。于是，她按照自己理解，梳理了一下，经营分析会的流程。

经营分析会议议程

一、会议主题：公司季度经营分析会议。

二、会议地点：公司一楼会议室。

三、会议时间：每季度结束第二个月的10日

四、会议主持：财务总监。

五、参加人员：总经理、副总经理、各部门负责人及相关所有管理人员。

六、会议准备：各部门在每季度结束后5日内完成上季度工作总结（包括工作计划、经营目标的完成情况说明、存在问题和整改措施），制定下月工作计划及经营目标，并以书面形式报告。

七、会议记录：财务部。

八、会议议程：

1．销售部报告公司销售状况，从整体、各区域 、各品类的销售、毛利率、销售指标完成情况、促销执行情况、库存金额、可销周期、销售与库存占比等数据对比分析；同时也对整体、各区域的单位面积销售额、单位面积费用额加以对比。从分析中发现经营过程中存在的问题，分析原因，并提出合理的对应措施。对营销中心负责部门费用使用情况做出说明和解释，对新开分店做出说明，同时对相关部门提出配合和改进事项。

2．电子商务部报告销售状况，毛利率、销售指标完成情况、促销执行情况、费用使用状况、线上商品走势，同时对相关部门提出配合和改进事项。

3．生产部报告生产计划达成状况，产成品的品质状况以及在生产过程中存在的问题，要求各单位配合改进事项及影响生产的内、外部异常状况，下月工作计划及保证措施。

4．研发部对设计状况做出情况说明和接受，并对产品的特点和属性向商品部、直营部提交详细说明，同时对相关部门提出配合和改进事项。

5．采购部汇报采购情况，同时对相关部门提出配合和改进事项。

6．财务部就公司在上月销售收入、费用支出、成本控制等方面做成败的得失总结，并对各部门提出相关要求，下月工作计划及保证措施。

7．行政人事部报告公司上月系统制度建立运行状况，各项工作计划、目标、改善事项的完成状况及达成效果；报告人事动态，要求各单位配合与改进事项及人事异常报告，报告下月工作计划和保证措施。

8．各部门提出存在和需要配合的问题讨论解决，并达成改善策略，能明确计划的尽量在会上明确，不能明确的会后要提交方案。综合管理部要跟进落实，在周会上予以说明。

9．总经理对上月行政管理、采购、销售、生产、财务等方面工作完成情况进行点评及提出整改措施，并对各部门下月工作计划提出相关要求。

10．确认会议记录并签字。

11．宣布散会。

公司经营分析会顺利召开了，马远对会议的效果十分满意，认为开出了水平，开出了效果，苏莹莹的努力没有白费。

第五章

公司准备上市，第 5 年决战资本市场

5.1　化解公司资金管理难题

一晃又过了 2 年，公司到了第 5 个年头，苏莹莹由于工作表现出色，被破格提拔为公司最年轻的部门主管，另外，马远想将其培养为公司财务总监，所以，苏莹莹在部门主管中的地位也会提高。这让苏莹莹感觉有点受宠若惊，但是她平时为人低调，而且做事出色，大家也都比较拥护。

公司第五年的目标是，拥有自己的全国知名品牌，有完善信息系统支撑，有独特的管理理念和成熟经验，成为行业的领跑者。年销售收入 20 亿元，员工 1 500 人，店面数量 300 家。

但是，想做到这个目标意味着公司将需要大量的资金支持，苏莹莹该怎么成功帮助公司管理营运资金，又该通过什么渠道帮助公司筹集到长期资金支持公司项目推进呢？资本市场能够帮助公司快速实现价值倍增吗？让我们拭目以待。

5.1.1　整体视角看一家企业运营需要多少钱

刚刚荣升财务经理，苏莹莹非常高兴，她把沈东君和艾琳都叫了出来，在附近的百货商场逛了一下街，然后在一家咖啡店坐下歇脚。三个人开始愉快的聊天。

当聊到企业运营时，苏莹莹问道，企业在运营的过程当中，是不是一直需要钱？

艾琳露出尴尬又不失礼貌的微笑说道，“是啊，企业的经营过程，就是钱进钱出的过程，特别小的企业甚至可以没有内控，没有预算，没有报表，但是不能够缺少资金管理这块，资金管理最简单的形式就是流水账。我给你讲讲企业的运营资金的管理吧。”

苏莹莹微笑点头，洗耳聆听。

一个企业从开设设立的时候就要投入很多资金，比如厂房、设备、车辆、分公司、办事处、生产线、研发新产品、前期的市场活动等等。

投产运营的时候，就要购买原材料、支付工资、税金、租金、水电费等，另外，钱这东西是哪个企业都紧张的，所以，我们在购买供应商的原材料时，一般会有个付款条件，比如收到货物后 10 天内付款，这样就占用了供应商 10 天的资金，另外，在卖货的时候，我们就变成了供应商，我们会给我们的采购方设置一个信用期限和额度，采购方也同样会占用我们的资金。

另外，我们在投资和经营企业的过程中，有时不止要用到自己的钱，如果钱不够，可能会去借款或者找人入股我们的企业，那这些人投入的钱，不是白投的，需要付给人家利息或股利。有时，我们也是使用银行承兑汇票，这个也是到期就需要支付的，否则逾期会被银行记录在中国人民银行的征信系统，影响企业信用。

企业花钱的地方，如下图所示。

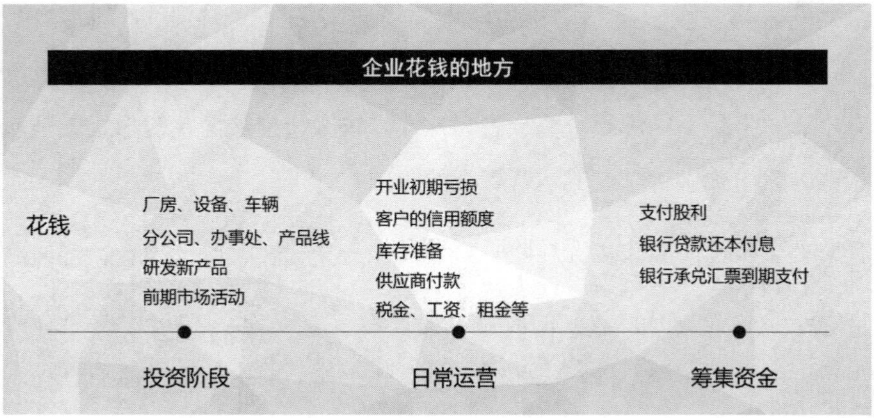

5.1.2 理解公司营运资金管理

营运资本管理主要是决定分配多少资本用于应收账款和存货；决定保留多少现金以备支付，以及对这些资本进行日常管理；决定向谁借入短期资本，借入多少短期资本，是否需要采用赊购融资等。

这里要区分两个概念，即营运资本和营运资金。

营运资本=非流动负债－非流动资产=（长期借款+所有者权益）－（长期投资+固定资产）

营运资金=流动资产－流动负债=（应收账款+预付账款+其他应收款+存货）－（应付账款+预收账款+其他应付款+应付薪酬+应交税费）

营运资本是长期资金用于长期资产后，剩下的可以用于日常经营的钱。例如，沈东君投了1 000万元开一个公司，花了900万元投资了厂房和设备，剩下的100万元可以用于日常经营周转，那这100万元就是营运资本。

营运资金也称营运资金需求，流动资金中全都是人或者货物占用的我们的资金，流动负债指我们可以短期欠别人的钱。如果我们买了 800 万元库存，欠供应商和职工 700 万元欠款，中间的 100 万元就是营运资金需求，这个资金缺口可以用短期资金来满足，也可以用营运资本这个长期资金来源满足。

营运资金的需求是实时变动的，因为企业的销售额是实时在变化的，需要的资金支持匹配也会变化。

5.1.3 掌握营运资金的周转规律

企业在运营过程中，一般是先订购原材料，到货验收，取得发票后，就要付给供应商钱了，但是一般情况下，我们不是马上就付款过去，通常会争取一个延迟付款期；接下来，原料从生产，到变成产成品销售前，会有一个储存时间，这段时间，资金是被占用在存货中的。产成品销售后，如果采购方不支付现金，就会产生应收账款。

企业经营周转资金流程如下图所示。

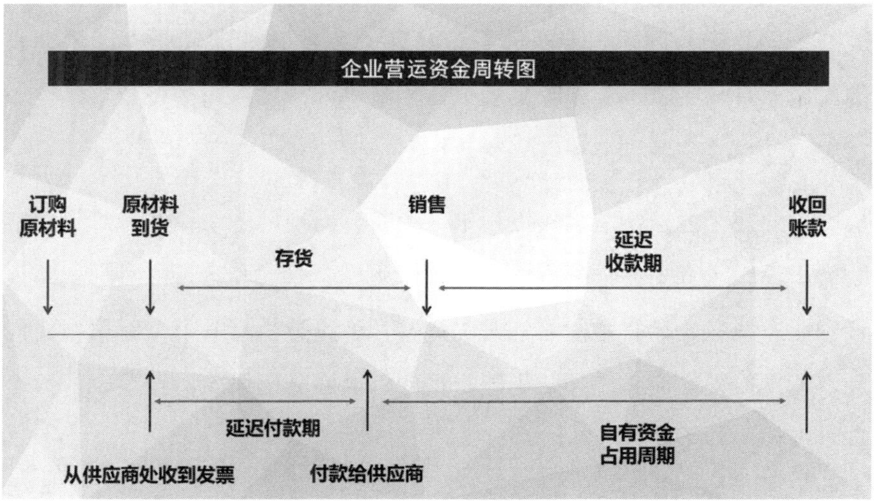

从给供应商付款到最后收回应收账款这段时间，是资金被真正占用的时间，这个时间越长占用的资金量会越大。延迟付款期，是欠供应商的，延迟收款期是客户欠自己的，存货是货真价实的资金占用。资金占用期－应付账款期，剩下的这段时间就是公司自己掏钱的时间，如果自己掏钱那段时间很长，随着经营连续滚雪球，需要的资金量就会越大。

要想减少自己的资金占用，最佳的办法就是缩短存货的周期，缩短应收账款的周期，延长付款的周期。最好是付款的时间－应付账款的时间 > 存货时间，存货到了马上造出来马上销售，应收账款的时间很短或者甚至不让客户欠钱，拿回来钱之后，还有时间付款给供应商，那这时候就一分钱不用占用。

比如国美电器，他从家电供应商进货之后，不用付款，消费者要当场付钱，他没有应收账款的周期，只有一段存货周期。但是存货这段周期不用给供应商付钱，所以账上就一直有钱，一直占用别人的钱，流动资产都不用准备，这是比较极端的例子。比较惨的那种产品型公司，买东西的时候跟人家说好了，一个月付钱；卖东西的时候，比如说卖到国美去了，一个月之后再走个流程，45 天之后给钱。尤其是生产周期长的，做家具，买了木头先晾晒三个月才能生产，那占用的资金量就会非常大。

企业在营运资金的运作过程中，经常会出现问题，最怕就是资金链断裂。没钱了竞争力再好也没有用，营运资金管理和分析的目标就是要让企业有钱花，让资金能够正常的周转，通过分析看看资金哪里出了问题，能不能提前避免，预防可能出现的资金断裂的风险。这里也有一个基本规律，如下图所示。

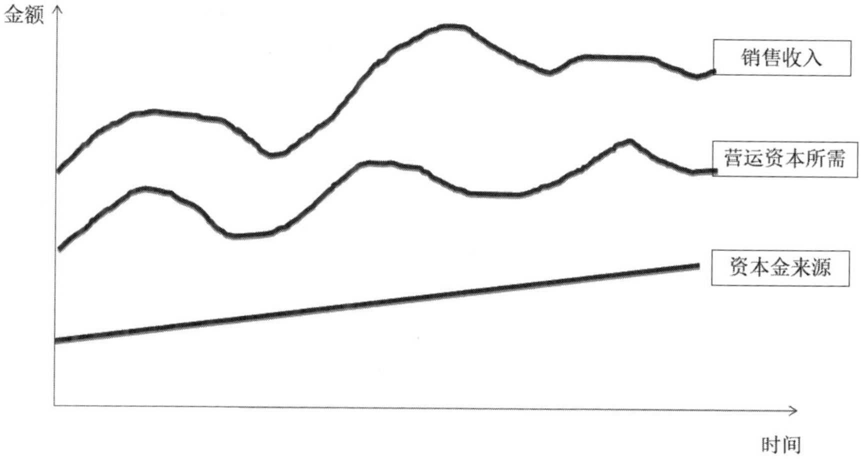

图中有三条线，最下面这一条线是资本金来源，资本金来源一开始是股东投资，随着时间的前进，就有了利润和折旧，资本金就会持续地上升。第二条线是营运资金需求，它是一个波动的，一般情况下超过自己的长期的资金来源的，是需要短期的借款来解决的。第三条线是销售收入，销售收入的波动规律跟营运资金需求的波动规律基本一致。如果我们管理不好的话，可能就会出现四种资金危机。

第一种资金危机是由于增长过快。如下图所示，图中黑色的箭头叫营业额增长的趋势，营运资本所需增长的趋势跟它是同步的，也就是说当营业额增长的时候，营运资本必然要增长。比如原来全年做 1 000 万元生意的时候是用了 200 万元的营运资本，现在要做 2 000 万元，那就要 400 万元营运资本。但是资本来源是增长缓慢的，除了一开始股东投入的钱之外，剩下的就是靠利润积累，除非通过银行贷款来找第三方解决。如果企业增长过快，营运资本所需的斜率和营业额同步，用不了多长时间，营运资金的需要超过资金的来源，就会出现资金危机，如下图所示。这是最容易出问题的。例如有的企业想建 50 层的房子，结果建设到 20 层就没钱了，房子只能放在那，变成了烂尾楼；有的企业把新厂房建成了，却发现没有钱买原料了，都是因为这个。

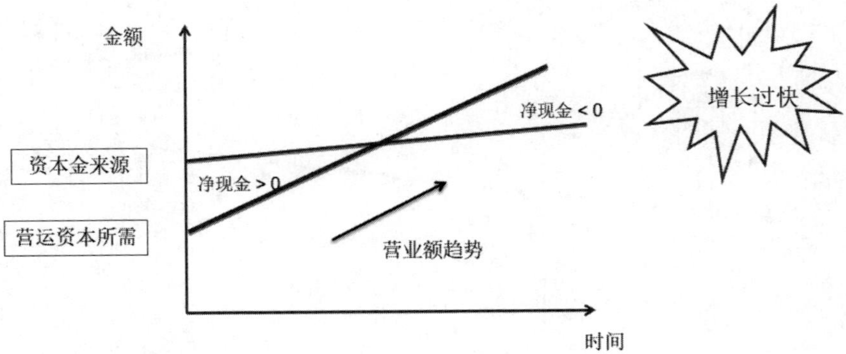

第二种资金危机是由于管理不佳。正常来讲，营业额的增长趋势是一个正常的、缓慢的，资金来源增长也是平稳缓慢的，但是因为公司管理不善，资金无法支撑营运资本所需。比如说原来做 500 万元生意的时候，需要 100 万元的营运资金。但是因为管理不善，生意一做大的时候，跑冒滴漏现象严重了，管理不到位了，库存也积压了，应收账款也出问题了，忽然发现做 1 000 万元生意的时候，需要 300 万元甚至 400 万元的营运资金，而不是 200 万元，增长不同步，如下图所示。

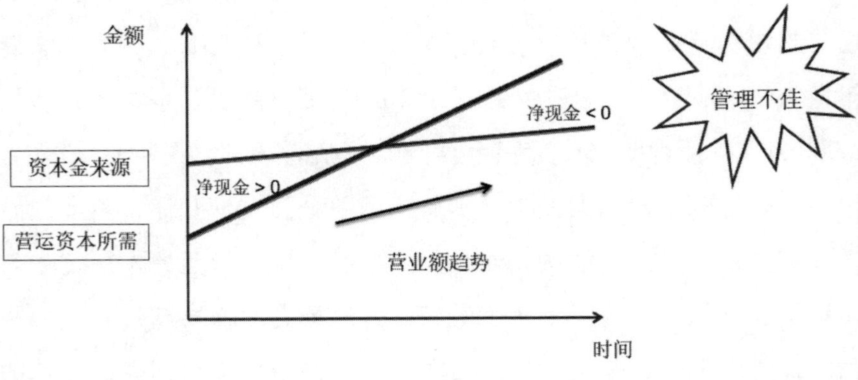

第三种资金危机是由于盈利危机。营业额的增长是缓慢的正常的，资本所需的增长也是缓慢的正常的，两者是同步的。但是资金的来源没有同步增长，反而是在下降。这是没有利润造成的，因为企业的资金来源的正常增长是靠利润积累和折旧积累的。意味着什么呢？就是花 100 元钱买来的东西，80 元钱卖出去了，亏了。每销售一次就少 20 元钱，折腾 5 次钱就光了，所以销售额上涨的同时，资金来源反而是在下降的，越干越缺钱，越干越亏，如下图所示。

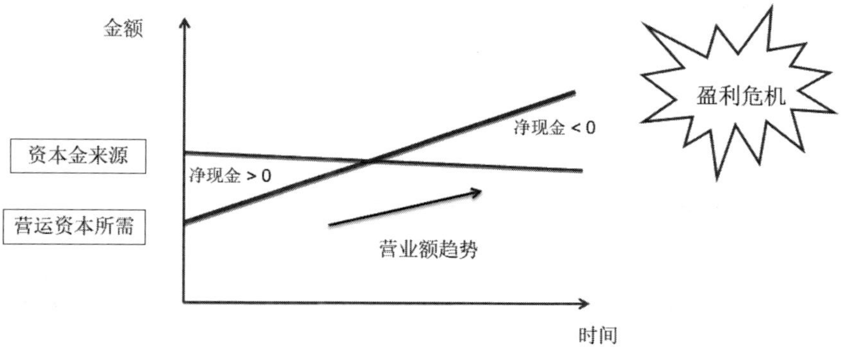

第四种资金危机是由于来源危机。公司资金的来源大部分还是来自股东或银行贷款，如果股东突然把一部分资本金撤走或者银行要求提前还贷，那么企业的资金来源马上就会出现一个向下的趋势。有时，如果供应商自身出了问题，企业无法及时收回欠款，也会面临这种危机。

所以在分析的时候，折旧加资金的储备，与资金来源增长趋势，营运资本需求的增长趋势，还有营业额的增长趋势这四个是否同步很重要。资金来源其实是靠流动负债和股东的长期资本中的营运部分解决的，这两部分钱大概金额是多少，把这两部分钱细分拆开，看看都是哪来的。是欠员工的？欠供应商的？欠银行的？还是欠股东的？这些资金来源里有没有随时被人抽走的可能，如果有随时被抽走的可能，就可能会面临危机，如下图所示。

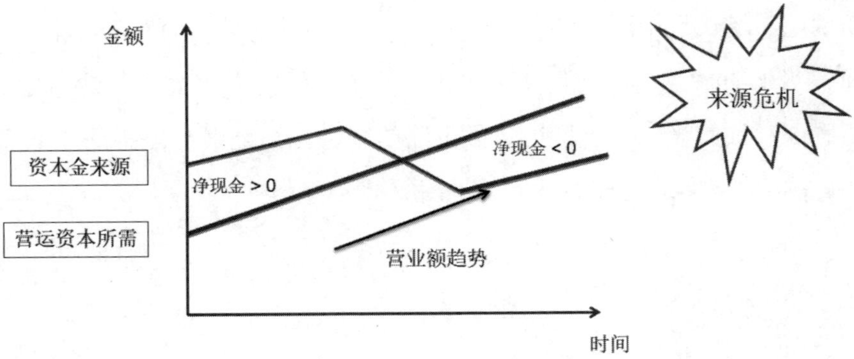

5.1.4 化解营运资金的周转危机

营运资金管理的危机讲完了，既然有危机，就得提前预警，并且需要分析和关注一些指标。有了预警，才能有的放矢的规避风险。

公司资金管理预警报告表，如下表所示，表中包括流动比例、速动比例、现金余额、存货的周转天数和存货余额、应收账款的周转天数和应收账款的余额、银行信贷的余额和银行信贷的还款日期。填写的时候要填上各个月的实际数和历史最好水平，再把行业的指标找来，参考兄弟单位、集团的其他的公司或者竞争对手的数据。然后根据行业指标或者预算设一个预警线，高过 20% 或者是低于 20%、超过 5% 或者低于 5% 都对应着什么解决方案。实际数跟预警线接近了，就要小心了，跟行业平均水平差得远了，就得努力了，跟历史最佳水平一比是正常的，那就可以安心了。预警表是很有意义的，每个月结完账之后要填一下。

公司资金管理预警报告表

指标	行业平均	最佳水平	预警线	1月实际	2月实际	3月实际
流动比率						
速动比率						
现金余额						
营运资金百分比						
存货收入比						
存货周转天数						
超过半年库存金额						
超过一年库存金额						
超过两年库存金额						
超过半年库存百分比						
超过一年库存百分比						
超过两年库存百分比						
应收账款收入比						
超期三年应收账款金额						
超期二年应收账款金额						
超期一年应收账款金额						
超期三年应收账款百分比						
超期二年应收账款百分比						
超期一年应收账款百分比						
银行可用贷款（授信）额度						
银行贷款余额						
三个月内到期的贷款余额						
短期贷款占全部贷款百分比						
债务权益比						
销售毛利率						
销售增长率						

2011 年～ 2019 年现金周转期（单位：天）

年份	2011 年	2012 年	2013 年	2014 年	2015 年	2016 年	2017 年	2018 年	2019 年
存货周转期	83	62	49	55	60	68	74	58	53
应收账款周转期	37	50	44	32	24	25	13	17	28
应付账款周转期	60	65	76	84	79	89	70	60	90
现金周期	60	47	17	3	5	4	17	15	-9

公司对营运资金的管理过程中，最关注的几个指标包括：存货的周转期、应收账款的周转期、应付账款的周转期和现金的周转期。如上表所示：2019 年，存货周转期是 53 天，应收账款周转期是 28 天，应付账款周转期是 90 天，现金周转是 -9 天，那这家企业的资金就会比较富裕，或者是说它不用那么多的营运资本。

大部分企业的现金周期是正的，但是，有少数运营的比较好的企业现金周期是负数。例如，苏宁电器 2009 年的现金周期为 -85 天，其应收账款周转期为 1 天，存货周转期为 34 天，应付账款周转期为 120 天，因为苏宁是直接收现金的，存货周转也比较快，只有 1 多月，但是大部分供应商要想跟苏宁结算货款，就必须要 4 个月以后，所以苏宁经营根本就不用筹钱，他们把货拿来，卖掉，钱在手里放 4 个月周转或者投资，4 个月后再付给供应商即可（数据来源：苏宁电器年报）。

那么实际操作中，怎样管控住应收账款、存货及应付账款，使其金额保持在合理水平？

应收账款、存货和应付账款，这 3 个是营运资金管理里面最重要的指标，只要把前两个提高转速，后一个延长就可以了，当然后一个不能恶意延长。管钱关键是管资产，管债权，把资产和债权管好了，钱就出来了。

应收账款的金额与企业所在行业和行业中的地位有关系，应收账款过高，企业的经营风险就会加大。管理应收账款主要关注三点：一是建立应收账款信用体系，对不同等级的客户进行不同授信；二是要加强催收工作，对于超过半年还收不到钱的客户，一定要警惕，并加以各种形式的追讨；三是每月关注应收账款周转天数和平均余额，如果指标改善，钱也就管好了。

存货是钱换来的，库存数量大了，相当于把钱全部扔到了仓库里，等着发霉。存货的金额与行业类型和业务性质有关系，存货的数量最好是越少越好，周转得越快越好，但是公司为了生产需求或及时销售出货，也需要适当的备一些货。要想管理好存货，主要是要做好供产销的计划。

存货管理做得最好的实例是丰田汽车公司的JIT及时制生产带来的零库存，国内目前的ERP系统都带有库存管理模块，可以帮助企业管理库存，通过计划加速库存周转效率。库存管理与应收账款管理一样，也要关注周转天数和平均余额。

应付账款的余额体现了公司与供应商的地位关系，如果公司很强势，那么应付账款的余额和周期就都会大一些，类似苏宁等。用供应商的钱进行企业运营，是降低成本的方法，因为连利息也不用支付。但是也不能一味地占用供应商的钱，因为企业作为整个产业链的一环，还是要有几个战略合作伙伴的。应付账款也要关注周转天数和平均余额，如果平均余额不是随销售收入同步上涨，则意味着企业缺钱了，如果平均周转天数下降，也意味着缺钱了。

5.1.5　营运资金管理经验总结

前面我们分析了影响营运资金的三个活动，存货、应收和应付，以及资金危机的几种情况和营运资金的本质含义，这还不够。我们分析营运资金是为了营运资金的管理，营运资金的管理不仅仅是了解它的发展趋势、占用资金的多少、有没有风险，还要建立起营运资金管理的机制出来。

营运资金的管理必须跟业务部门配合。如果业务部门不配合，账款是收不回的，库存是降低不下去的，应付账款也无法适当的占用。所以要配合、要了解情况，争取他们的支持，最好能把这些指标纳入其考核范围。

营运资金管理的关键是要重视现金流的管理。这项工作要分解到各个层面上去，大家共同进行，建立起机制，让各方面都在为保证资金运转努力。而不能光靠财务，缺钱的时候就去借款。能在银行贷款不算能力，强者是根本不缺钱。

营运资金管理的目标跟整个资金管理目标不一样，整个资金管理的目标中融资渠道是很重要的一条，而营运资金管理我们不关心融资渠道，关心的是如何降低营运资金的需求，加速营运资金的周转能否给企业创造更大的价值，能够准确的预料到未来的营运资金的走势和变化，使其降低风险。

如现金流量收支预测表所示：计划左侧是项目，即收钱，收钱要细分：哪个客户、哪个地区、是哪个办事处或者是哪个产品、哪个门店。下面是支出，支出要细分为：给哪些供应商付钱、哪些地区付钱，然后管理的常态：房租水电费工资都什么时候开支？大概需要多少钱？列好了，有了这张表就能看得出：期初余额是多少？收钱月会收多少？支款要支出去多少？最后余额剩多少？用来管理未来的现金流不能出问题。一般营运资金计划不是按月而是按周去做，某一个月的最高点可能是15号，月底又不需要钱了，而且每一次都会出问题，但是从月度的预计上看不出来。

现金流量收支预测表

项目	1月预测	1月实际	2月预测	2月实际	3月预测	3月实际	4月预测	4月实际
期初余额								
现金收入								
客户现金回款								
A客户								
B客户								
C客户								
其他客户								
银行承兑汇票到期收款								
客户预付款								
现金收入合计								
现金支出								
供应商付款								
供应商1								
供应商2								
供应商3								
支付增值税								
支付企业所得税								
支付房租水电								
支付员工工资								
支付差旅报销								
客户返利款								
市场活动费用								

续上表

项目	1月预测	1月实际	2月预测	2月实际	3月预测	3月实际	4月预测	4月实际
运费								
采购设备或固定资产支出								
其他项目支出								
其他办公支出								
现金支出合计								
期末余额								
安全现金水平								
需要的融资额度								

影响营运资金周转还有一个问题，是投资导致的，比如说扩大厂房、增加一条生产线、收购一家工厂。本来是一桩投资，伴随性的需要增加营运资金，而这种营运资金增加是突然的。所以当公司进行投资决策的时候，一定要测算营运资本够不够，如果营运资本不够，需要准备好额外的营运资本才能进行这笔投资。比如说开发了一款新产品，这款新产品要进行宣传，推广才能增加销售，原来的资金正常周转是够的，由于新产品的上线不够了，那就会很麻烦。

所以，做好现金预算是非常重要的，具体格式可见下表。

现金预算表

项目	2014年实际	2015年实际	2016年实际	2017年预计	2018年预算	2019年预测
期初余额						
经营净利润						
加：折旧						
加：存货增加						
加：应收账款增加						
加：应付账款增加						
经营活动净现金流量						

续上表

项目	2014年实际	2015年实际	2016年实际	2017年预计	2018年预算	2019年预测
新增厂房设备投资						
新产品研发项目投资						
电脑及其他办公设施						
新分公司办事处						
新产品上市前期投入						
其他投资项目						
投资活动先现金净流量						
股东增资						
股权融资						
长期借款						
短期借款						
筹资活动的现金净流量						
期末余额						

另外，在这里介绍一个比较激进的策略，叫做OPM策略，OPM是英文Other People’s Money的缩写，意思是别人的钱。这个策略是尽量用别人的钱，自己不掏钱，买东西赊账，卖东西的时候不赊账，用别人的钱周转自己赚钱。

这种策略的特点：

1. 风险大，大家都明白，别人万一不借我，公司就运营不下去了。

2. 企业需要具备一定的实力，不是谁都能拿别人的钱去空手套白狼的，为了用别人的钱，企业得建立一定的品牌，建立一定的市场基础，拥有一定的销售的规模。在这种情况下，买得多，别人就愿意给赊账。像刚才我们说的苏宁这种，就是先收账后付钱的形式。

那么，生产制造企业怎么用OPM战略？公司可以自己不生产产品，不建工厂，将制造外包。例如，苹果找富士康代工，苹果给加工费，但是富士康得代垫原料，货到后再分期付款。

要实施这种策略，企业的商业模式，能力，规模，品牌等方面都得打造。上游能跟供应商有谈判能力，下游跟客户有谈判能力，中间能在商业模式上构建，不用股东出营运资本，就能挣钱。

OPM 战略必须注意控制风险，一旦别人的钱不好用的时候，企业的规模就保持不住，会立马出现问题，如果股东不能及时补充资金的话，企业就会出现资金流断裂，夭折破产的问题。要加强现金流的预警管理，有很强的资金管理能力，才可以使用这种策略。

（注：本章节内容主要来自财务经理人网论坛 - 武学东老师的“营运资金是怎么一回事”连载）

苏莹莹回去后，制作了现金流量收支预测表和现金预算表，交给了马远，马远感觉这两张表比传统的现金流量表通俗易懂多了，而且很容易发现企业的资金问题。但是通过讨论，大家一致认为 OPM 适合经过长期积累，对设计、技术、资源或某一领域处于行业先进地位的企业，不太适合苏莹莹所在的中小企业，因此他们打算先把公司的运营资金控制好，以后再慢慢提升。

5.2 融资方法解析

这天，苏莹莹窝在自己办公室的椅子上，端着一杯咖啡，望着窗外，心里不自觉的想起一句话：“你别看那些高阶层的白领拿着高薪，出入坐着豪车，穿梭在高档写字间，其实……你永远不知道……他们过得有多“爽”！”哈哈，确实如此，所谓感同身受是不存在的，现在这一刻，苏莹莹感觉很满足，虽然没有高薪，但是工作还算顺利，老板很器重，同事也相处得很好，而且感觉自己每天都在进步，这也许就是职场中最大的幸福吧。

苏莹莹慢悠悠的一边喝咖啡，一边浏览新闻。忽然，有一条新闻，引起了苏莹莹的注意。仅仅成立三年的拼多多，竟然已经 IPO 了。

新闻是这样说的："三年时间，拼多多创造了中国电商乃至中国互联网最快的发展速度，同时也创造了整个行业最快的 IPO 速度。"同样是三年时间，拼多多从不为人知到人人皆知；从一个电商小公司，到和共享单车、抖音一样，刮起中国互联网一股"现象级"飓风；从阿里、京东看不上，到阿里、京东越来越顾忌……

为什么说拼多多已经对阿里和京东造成了冲击？拼多多"超音速"发展背后，最底层的驱动力来源于哪？成功上市后，拼多多将会面临哪些新的机遇与挑战？不妨从拼多多的招股说明书开始，我们一一为大家剥茧抽丝式地分析。

四大核心指标全行业扫描，拼多多基数可怕，速度更可怕。

众所周知，一般来说电商行业有四大核心数据，也即：GMV、用户数、主营收入、以及订单量，这些指标大体对应着企业的体量、潜能、变现能力、以及用户粘性。

先说 GMV。在这方面，拼多多 2017 年全年和 2018 年 Q1 的 GMV 分别是 1 412 亿元人民币和 662 亿元人民币。拼多多 2018 年 Q1 的数字仅仅比苏宁易购低了约 30 亿元人民币，但是拼多多的增速却要比苏宁易购高得多，因此 2018 年第二季度拼多多在 GMV 方面，超越苏宁易购，是板上钉钉的事情。而要是对比电商行业的另外一个明星网易严选的话，拼多多 662 亿元人民币的单季收入，就已经是 2018 年丁磊对网易严选 200 亿元 GMV 要求的三倍之多了。

有一个对比可以看出拼多多的速度到底有多快：那就是同样是达到千亿GMV，京东用了10年，唯品会用了8年，淘宝用了5年，而新电商平台拼多多仅仅用了3年不到的时间。一定程度上，在速度面前，体量都是等着被冲破的。这也是雷军为什么会说，“天下武功，无坚不摧，唯快不破”的原因。

再说用户数。拼多多截至2017年12月31日的12个月，年活跃用户为2.45亿元，而截至2018年3月31日的12个月中的年活跃用户达到2.95亿元，这意味着拼多多单季用户增长5 000万元。与此类似的维度，京东对应的两个数字分别是2.93和3.02；而阿里对应的两个数字分别是5.15和5.52。很显然，在年活跃用户数方面，拼多多此前已经接近京东的水平。即使是阿里，如果拼多多仍旧能保持如此快速的用户增量，那么也将不断缩小两者之间的差距。

接着说订单量。2017年全年和2018年Q1，拼多多总订单量分别为43亿单和17亿单。这些数字是什么概念呢？以同样公布了订单量的上市公司唯品会为例，其今年Q1的订单量为9 020万单，拼多多的订单量是唯品会的18.8倍之多。

最后说说营业收入。在营收方面，和其它电商相类似，拼多多的营收主要来自在线广告和交易佣金。截至2017年3月31日的3个月内，拼多多实现营收3 700万元人民币，而2018年同期则猛增至13.85亿元人民币，一年时间增长37倍。当然，现在拼多多的营收和京东同期的1 001亿元人民币以及阿里巴巴的619.3亿元都没法比，但是要知道拼多多此前的增速是37倍，即使体量大速度会降下来，但是这个量级的速度跑起来的话，营收还是会快速上升的。

从上面的分析不难看出，在GMV、用户数、主营收入、以及订单量等四大核心数据方面，通过和电商行业的阿里、京东、苏宁易购、唯品会、网易严选等各个维度、各个切面的对比，拼多多之所以让整个电商行业都感到焦虑，既在于不断累积扩大的基数，更在于并没有见缓的超高发展速度。

由追赶到反超，拼多多已不仅仅是中国电商行业的鲶鱼了。既然天才青年姆巴佩可以送走老球王梅西，那么拼多多是否也能够让电商行业改朝换代。

2018年7月26日，拼多多在美国纳斯达克正式上市，IPO最终定价19美元，市值在240亿美元左右，又一个庞然大物成型了。

按照当天开盘200亿美元的市值估算，黄峥的身价可以达到100亿美元，相当于680亿元人民币，创始人黄峥稳稳成为杭州最富80后。”

（注：以上新闻内容来自凤凰网财经频道）

看完这段新闻后，苏莹莹的小心脏砰砰直跳，没想到，现在网络经济如此火爆，资本市场的造富能力也太强了。看来，自己真得好好了解一下资本市场了，万一哪天能够得到公司股权，公司上市，那我不是可以实现财务自由了……到那个时候，走路可以横着走，去兰州拉面馆吃饭，人家再问我加不加辣椒，我就说不辣、微辣、中辣、特辣各来一碗，让周边都对我投来羡慕的目光……

5.2.1 企业不同时期的融资方式

企业融资分为两种不同类型，即直接融资和间接融资。直接融资指企业不通过金融机构，直接与资金供给者对接，形式主要是通过资本市场发行股票或在产权市场出售股权。间接融资指通过金融机构进行融资，形式主要包括银行贷款、融资租赁等。

企业在不同阶段，融资的方式是不同的，如下图所示。在创业初期，因为没有资产可以抵押，自己的本钱也不够，所以资金都是通过亲朋好友筹集的；在成长和发展期，因为已经有了一点起色，也有了资产，这个时候因为亲朋好友已经都借过一遍了，再向他们要钱也不好意思，可以考虑用资产抵押贷款或者信用贷款；公司初具规模后，有了明确的商业模式，经营也较为稳定，这个时候，公司的股权值钱了，除了贷款以外，还可以把部分股权卖了，以筹集资金，也就是我们常说的私募股权融资；等到公司扩大规模后，具备了上市的条件，就可以IPO(Initial Public Offerings，简称 IPO) 了，即在资本市场中把公司的股份对公众出售。

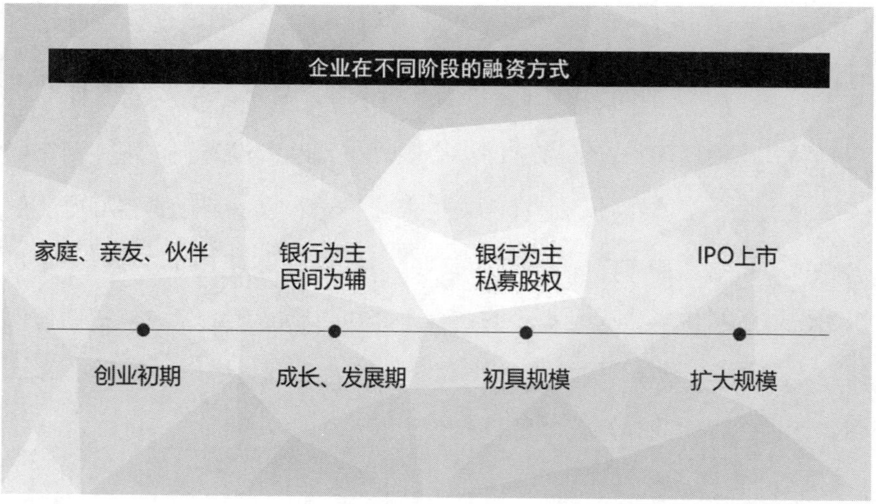

对于股权融资来讲，**企业的创业初期**，这个阶段公司有了产品初步的模样，有了面世的基础，也有了初步的商业模式，积累了一些核心用户。这个阶段主要会用到天使投资（Angel Investment，缩写为 AI)，AI 指具有一定净财富的个人或者机构，对具有巨大发展潜力的初创企

业进行早期的直接投资，投资量级一般在100万元到1 000万元人民币（以下所说的货币均为人民币），一般不会超过1 000万元。以目前市值已达8 000亿美元的Google（谷歌）为例，20年多前，当谢尔盖布林和拉里佩奇仅有Google（谷歌）企业创意，公司还没有成立的时候，就得到了天使投资人Andy Bechtolsheim提供的10万美元的支票。

企业的成长阶段，这个阶段产品有了成熟模样，开始正常运作一段时间并有完整详细的商业及盈利模式，在行业内拥有一定地位和口碑，公司可能依旧处于亏损状态。这个阶段主要会用到风险投资（Venture Capital，缩写为VC），VC指向初创企业提供资金支持并取得该公司股份的一种融资方式，天使投资属于个人行为，一般投资额度不会很大，而风险投资属于机构行为，因此它的单笔投资不会低于1 000万元，通常一个项目在3 000～5 000万元居多，再多的话，一个亿也是有可能的。

企业的发展阶段，这个阶段公司经过一轮运营后，获得较大发展。一些公司已经开始盈利，商业模式和盈利模式没有任何问题，可能需要推出新业务、拓展新领域，需要更大量的资金。这个阶段的资金主要来自上一轮VC的跟投、新VC的加入、私募股权投资机构（Private Equity，简称PE）加入，PE投资就是PE投资者寻找优秀的高成长性的未上市公司，注资其中，获得其一定比例的股份，推动公司发展、上市，此后通过转让股权获利，VC主要投资于处于高速发展期的创业公司，PE主要面向成熟企业。

企业的成熟阶段，可以IPO，也可以通过并购重组的方式获得更多优质的资源。

企业发展是循序渐进的，第一轮融资可以通过天使投资进行，第二轮融资可以通过风险投资VC进行，第三轮融资可以通过股权融资PE

进行。但是具体融资几轮才可以 IPO，这个是每个企业都不一样的。例如，凡客经过 7 轮融资，融到了超 4 亿美元，也没有 IPO，而 facebook 是经过四轮融资以后成功 IPO 的。

企业的融资方式如下图所示。

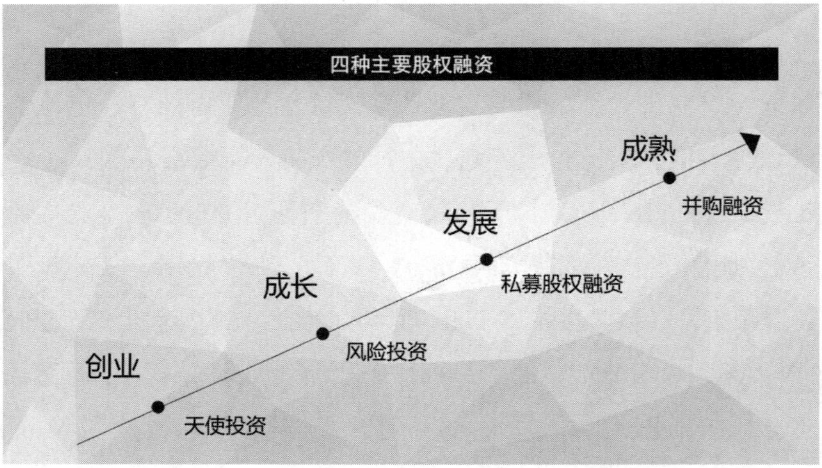

以拼多多的融资历程来看，拼多多是经过 C 轮融资后就在纳斯达克 IPO 了，速度还是比较快的，具体见下表。从表中可以看出，拼多多第一次和第二次融资金额都只有 100 万美元，从第三次融资开始，融资额开始明显增大。到了第四次融资，金额已经达到 30 亿美元。

拼多多融资情况表

融资时间	公司名称	轮次	金额	投资方
2018 年 4 月 11 日	拼多多	C 轮	30 亿美元	腾讯、红杉资本中国
2016 年 7 月 20 日	拼多多	B 轮	1.1 亿美元	高榕资本、新天域资本、腾讯产业共赢基金
2016 年 3 月 1 日	拼多多	战略投资	100 万美元	IDG 资本、光速中国
2015 年 8 月 11 日	拼多多	A 轮	100 万美元	投资方未知

这里需要说明的是，A 轮、B 轮、C 轮融资只是代表融资的时间顺

序，与第一轮，第二轮，第三轮的叫法没有区别。

5.2.2 资本市场不是那么神秘

要弄清资本市场，首先要搞清楚一些概念。

中国有两个股票交易市场（证券交易市场）：上海证券交易所（简称上交所或沪市）和深圳证券交易所（简称深交所或深市）。上交所服务的企业是以央企、国企为主，知名公司为辅，多为传统企业；而深交所，是以服务中小型企业，创业型企业为主，多为高科技企业。证券交易所接受和办理符合有关法令规定的证券上市买卖，投资者则通过证券商在证券交易所进行证券买卖，所以，如果我们去证券公司开户的话，需要申请两个股东代码，上交所一个，深交所一个，这样才可以买全部的主板股票。

A 股和 B 股又是怎么回事呢？上交所和深交所都发行有 A 股和 B 股，A 股是以人民币计价，面对中国公民发行且在境内上市的股票；B 股是以美元港元计价，面向境外投资者发行，但在中国境内上市的股票。

中国的资本市场分为**场内市场和场外市场**，场内市场又称证券交易所市场或集中交易市场，主要包括主板，中小板，创业板，也就是我们常说的上市公司。场外市场包括新三板和区域性股权交易市场。能够在场内交易股权的企业要比场外企业要求高很多。资本市场如果按照级次分，可以分为以下四个级次：

一板市场，指传统意义上的证券市场（通常指股票市场），是一个国家或地区证券发行、上市及交易的主要场所；在我国主要指沪市主板，股票代码以 600、601、603 开头，深市主板及中小板，股票代码以 000、002 开头。

二板市场，是与主板市场相对应而存在的概念，主要针对中小成长性新兴公司而设立，其上市要求宽松一些；在我国指创业板，股票以300开头，目前只有在深市开设有创业板。

三板市场，即全国中小企业股份转让系统，是为那些还未上市的中小微企业提供股权交易的场所，准入门槛低，企业质量参差不齐。

四板市场，区域性股权交易市场是为特定区域内的企业提供股权、债券的转让和融资服务的私募市场，一般以省级为单位，由省级人民政府监管，是我国多层次资本市场的重要组成部分，亦是中国多层次资本市场建设中必不可少的部分。对于促进企业特别是中小微企业股权交易和融资，鼓励科技创新和激活民间资本，加强对实体经济薄弱环节的支持，具有积极作用。

资本市场的准入门槛比较如下表所示。

准入门槛比较表

主板、中小板	创业板	新三板
公司股本总额不少于人民币5 000万元； 最近三年净利润（扣除非经常性损益后孰低）均为正数且累计超过人民币3 000万元； 最近3个会计年度经营活动产生的现金流量净额累计超过人民币5 000万元； 或者最近3个会计年度营业收入累计超过人民币3亿元； 无形资产（土地使用权、养殖权、采矿权除外）占净资产比例不超过20%； 最近一期末不存在累计亏损； 公司最近3年无重大违法行为，财务会计报告无虚假记载； 具备持续盈利能力，上市后能够实现业绩增长； 交易所要求的其他条件	公司股本总额不少于3 000万元； 最近两年连续盈利，最近两年净利润（扣除非经常性损益后孰低）累计不少于1 000万元，且持续增长； 或者最近一年盈利，且净利润不少于500万元，最近一年营业收入不少于5 000万元，最近两年营业收入增长率均不低于30%； 最近一期末净资产不少于2 000万元； 公司股东人数不少于200人； 公司最近三年无重大违法行为，财务会计报告无虚假记载； 发行人具有较高的成长性，具有一定的自主创新能力，在创新方面具有较强的竞争优势； 交易所要求的其他条件	依法设立且存续满两年； 业务明确，具有持续经营能力； 公司治理机制健全，合法规范经营； 股权明晰，股票发行和转让行为合法合规； 主办券商推荐并持续督导； 全国股份转让系统公司要求的其他条件

目前全国建成并初具规模的区域股权市场有：青海股权交易中

心、天津股权交易所、齐鲁股权托管交易中心、上海股权托管交易中心、武汉股权托管交易中心、重庆股份转让系统、前海股权交易中心、广州股权交易中心、浙江股权交易中心、江苏股权交易中心、大连股权托管交易中心、海峡股权托管交易中心等十几家股权交易市场。

总的来说，主板是沪深交易所都有，中小板和创业板只在深圳证券交易所，企业都是上市公司，股票可公开交易；新三板是全国性中小企业交易市场，属于场外市场，非上市公司，买卖股票有特定条件。

各版块之间的企业特征如下表所示。

各版块企业特征

主板、中小板	创业板	新三板
主板：企业一般是大国企、大蓝筹，综合实力较强；通常是规模比较大、发行股票数量在8 000万以上的企业选择在主板市场上市； 中小板：企业以民营企业为主，属于各个行业的龙头企业；净利润一般一年要达到5 000万以上	创业板以民营企业为主，高科技新兴行业，估值较高； 通常规模相对较小，股票发行数量在5 000万以下通常选择在中小板或创业板上市；发行数量在5 000～8 000之间的看企业自身需求灵活选择； 创业板有一定的业绩增长要求。上市之前每一年都必须保持持续增长，若增速缓慢或业绩波动较大，则会被认为成长性存在瑕疵。 实际申请中，最好净资产大于2 000万元以上，近2年盈利，净利润累计超过1 000万元	如果在以上三个板块都不符合要求，企业可能会选择考虑新三板。 新三板企业主要以民营中小微企业为主，企业综合质量与上市公司存在不小的差距，但其中也不乏一些行业领军者

若单独以净利润的角度看，上主板净利润至少在3 000万元以上，上中小板净利润至少在1 000万元以上，上创业板净利润至少在500万元以上。当然，实际能够上市的企业，净利润都远远高于这个数字才比较稳妥。

截止到2017年初，国内共有上市公司3 467家，其中：主板1 854家，中小板903家，创业板710家。新三板挂牌企业11 630家，区域股权交易中心企业 74 285 家。如下图所示。

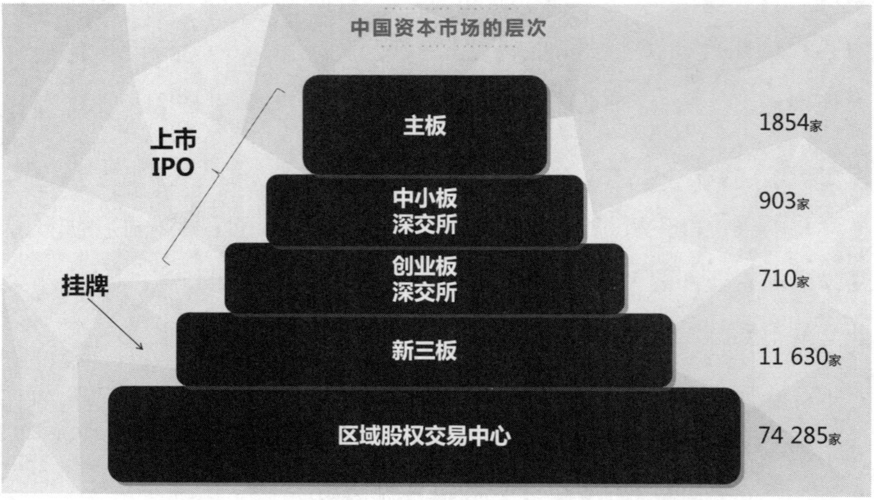

5.2.3 新三板，想说爱你也不那么容易

相对于主板，中小板，创业板来讲，挂牌新三板对于中小微企业来讲也是个不错的选择。因为新三板挂牌的条件比较宽松：

1．没有设置财务指标。理论上只要不亏损，哪怕利润只有 1 元钱，也有挂牌的可能。

2．不受股东所有制性质限制，包括民营企业、国有企业和外资企业均可申请挂牌。

3．不限制于高新技术企业，传统企业也可以。

4．不做实质性判断，股转公司对于申请挂牌的企业只实行形式审查，主要以券商推荐为主。这种接近注册制的方式大大提高了新三板的挂牌速度。

虽然挂牌相对容易，但想要挂牌成功还是有一定基础条件的：

1．存续期满两年

2．业务明确，具有持续经营能力

3．公司治理机制健全，合法规范经营

4．股权明晰，股份发行和转让行为合法合规主办券商推荐并持续督导。

其中，具有持续经营能力，主要依据下表中的几个方面进行判断。

持续经营能力的判断标准

财务方面	经营方面	其他方面
无法偿还到期债务； 存在大额的逾期末缴税金累计经营型亏损数额目大过度依赖短息借款筹资资不抵债； 营运资金出现负数； 经营活动产生的净现金流净额为负数大股东长期占用巨额资金； 重要子公司无法持续经营且未进行处理； 存在大量长期未作处理的不良资产； 存在因对外巨额担保等或有事项引发的或有负债	关键管理人员离职且无人替代； 主导产品不符合国家产业政策； 失去主要市场、特许权或主要供应商人力资源或者重要原材料短缺	严重违反法律法规或者政策异常等原因导致停工停产； 因自然灾害等不可抗力遭受严重损失

很多地方政府为了让企业快速发展，都对挂牌成功的企业给予补贴，所以很多人戏称新三板是零成本挂牌，真的是这样吗？让我们一起了解一下新三板的成本。

新三板挂牌前相关费用

费用收取方	服务内容	费用概算
券商	改制财务顾问费	40 万元～ 60 万元
	推荐挂牌费	60 万元～ 90 万元
会计师	审计、验资费	20 万元～ 30 万元
律师	法律服务费	20 万元～ 30 万元

续上表

费用收取方	服务内容	费用概算
评估机构	资产评估费	5 万元～ 10 万元
股转系统	挂牌初费与首年费	5 万元～ 15 万元
合计		150 万元～ 235 万元

新三板挂牌后相关费用

收费项目	市场平均收费概算	收取方
持续督导费	10 万元 -15 万元 / 年	主办券商
年度审计费	10 万元 -30 万元 / 年	会计师事务所
法律顾问费	10 万元 -30 万元 / 年	律师事务所
信息披露费	1 万元 / 年	信息公司
股份登记费		中登公司
分红手续费	（红股面值 + 现金股利）×0.035%	中登公司
名册登记费	100 元 / 年	中登公司
挂牌初费	总股本 2 000 万股（含）以下，3 万元； 总股本 2 000 万股～ 5 000 万股（含），5 万元； 总股本 5 000 万股～ 1 亿股（含），8 万元； 总股本 1 亿股以上，10 万元	股转系统
挂牌年费	总股本 2 000 万股（含）以下，2 万元 / 年； 总股本 2 000 万股～ 5 000 万股（含），3 万元 / 年； 总股本 5 000 万股～ 1 亿股（含），4 万元 / 年； 总股本 1 亿股以上，5 万元 / 年	股转系统

粗略计算一下，挂牌前的费用要 200 万元～ 500 万元（含规范过程中补交税款等），挂牌后每年还需要支付 50 万元左右的服务费用，看来免费的午餐是没有的，但是如果地方政府足够重视，给予的补贴足够多，零成本挂牌还是有希望的。

另外，挂牌新三板还是有很多好处的：

1. 资金扶持：根据各区域园区及政府政策不一，企业可享受园区及政府补贴。

2. 便利融资：公司挂牌后可实施定向增发股份，提高公司信用等级，帮助企业更快融资。

3. 财富增值：企业及股东的股票可以在资本市场中以较高的价格进行流通，实现资产增值。

4. 股份转让：股东股份可以合法转让，提高股权流动性。

5. 转板上市：公司可优先享受“绿色通道”，走向上市。

6. 公司发展：有利于完善公司的资本结构，促进公司规范发展。

7. 宣传效应：树立公司品牌，提高企业知名度。

5.2.4 成功晋升财务总监CFO兼董秘，职场继续晋级

财务总监是协助总经理分管财务的最高负责人，在董事会和总经理领导下开展工作。财务总监是财务经理的上级。财务总监要参与公司较大投资项目的分析、论证和决策，财务经理主要是负责本部门内部事宜。

财务总监的核心职责是监督和控制，监督的意思是受股东委托、受集团企业管理层等其他委派，对公司财务工作进行监督管理，控制的意思为了实现公司盈利目标，帮助公司控制风险，实现战略意图。

财务总监的核心职务能力架构包括 5 个维度。如下图所示。

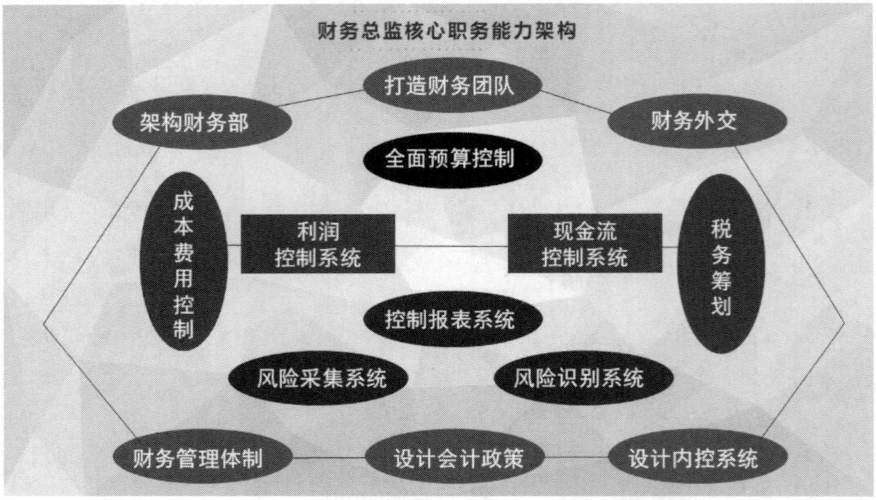

第一个维度是控制目标：全面预算系统。

全面预算是数字化的工作计划，是上接战略，下链业务的管理控制系统工具。公司按照战略地图制订全面预算后，公司全体部门和人员，都要紧紧围绕公司的利润目标和其他目标开展工作，最终达成预算目标。

第二个维度是控制规则：财务管理体制、会计政策、内部控制系统。

财务总监不仅仅要懂得人事管理，业务也必须精通。而作为基础支撑的财务管理制度或体制，公司会计政策选择和运用以及内部控制系统的搭建，是公司防范风险，实现盈余管理的地基。只有把这个地基筑牢，公司的经营大楼才会稳步搭高。

第三个维度是控制分析：风险采集系统、风险识别系统、控制报表系统。

监督是财务总监的核心职能。而监督的基础思维就是收集信息、处理信息、分析信息，之后对超出预期值的信息做出预警，从而在工时执行业务的过程中，及时修正方向，确保执行路径不偏离。

风险采集系统是要搭建公司的基础会计科目还有信息收集制度。风险识别系统是要搭建公司的管理者驾驶舱。控制报表系统就是要建立起公司的经营效益分析报告和经营分析会制度。

每个月进行分析并调教公司业务发展路径，每个季度调教，年终进行总结。类似给公司的业务路径进行了一次又一次导航，用原始路径和重新规划路径都可以，目的是实现公司年度目标。

第四个维度是控制对象：成本费用控制、税务筹划、利润控制系统、现金流控制系统。

财务总监，主要努力的方向还是要确保公司财务健康和降低财务风险。因为其控制的对象也是财务中包括的成本费用、税务、利润以及现金流。

第五个维度是控制团队：打造财务团队、架构财务部、财务外交。

财务总监已经相当于公司的司令，作战打仗当然不能靠自己。带领团队是基础的能力。因此，打造能打仗，打胜仗的财务团队，对财务部门的职能进行科学设计也是其核心能力。

财务团队的建设需要制度管理，也需要思想和文化引领。例如，今天晚上要求全体人员加班，员工就感觉，凭什么要我加班啊！要加班得给加班费。但是，如果团队建设的好，成立了党支部或者先进班组，那就又不一样了。党员就得冲在前面干活，先进班组就是要比普通人多干，而且质量也要更好，这样就避免了硬性考勤管理制度对加班这个事情的阻碍。思想工作做好了，让员工感觉加班也不是什么事，毕竟公司好了，自己才能进步。

财务部门的职能不是固定的，通常小企业可能只有记账、报表、税务、资金等基础职能；中型企业因为人手多了，从繁重的簿记工作中解脱出来，可以加入成本管理，预算管理、经营考核等管理控制系统的工作；大型企业可能是成立财务共享中心、资金结算中心，有的企业的财务部门的职能甚至可能包括风险管理、IT、战略、资本市场等管理内容。这种职责的确定，是财务人自己设计出来的，也是公司发展的需要，历史原因造成的也有可能，财务部门的职责没有一定之规，适合公司自身的需要就可以。

另外，财务外交也很重要，很多财务出身的人士都不太喜欢跟人打交道。但是作为财务总监，沟通是最基础的能力之一。跟政府主管部门、税务部门、银行、资本市场、集团上级、公司内其他部门建立亲密友善的关系非常重要，因为财务总监就是要站在公司角度处理很多疑难杂症，而管理上升到一定程度，往往最难处理的就是协调沟通，因此财务外交显得格外重要。

弄清楚了财务总监的能力框架，苏莹莹继续攻克董事会秘书这个难题。

苏莹莹经过慎重考虑，决定考取董秘资格证，让自己的财务生涯路子更广一些。正好在苏莹莹决定继续进修的时候，公司下达了任命通知，苏莹莹从即日起担任公司财务总监一职。这更加给了苏莹莹信心。

苏莹莹了解了一下，董事会秘书简称董秘是上市公司的高级管理人员，由董事长提名，董事会任免，对董事会负责，是证券交易所与上市公司的指定联系人，接受当地证券监管部门的双重领导，促进公司规范运作、管理公司证券事务、负责公司信息披露，投资者关系管理等工作。可以说，董秘是上市公司的“窗口”。

目前，可以取得董秘证书的机构有三家 : 上交所，深交所，股转系统。上交所主板的董秘需要考取上交所董秘证书；深交所主板、中小、创业板的董秘需要考取深交所董秘证书；新三板的董秘需要考取股转系统的证书。

要清楚一点《董事会秘书资格证书》的报考，是完全的企业行为，不是个人行为，因此区别于其他资格证书，要得到企业的认可和推荐才能报名学习考试，因此，选择报名考试的机构要根据企业总体上市规划走，公司选择哪个机构上市或挂牌，董秘就选择哪个机构取证。当然从个人发展角度考虑，如果能够得到公司的支持，各家机构资格证都有竞争力会更强。

董秘的具体需要做什么呢？其职责和以为包括以下几点：

1. 公司上市整体筹划

2. 中介机构对接协调

3. 公司与新闻媒体对接

4. 推动公司治理规范运作

5. 各种资源整合运用

6. 公司与投资者关系管理

7. 公司信息披露实务处理

8. 公司与监管部门沟通联络

9. 公司三会运作组织与文件的保管

10. 督促公司规范运作

11. 股权实务管理

12. 企业投融资与并购重组等资本运作

董事会秘书资格证，如下图所示。

经过一番努力，苏莹莹顺利拿下董事会秘书资格证书，为公司的下一步新三板挂牌打下了基础。路漫漫其修远兮，苏莹莹下一步将怎样大展身手，让我们拭目以待。